HUBSCHRAUBER - AERODYNAMIK

- WIE SIE NICHT SCHMERZT -

Ein Lehrbuch für den angehenden oder ausgebildeten Luftfahrzeugführer sowie für alle Aerodynamik-Interessierten.
Eine einfache und eingängige Darstellung der Aerodynamik zum Einstieg in die Grundlagen der Aerodynamik.

Michael Kalbow

ISBN 978–3930996–23-0

Bad Oeynhausener Flugfunk – Dieter Franzen - Verlag

Michael Kalbow:

HUBSCHRAUBER - AERODYNAMIK:

Ein Lehrbuch zur einfachen und glaubwürdigen Darstellung der Aerodynamik,
mit dem Schwerpunkt der Erklärung der aerodynamischen Probleme der Hubschrauberfliegerei.

von Michael Kalbow.
1. Auflage - Bad Oeynhausen, Franzen 2000

Bei dem Erstellen der Texte und Abbildungen wurde mit größter Sorgfalt vorgegangen.
Es können trotzdem Fehler nicht vollständig ausgeschlossen werden.
Verleger und Autor können für fehlerhafte Angaben und deren Folgen weder juristische Verantwortung noch irgendwelche Haftung übernehmen.
Für Verbesserungsvorschläge und Hinweise auf Fehler sind Verleger und Herausgeber dankbar.

ISBN 978–3930996–23-0

Graphische Gestaltung Michael Kalbow
Titelfoto Gestaltung: Michael Kalbow
Druck und Verlag: Dieter Franzen - Verlag
Parkstraße 10, 32545 Bad Oeynhausen
Tel.:05731/27775, Fax: 05731/27725,
email: info@franzen-verlag.de, internet: www.franzen-verlag.de
Printed in Germany

Vorwort

Wer kennt sie nicht, die fragenden Blicke, ja sogar die Unmutsäußerungen einzelner, wenn in ihrer Gegenwart der Begriff „Aerodynamik" fällt? Und warum ist das so, warum ist diese Disziplin oft so unbeliebt und wird nur von eingefleischten „Experten" vehement verteidigt?

Das eine große Problem ist wohl die Unsichtbarkeit dessen, was man ja eigentlich beobachten, beurteilen und diskutieren will. Daraus rührt der tiefe Zweifel, dass dieses Fach eine gleichwertige Bedeutung neben anderen Gebieten der Physik wie Mechanik, Elektronik, Thermodynamik, Optik, etc. in der Fliegerei besitzt.
Der zweite Grund für die Unbeliebtheit mag das schülerunfreundliche Darbieten der wesentlichen Inhalte sein, oft nur versteckt hinter nicht näher erläuterten Formeln.

Dieses Lehrbuch kann die Unsichtbarkeit der Luft nicht ungeschehen machen, doch soll es die aerodynamischen Zusammenhänge, die über Jahre speziell für die Hubschrauberfliegerei erforscht, bewiesen, verworfen, entwickelt und angewandt wurden, glaubwürdig darstellen.
Vielleicht gelingt der Versuch, auch die komplizierten Zusammenhänge so zu präsentieren, dass sie nicht nur verstanden werden sondern sogar neugierig auf „Mehr" machen.

Die Grundlage des vorliegenden Schriftstückes bilden die

- Richtlinien des Bundesministers für Verkehr / **LBA** (Luftfahrtbundesamt)-Informationen zum Erwerb des PPL (H) und CPL (H) und die
- **JAR FCL 2** (JOINT AVIATION REQUIREMENTS - FLIGHT CREW LICENCE) zum Erwerb des CPL (H) (COMMERCIAL PILOT LICENCE (HELICOPTER)).

Weitere Quellen sind im Quellenverzeichnis am Ende des Buches angegeben.

Ich hoffe, die Grundlagen der Aerodynamik und speziell die Hubschrauberaerodynamik ansprechend und nachvollziehbar dargestellt zu haben. Dadurch soll es Ihnen möglich gemacht werden, sich gezielt für den PPL (H) bzw. den CPL (H) vorzubereiten. Aber auch der grundsätzlich an der Hubschrauberaerodynamik Interessierte soll mit diesem Buch einen umfassenden Einblick in die Thematik erhalten, ohne dass eine Unmenge an komplizierten Formeln den „Blick" auf das Wesentliche (und Unsichtbare) verstellen.

So wünsche ich allen Lesern und Lernern viel Spaß und freue mich über Anregungen zur Verbesserung des Buches in **Ihrem** Sinne.

Hals und Beinbruch

Ihr Michael Kalbow

Bückeburg, November 2000

Inhaltsverzeichnis

Die Inhaltsverzeichnisse der jeweiligen Kapitel finden Sie immer am Anfang eines Kapitels.

ANLAGEN

Kapitel 1

1. Grundlagen der Aerodynamik

1.1. Einführung

Die grundsätzliche **Aufgabe der Aerodynamik** ist es,

- Luftbewegungen zu beobachten und zu messen,
- die den verschiedenen Bewegungsarten zugrunde liegenden physikalischen Gesetzmäßigkeiten zu entwickeln und
- theoretische Methoden zur Vorausbestimmung von Luftbewegungen abzuleiten.

Aerodynamik = Wissenschaft der Luftbewegungen

Unser Ziel ist:

Sie sollen ...

- *als zukünftiger (oder als gegenwärtiger) Hubschrauberführer erkennen, welche Bedeutung die theoretischen Erkenntnisse der Aerodynamik für Ihr tägliches Fliegen haben,*
- *wo Schnittmengen zu anderen Disziplinen wie z.B. Technik sind und ...*
- *... welche Gefahren Ihnen drohen, wenn Sie die Gesetzmäßigkeiten der Aerodynamik beim Fliegen unnötig bis an ihre Gültigkeitsgrenzen strapazieren.*

Mit den Umformungen wie in Gl. (23) und

(35) $$\sin^4\psi = \frac{3}{8} - \frac{1}{2}\cdot\cos 2\psi + \frac{1}{8}\cdot\cos 4\psi$$

erhalten wir die Schubverteilung in der Form der Gl. (26)

$$\frac{dT'}{dr} = \frac{\varrho}{2}\cdot U^2 t\cdot[m_0' + m_1'\cdot\cos\psi + n_1'\cdot\sin\psi + m_2'\cdot\cos 2\psi + n_2'\cdot\sin 2\psi + \cdots]$$

$$m_0' = m_{o0} + [-A_2\cdot f_\beta\cdot a_0'\cdot x\cdot\delta' + \frac{1}{2}A_2\cdot f_\beta\cdot a_0'\cdot a_1'\cdot\mu\cdot x + \frac{\mu}{2}\cdot A_2\cdot f_\beta\cdot b_1'\cdot\delta' - \frac{1}{2}\cdot A_2\cdot f_\beta\cdot a_0'\cdot a_1'\cdot x\cdot\mu - \frac{1}{2}\cdot A_2\cdot f_\beta$$

$$+\frac{1}{4}\cdot A_2\cdot f_\beta\cdot a_1'\cdot b_1'\cdot\mu^2 + c_{w2}\cdot f_\beta^2\cdot a_0'^2 x^2 - c_{w2}\cdot 2\vartheta_a\cdot f_\beta\cdot a_0'\cdot x^2 + \frac{\mu^2}{2}\cdot c_{w2}\cdot f_\beta^2\cdot a_0'^2 + \frac{1}{2}\cdot c_{w2}\cdot f_\beta^2\cdot b_1'^2\cdot x^2 - c_{w2}\cdot\vartheta_0\cdot f_\beta\cdot a$$

$$+c_{w2}\cdot 2\cdot\vartheta_a\cdot f_\beta\cdot b_1'\cdot x\cdot\mu - c_{w2}\cdot f_\beta^2\cdot a_0'\cdot b_1'\cdot 2x\mu + \frac{c_{w2}}{2}\cdot f_\beta^2\cdot a_1'^2\cdot x^2 + \frac{\mu^2}{8}\cdot c_{w2}\cdot f_\beta^2\cdot a_1'^2 + \frac{3}{8}\cdot c_{w2}\cdot f_\beta^2\cdot b_1'^2\cdot\mu^2]x$$

$$m_1' = m_1 + [-A_2\cdot f_\beta\cdot a_0'\cdot b_1'\cdot x^2 + A_2\cdot f_\beta\cdot a_0'^2\mu x + A_2\cdot f_\beta\cdot a_1'\cdot x\cdot\delta + c_{w2}\cdot 2\cdot\vartheta_a\cdot f_\beta\cdot a_1'\cdot x^2 - 2c_{w2}\cdot f_\beta^2\cdot a_0'\cdot a_1'\cdot x^2 - \frac{\mu^2}{2}$$

Diese Formeln könnten durchaus Grundlage vieler aerodynamischer Aussagen darstellen, doch werden sie für **uns ... nicht** von Interesse sein.

1.2. Geschichte der Aerodynamik

Warum sollen Sie etwas über die Geschichte der Aerodynamik erfahren?

Es ist sicher nicht leicht, den direkten Zusammenhang zwischen den Erkenntnissen eines Otto Lilienthals und dem augenblicklich ausgeführtem Flugmanöver zu erkennen. Doch die geschichtlichen Schilderungen sollen Ihnen zeigen, dass die Aerodynamik voller Überraschungen ist, die auch heute noch ihre Gültigkeit besitzen. Denn die Luft ist von ihren „Trageigenschaften" nicht viel anders als vor einigen Jahrzehnten.

Die Geschichte der Aerodynamik kann sicher nicht besser als durch ein Zitat Otto Lilienthals (1848-1896) charakterisiert werden, das er im November 1894 vor der Polytechnischen Gesellschaft zu Berlin aussprach:

"In tausenden von Liedern und Gesängen aller Zeiten und Sprachen erklingt die Sehnsucht des Menschen, wie ein Vogel von Flügeln sich tragen zu lassen. Wir möchten, dass der Körper die Freiheit unserer Seele teile und dem Flug unserer Gedanken folgen könnte. Wenn wir nun sehen, mit welcher Leichtigkeit die gefiederte Welt sich durch die Luft bewegt, wo es keiner Straßen bedarf, wo überall Weg und Steg ist, wo kein Gebirge, kein Wasser uns hemmend entgegentritt, so ist es kein Wunder, wenn wir die Vogelwelt darum beneiden. Aber nicht nur die Befriedigung unserer persönlichen Gelüste macht uns die Nachahmung des Vogelfluges erstrebenswert. Der Fortschritt der gesamten Kultur ist in hohem Grad davon abhängig, ob es dem Menschen jemals gelingen wird, das Reich der Lüfte in eine allgemeine, viel benutzte Verkehrsstraße zu verwandeln."

Dieses Zitat spiegelt nicht nur sein umfangreiches Streben für die „Fliegerkunst" wieder, es verbindet symbolisch die Pioniertaten der Luftfahrer vor seiner Zeit mit den modernen Entwicklungen bis zur Gegenwart.
Seine für die allgemeine Luftfahrt und insbesondere für die Aerodynamik so wichtigen Tätigkeiten stellen eine Schnittstelle zwischen zwei Stufen der Weiterentwicklung der Fliegerei dar. Zum einen die Flugpioniere mit ihrem Wagemut, ungebrochenem Optimismus (aber mit gebrochenen Flugmaschinen und Knochen) und ohne wissenschaftliche Unterlegung ihres Handelns und Versuchens, zum anderen die gezielte, wissenschaftliche Aufklärung der „Probleme" in der Fliegerei und damit auch in der Aerodynamik durch Experiment, Versuch und Berechnung.

Es stellt sich schnell die Frage, wann denn die Geschichte der Aerodynamik beginnt. Auch wenn eine eindeutige Antwort, wie auch in vielen anderen geschichtlichen Betrachtungen, kaum möglich ist, so kann man doch bei den Mythen und Sagen vor tausenden von Jahren (siehe Zitat), den vorgeschichtlichen Flug-Pionieren ansetzen. Ein zu Recht häufig zitiertes Beispiel ist die Sage von Dädalus und Ikarus:
Dädalus, in der griechischen Sage berühmter Baumeister und Erfinder, kam mit seinem Sohn Ikarus nach Kreta zum König Minos. Er baute für den Minotaurus ein Labyrinth, durfte nach getaner Arbeit Kreta aber nicht verlassen. Also konstruierte er sich und seinem Sohn Flügel aus Federn und Wachs.

Sie flohen von der Insel, aber Ikarus kam dabei der Sonne zu nahe und das Wachs, das die Federn zusammenhielt, schmolz. Ikarus stürzte ins Meer und ertrank.

Dieser „Flugunfall“ sah aus der Sicht des Experten der Flugsicherheit sicher folgendermaßen aus:

Bild 1.2.1: *Der Ikarus-„Flugunfall“ (Quelle: „Say again“)*

Alle vorgeschichtlichen Flugpioniere haben eines gemeinsam: Sie und ihre mehr oder weniger erfolgreichen Flugversuche existierten nicht. Sie dienten - vereinfacht zusammengefasst - den Menschen der damaligen Zeit dazu, sich Unerklärliches, nämlich das Bewegen durch die Luft, erklärbar zu machen. Das Fliegen war den Göttern und Sagengestalten vorbehalten.

Von dem großen Philosophen der Griechen **Aristoteles** (384 - 322 v.Chr.) wird berichtet, dass er neben der Erziehung Alexanders des Großen auch Zeit für Gedanken zum Problem der Aerodynamik verwandte. Seine - nur augenscheinlich falsche - Schlussfolgerung war, dass vor einem sich durch die Luft bewegenden Körper ein Vakuum existiert, in das dieser Körper in Folge seiner Bewegung immer wieder „hineingesogen“ wird. Das hört sich natürlich erst mal abenteuerlich an, aber es wird sich bei einer späteren Betrachtung des Phänomens „Auftrieb“ zeigen, dass Aristoteles gar nicht so weit von einer heutigen, möglichen Erklärung entfernt war.

Andere hatten mit ihren wagemutigen Theorien zur Fliegerei und der Aerodynamik weniger Glück. Entweder wurden sie aufgrund ihrer „ketzerischen“ Behauptungen verfolgt und körperlich belangt, oder sie kamen bei der praktischen Erprobungen ihrer Theorien zu körperlichem Schaden (der manchmal auch lebensbeendend war).

Zu den ersteren Kandidaten gehörte zum Beispiel der englische Franziskanermönch und Physiker Roger **Bacon** (1216 - 1294). Er wagte es, Theorien zur Flugkunst aufzustellen, die nicht mit der kirchlichen Meinung deckend waren. Das Ergebnis: Kerkerhaft.

Leonardo **da Vinci** gilt in vielerlei Hinsicht als Universalgenie. Der zwischen 1452 und 1519 lebende Bildhauer, Maler, Architekt, Kunsttheoretiker, Naturforscher und Erfinder (Taucherglocke, Fallschirm, Druckpumpen, Brennspiegel, automatische Spinnmaschine) hat auch Beiträge zur Aerodynamik geliefert, die, wenn sie verfügbar gewesen wären, den Wissenschaftlern der letzten zwei Jahrhunderte manche wichtige Hilfestellung gegeben hätten. Leider hat da Vinci aus Angst vor Verfolgung (siehe Bacon) Teile seines umfangreichen Wissens in Geheimschrift niedergelegt und damit deren Entdeckung bis in das 18. Jahrhundert hinausgezögert.
Seine Gedankenexperimente über das Fliegen, begründet durch Beobachtung des Vogelfluges, waren doch zum Teil sehr früh bekannt. Hierzu ist sicher auch die Idee des „Helix“ zu zählen, der „ ... *Wenn diese Vorrichtung in Form der Schraube gut gemacht ist, das heißt, hergestellt aus Leinensegel, dessen Poren man mit Stärke verkleistert hat, und wenn man sie rasch dreht, finde ich, dass eine solche Schraube ihre Mutter in der Luft finden wird und dass sie in die Höhe steigt*“.

Zu der zweiten Sorte der Wagemutigen gehörten diejenigen, die z.B. mit Tüchern ausgerüstet von Türmen und Stadtmauern sprangen, oft auch nur mit dem Ziel, das andere Ufer des Stadtgrabens zu erreichen. Geschichtliche Überlieferung stellen aber klar, dass diese Versuche nicht von Erfolg gekrönt waren, und dass doch meistens nur Hohn und Spott für die beinah Ertrunkenen übrig blieb. Zu ihnen gehörte Jacob **Degen** (1760-1848), ein Schweizer, der den Banknotendoppeldruck erfand und als „Luftfahrtpionier“ einen Gleit- bzw. Segelapparat baute, der viel Ähnlichkeit mit einem heutigen Drachen hatte.

Bild 1.2.2: *Aristoteles*

Bild 1.2.3: *Turmspringer (Quelle: „Say again“)*

Bild 1.2.4: *Leonardo da Vinci und sein Helix*

Bild 1.2.5: *Gleiter von J. Degen*

Isaac **Newton** (1643 - 1727) trug mit seinen zur damaligen Zeit physikalisch weitumfassenden Axiomen[1] zur Mechanik einen wichtigen Beitrag zu heutigen aerodynamischen Betrachtungen des Fliegens bei.
Sie werden bei der Betrachtung der Auftriebsentstehung erkennen, dass seine Axiome diesen physikalischen Vorgang sehr gut beschreiben können.

Otto **Lilienthal** (1848 - 1896) studierte Maschinenbau und befasste sich sehr intensiv mit dem Vogelflug. Seine Zeichnungen von Storchenflügeln und „Gleitapparaten“ zeigen viele Gemeinsamkeiten mit den Entwürfen da Vincis. Hervorzuheben ist die Einführung der Polardiagramme, die Sie später kennen lernen werden. Er war der erste erfolgreiche „Segelflieger“ mit seinen selbstentwickelten Gleitern, die er durch Körperverlagerung steuerte. Seine gesammelten Erkenntnisse trug er in dem Buch „Der Vogelflug als Grundlage der Fliegerkunst – ein Beitrag zur Systematik der Flugtechnik“ zusammen, bevor er nach einem Absturz mit einem Gleitapparat 1896 in der Nähe Berlins verstarb. Man vermutet heute, dass er durch eine falsche Körperverlagerung oder eine Böe in eine lebensbeendende Situation kam.

Die Gebrüder **Wright**, die den **ersten Motorflug** der Welt am 17. Dezember 1903 in den USA durchführten, griffen zur Entwicklung ihres Flugzeuges die Ergebnisse Lilienthals auf, z.B. die Profilform der Tragflächen. Mehr Information zu diesem Meilenstein der Geschichte finden Sie im Lernprogramm „Geschichte der Drehflügler“.

Ein weiterer, wichtiger Schritt zur Entwicklung der Aerodynamik wurde von **Joukowski** getan, der 1907 eine **Theorie zum Auftrieb** entwickelte (siehe Kap. 1.4.3). Diese ist heute noch eine wesentliche Grundlage zur wissenschaftlichen Betrachtung und Untersuchung des Auftrieb-phänomens.

Im Verlauf des 19. Jahrhunderts entstanden **Wissenschaftliche Anstalten**, die die Aerodynamik über Experimente zu enträtseln versuchten. Insbesondere die Einführung des Windkanals (Gustav **Eiffel**, 1832 – 1923) brachte den großen Vorteil, das „trial and error“-Verfahren vom echten Luftfahrzeug zum Modell hin zu übertragen. Damit stieg die Lebenserwartung der Testpiloten doch erheblich. Bekannte Anstalten waren und sind z.T. auch heute noch:

- **DLR** (Deutsches Zentrum für Luft- und Raumfahrt), ehemals Göttinger Versuchsanstalt,
- **MIT** (*Michigan Institut for Technology*) Michigan,
- **NACA** (*National Advisory Comittee for Aeronautics*, ab 1958 von NASA, *National Aeronautics and Space Administration*, übernommen).

Ludwig **Prandtl** (1875 – 1953) darf hier nicht ungenannt bleiben. Ihm verdanken wir heute viele Erkenntnisse über Luftströmung direkt an einem Körper (z.B. Rotorblatt), der sogenannten Grenzschichtströmung. Innerhalb einer dünnen Luftschicht entlang der Tragfläche geschehen Dinge, die wesentlichen Einfluss auf Auftrieb und Luftwiderstand (z.B. durch Reibung) haben (siehe. 1.5.2).

[1] 1. Axiom: Das Trägheitsgesetz,
2. Axiom: Das Beschleunigungsgesetz
3. Axiom: Das Gesetz „actio = reactio„

Bild 1.2.6: *Isaac Newton*

Bild 1.2.7: *Porträt Lilienthals u. sein Gleiter*

Bild 1.2.8: *Flyer Whrights*

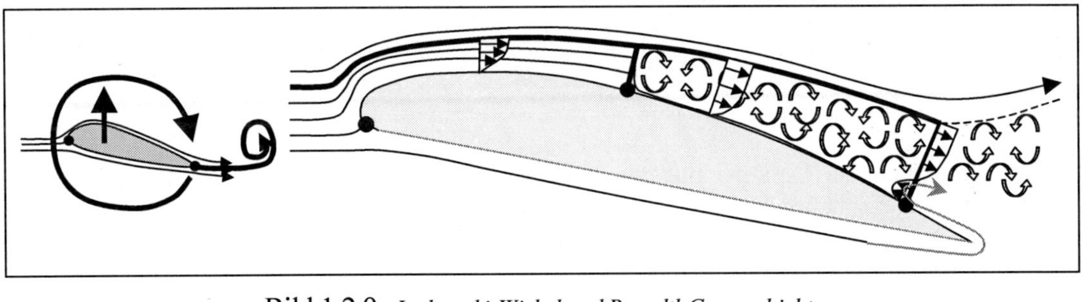

Bild 1.2.9: *Joukowski-Wirbel und Prandtl-Grenzschicht*

Damit beenden wir einen **kurzen Einblick in die Geschichte der Aerodynamik** und wollen uns im Folgenden mit den Eigenschaften der Luft, ohne die ein Fliegen in geschichtlicher oder moderner Form nicht vorstellbar wäre, befassen. (Waren Sie eigentlich schon im Hubschrauber-Museum von Bückeburg?)

1.3. Eigenschaften der Luft

WAS IST LUFT?

In diesem Kapitel wollen wir Ihnen die für das Fliegen wesentlichen Eigenschaften des Gases Luft darstellen. Sie werden sehen, dass diese Eigenschaften einerseits das Fliegen überhaupt erst ermöglichen und andererseits Grenzen setzen, die Sie für Ihre Flüge grundsätzlich kennen und beachten müssen.

Im Verlauf der Ausbildung werden Sie erkennen, dass Luft - insbesondere deren Wasserdampfgehalt und das dynamische Verhalten als Luftmasse - in der Flugmeteorologie die entscheidende Rolle für das Wettergeschehen spielt. Folglich werden Sie beim Thema Luft als Gas auch Überschneidungen der beiden Ausbildungsteilgebiete Aerodynamik und Flugmeteorologie feststellen.

Der Vorteil ist: Sie werden Zusammenhänge und die zentrale Bedeutung der Luftmasse für die Hubschrauberfliegerei erkennen. Und das kann nicht von Nachteil sein.

Grundsätzlich lässt sich eine Charakteristik der Luft schnell aufführen:

→ Sie ist zu unserem Leidwesen **unsichtbar**!

Oder anders ausgedrückt: Sie lässt Lichtstrahlen ungehindert durch, so dass unsere Augen diese „empfangen" können (die Farbgebung des roten Abendhimmels und des blauen Himmels hängt wesentlich mit der Brechung und Streuung der Lichtstrahlen an weiteren Teilchen in der Luft, z.B. Wassertröpfchen, zusammen).

Die Unsichtbarkeit der Luft machte den Forschern zu jeder Zeit Probleme, ihre insbesondere dynamischen Eigenschaften zu beobachten und zu messen, um daraus Gesetzmäßigkeiten ableiten zu können. Sie bedienten sich daher in Windkanälen Hilfsmitteln wie z.B. Rauch, Fäden oder optischer Verfahren zum Sichtbarmachen der Luftbewegungen.

Mancher „Experte" meint in Bezug auf das Ergebnis dieser Verfahren, es sei schon ganz gut, dass der Pilot die chaotischen Strömungsverhältnisse am Tragflügel oder Rotorblatt während des Fluges nicht sieht; Er würde vielleicht das Vertrauen in sein Luftfahrzeug verlieren!

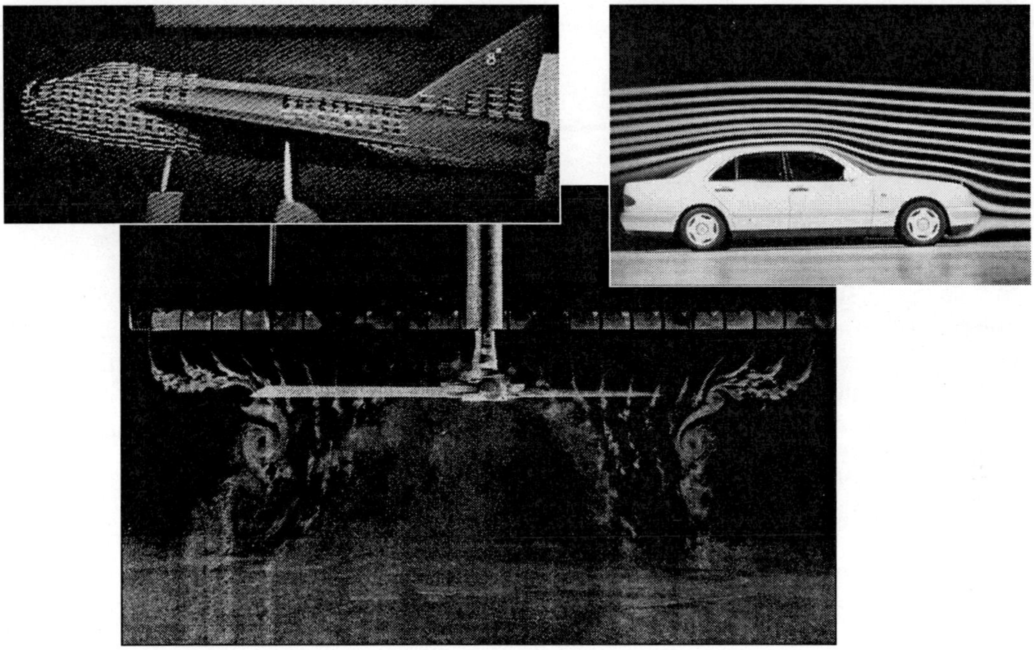

Bild 1.3.1: *Windkanalaufnahmen*

Da wir auf aufwendige Experimente verzichten müssen, nutzen wir andere Hilfsmittel, um in Zeichnungen und Fotos die Luftströmung sichtbar zu machen:

So zeichnen wir um ein Rotorblattprofil sogenannte **Stromlinien**, die den grundsätzlichen und vereinfachten realen Verlauf der Luftströmung verdeutlichen sollen. Näheres dazu im Kapitel 1.3 (Auftrieb).

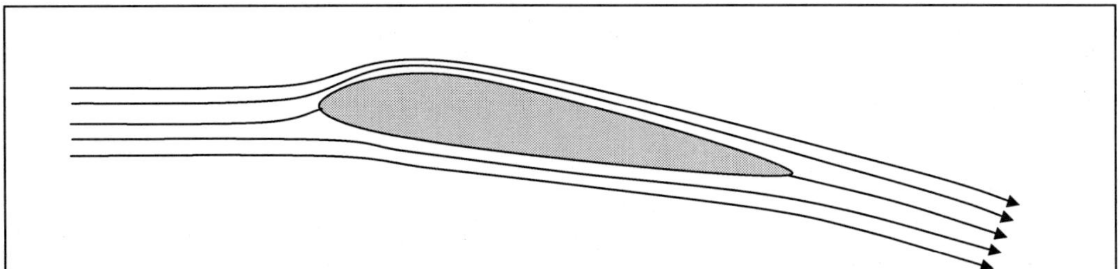

Bild 1.3.2: *Rotorblatt mit Stromlinien*

*Nebenbei: Kennen Sie noch die **Zusammensetzung der Luft**?*

Stickstoff	N_2	..........% ?	} = 100 %
Sauerstoff	O_2	..........% ?	
Edelgase	*(Argon, ...)*	..........% ?	

(Auflösung: siehe Auflösungsseite am Ende des Kapitels)

Aus Ihrem Alltag werden Sie sicher Begriffe wie **Luftdruck, Luftdichte** und auch **Lufttemperatur** kennen. Diese werden wir hier nochmals aufgreifen, um ihre Bedeutung für die Fliegerei herauszustellen.
Ein „Blick" in die Atmosphäre, und zwar in deren unterste Schicht, die **Troposphäre**, zeigt uns die Veränderung dieser drei Größen mit steigender Flughöhe:

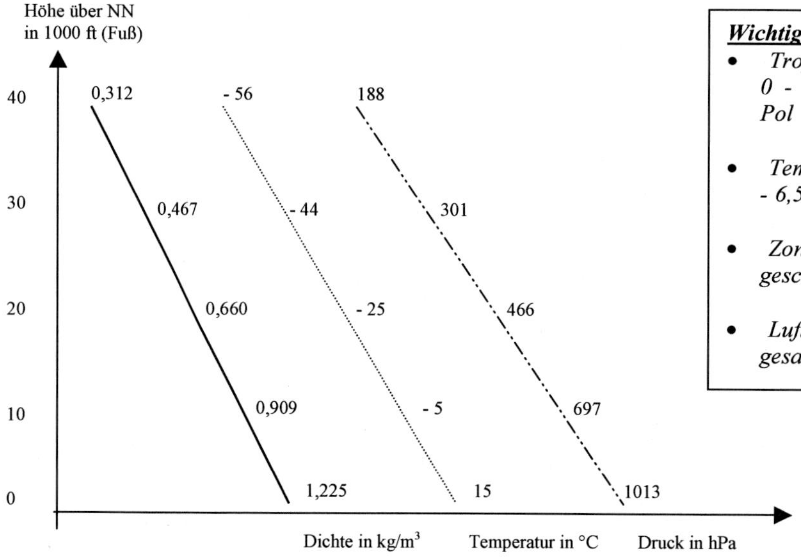

Wichtiges:
- *Troposphäre: 0 - 11 km (Schwankungen: am Pol 8,5 km, am Äquator 16 km)*
- *Temperaturgradient - 6,5°C / 1000 m (- 2°C/1000 ft)*
- *Zone des sichtbaren Wettergeschehens (Wolken)*
- *Luftmassenanteil 75% der gesamten Atmosphäre*

Bild 1.3.3: *Verlauf von Druck, Temperatur und Dichte in der unteren Schicht der Atmosphäre (Troposphäre)*

Der Verlauf dieser drei Größen mit der steigenden Entfernung vom Erdboden hat Einfluss auf die Fliegerei. Denken Sie an ein Turbinenluftstrahl–Triebwerk, welches Luft zum „Atmen", also für seine Arbeit braucht. Wird diese Luft dünner, steht ihm weniger zur Verfügung, die Leistung nimmt ab.
Und ähnlich verhält es sich mit der „Brauchbarkeit" der Luft für den Rotor des Hubschraubers. Doch dazu auf den nächsten Seiten Näheres.

Dichte

Auch die Luft hat als Gas eine Dichte, die zwar nicht mit festen Körpern und Flüssigkeiten zu vergleichen ist, doch ist sie groß genug, uns dass Fliegen zu ermöglichen. Leonardo DA VINCI erkannte dieses und baute darauf seine Theorie des Hubschrauberfliegens auf. Zitat: „*... und wenn man sie [die Luftschraube, A.d.A.] rasch dreht, finde ich, dass eine solche* ***Schraube ihre Mutter in der Luft*** *finden wird und dass sie in die Höhe steigt*“.
Die Dichte lässt sich als Menge von Materie in einem bestimmten Volumen beschreiben.

Dichte ρ [Rho] =: Masse pro Volumen = m/V [kg/m^3]

Der Betrag der Luftdichte beläuft sich - abhängig vom Bezugssystem - auf :

- **1,225 kg/m^3** (ISA[2])
- 1,2928 kg/m^3 (Normatmosphäre[3])

Insbesondere die Luftdichte nach der ISA wird Ihnen auch wieder in der Meteorologie und in der Navigation begegnen.

Vergleichswerte:

Wasser:	1000	kg/m^3
Aluminium:	2700	kg/m^3
Stahl:	8000	kg/m^3
Blei:	11300	kg/m^3
Quecksilber:	14000	kg/m^3

Wie ist aber die Luftdichte bei ihrem geringen Betrag **spürbar**?

Die Spürbarkeit der Wasserdichte kennen Sie vielleicht von unkontrollierten Sprüngen in selbiges: Je größer die Sprunghöhe ist, desto mehr wandelt sich Wasser zu Beton!

Bei Luft ist dieses schon schwerer erfahrbar. Fallschirmspringer kennen aber trotzdem die Luftdichte: Beim Auslösen des Schirms mit anschließendem Entfalten wird der „Faller“ von vorher ca. 300 km/h Fallgeschwindigkeit auf ca. 20 km/h (5 m/s) abgebremst, und das äußerst ruckartig.

Und auch das drehende Rotorblatt wird die Luftdichte spüren (z.B. in Form von Luftwiderstand und Auftrieb), auch wenn es eigentlich gar nichts davon weiß!

Leider nimmt die Luftdichte mit zunehmender Flughöhe über dem Erdboden ab und damit – um die Worte DA VINCIS zu nutzen – findet die Schraube immer weniger ihre Mutter!
Zwei kleine Beispiele zum Zusammenhang von Dichte, Volumen und Masse:

---

[2] International Standard Atmosphere: bei 15°C und 1013,25 hPa
[3] Normatmosphäre bei 0°C und 1013,25 hPa

1. Welche Masse hat die Luft in einem Hörsaal (Lösung auf Auflösungsseite am Ende des Kapitels)?

Dichte:	*1,225 kg/m³*
Volumen Hörsaal:	*4m • 5m • 7m = 140 m³*
	→ Masse: .... kg?????

2. Wie verhält sich eigentlich die Luftdichte, wenn der Wasserdampfgehalt in der Luft steigt (Lösung auf Auflösungsseite am Ende des Kapitels)?

Luftdichte steigt ☐

Luftdichte sinkt ☐

Druck

Hier wollen wir Ihnen die Entstehung, die Änderung und die Bedeutung des Luftdrucks für die Hubschrauberfliegerei darstellen.

Folgende Unterscheidung bezüglich des Luftdrucks wird grundsätzlich getroffen:

p_{stat} = **F/A**	→	**statischer** Druck	[N/m²] oder [hPa]
oder			
$p_{dyn} = ½ \cdot \rho \cdot v^2$	→	**dynamischer** Druck	

Frage: Was ist eigentlich Luftdruck?

Antwort, Teil I: Um den statischen Luftdruck zu verstehen, sollten Sie an die ruhende Luft in Ihrem Hörsaal denken. Wenn *Sie* es könnten, dann würden Sie die Luftmoleküle in diesem Raum mit hohen Geschwindigkeiten hin und herfliegen sehen. Dabei treffen sie sich gegenseitig, aber prallen auch auf die Wände. Denken Sie sich eine der Wände als Sensor(-Fläche). Die Moleküle übertragen durch ihren Aufprall auf dieser Fläche in einer bestimmten Zeit Impulse[4], oder anders gesagt, sie wirken mit einer zu messenden (aber sehr, sehr, sehr geringen) **Kraft** (F in [N]) auf die **Fläche** (A in m²). Das ist der ***statische Druck*** der Luft in diesem Raum[5].

Sie werden bei der Erklärung zur Entstehung der Auftriebskraft am Rotorblatt sehen, dass der statische Druck - und seine Veränderung - **die** wesentliche Rolle dabei spielt.

[4] Das sind bei Luft in 1 Sekunde auf 1 cm² $3 \cdot 10^{23}$ Teilchen!

[5] Eigentlich muss noch der geodätische Druck (Druckunterschied aufgrund der Höhendifferenz; der Luftdruck ist am Erdboden durch die darüber liegende Luft am größten) berücksichtigt werden, doch spielt er für die aerodynamische Betrachtung am Rotorblatt keine wesentliche Rolle.

Die „**Spürbarkeit**" des statischen Luftdrucks auf der Erde hat der Naturforscher und Erfinder OTTO VON **GUERICKE** 1661 in Magdeburg gezeigt. Er hat zwei Halbkugeln aus Stahl (∅ = 60 cm) zusammengefügt und die Luft in ihnen zu 80% mit Hilfe einer mechanischen Pumpe ausgesaugt. Auf die fast luftleere Kugel wirkten dann Kräfte durch den äußeren Luftdruck, die einer Masse von 2,7 Tonnen entsprachen. Sechszehn Pferde schafften es nicht, die „*Magdeburger*" Halbkugeln auseinander zu reißen.

Antwort, Teil II: In dem Hörsaal mit der ruhenden Luft werden Sie nur statischen Druck messen können. Die Voraussetzung für ***dynamischen Druck*** ist das Vorhandensein von **Geschwindigkeit** (→ v^2)! Luft, die um ein Rotorblatt oder in einer Röhre strömt, besitzt immer eine Geschwindigkeit und damit dynamischen Druck.

Bei strömender Luft lassen sich zur Beschreibung des Verhaltens von statischem und dynamischem Druck - unter bestimmten Bedingungen - das **Kontinuitätsgesetz** und das **Gesetz von BERNOULLI** anwenden.
Im Bereich Avionik werden diese Zusammenhänge unter anderem an der Funktion des Pitotrohrs deutlich.

Eine Erklärung zum **Zusammenhang von Luftdruck und Luftdichte**:
Die Luftdichte beschreibt im Grunde den mittleren Abstand der Luftmoleküle zueinander, oder anders: Die Menge einer bestimmten Materie in einem bestimmten Volumen (den genauen Abstand weiß man nicht, da die Moleküle ja immer in Bewegung sind!). Sie ändert sich aber nicht unbedingt merklich, wenn der statische Luftdruck eine Änderung erfährt.
Ein Beispiel: In einer Düse wird ein Luftstrom schneller, es ist gleichzeitig die Abnahme des statischen Drucks zu messen. Ist die Geschwindigkeit der Luftströmung noch weit unterhalb der Schallgeschwindigkeit, so verändert sich der mittlere Abstand der Moleküle nicht, d.h. die Luftdichte bleibt konstant.
Bei ruhender Luft verhält sich die Luft anders. Denken Sie an die Luftpumpe: Verändere ich die Luftdichte durch Eindrücken des Kolbens, so verändert sich ebenso der statische Druck der eingeschlossenen Luft (Auf die gleiche Fläche - s.o. - prallen in der gleichen Zeit jetzt mehr Moleküle, die Impulsübertragung ist größer, die Luft „arbeitet" gegen die Kolbenfläche).

Kompressibilität

Strömende Gase – damit natürlich auch Luft – haben die Eigenschaft, ab einer bestimmten Strömungs**geschwindigkeit** bei **Beeinflussung durch einen Körper komprimierbar** zu sein, d.h. ihre Dichte ändert sich fortan mit steigender Geschwindigkeit. Dabei ändert sich die Dichte nicht nur aufgrund einer äußeren Einwirkung, z.B. wie bei der Luftpumpe, sondern auch durch die inneren Strömungseffekte (z.B. durch Reibung) bei höherer Geschwindigkeit.

Dieses Verhalten lässt nicht nur Wissenschaftler bei der Berechnung und Vorherbestimmung des Strömungsverhaltens verzweifeln, es bringt weitere handfeste Nachteile in der Fliegerei mit sich. Z.B. steigt dadurch der Luftwiderstand eines Rotorblattes enorm an, dieses muss durch mehr Leistung des Triebwerks, also mehr Kraftstoff kompensiert werden.

Die Grenze, ab der Kompressibilität der Luft feststellbar bzw. zu berücksichtigen ist, liegt - nach der gängigen Literatur - bei ca. **Ma = 0,4** [6]. **Ma** steht dabei für **Machzahl,** die folgendermaßen definiert ist:

$$\mathrm{Ma} =: \frac{\textit{Strömungsgschwindigkeit}}{\textit{Schallgeschwindigkeit}} = \frac{v}{a} \quad [-]$$

Dieses Verhältnis von zwei Geschwindigkeiten ist also **dimensionslos**. Angewandt auf das Problem der Kompressibilität heißt das: Wenn die Strömungsgeschwindigkeit 4/10 der **Schallgeschwindigkeit** (die auch veränderbar ist, siehe unten) beträgt, wird sich die Luftdichte merkbar ändern.

Damit Sie diese Zahl mit Ihren Alltagserfahrungen vergleichen können, ein paar Beispiele für die Schallgeschwindigkeit, die sich mit der Luftdichte, der Temperatur und der Feuchte ändert:

Material	**Bedingungen**	**Schallgeschwindigkeit**
Trockene Luft (Erdoberfläche)	20° C, Dichte = 1,21 kg/m³	a = 344 m/s
Trockene Luft (2000 m)	-13° C, Dichte = 1,00 kg/m³	a = 333 m/s
Glas		a = 2500 m/s
Stahl		a = 7700 m/s

[6] Kompressibilität ist richtigerweise schon viel eher festzustellen, doch ist der Fehler, z.B. bei einer Berechnung ohne Berücksichtigung der Kompressibilität sehr gering und damit vernachlässigbar.

Ein Rechenbeispiel zur ***Kompressibilität*** *und ihre* ***Auswirkung am Rotorblatt:***

Dazu betrachten wir die Strömungsverhältnisse an den Rotorblättern (Radius $r = 7{,}3\ m$) eines Hubschraubers (Drehzahl $n_{Rotor} = 324\ U/min$), der mit ca. *180 km/h* knapp über dem Erdboden ($a = 344\ m/s$) fliegt.
Erreicht die Strömungsgeschwindigkeit an den Rotorblättern die Kompressibilitätsgrenze ($Ma = 0{,}4$)?

Umfangsgeschwindigkeit Rotorblatt(-spitze): $u = 2 \bullet \pi \bullet r \bullet n_{Rotor}$

Das Einsetzen in die Formel ergibt: $u = 2 \bullet \pi \bullet 7{,}3\ m \bullet \dfrac{324}{60\ s} = 247\ m/s$

Mit dieser Geschwindigkeit bewegt sich die Blattspitze unseres Hubschraubers aufgrund der Rotordrehung durch die Luft. Wir müssen aber noch - zumindest für das **vorlaufende Blatt** - die Fluggeschwindigkeit von *180 km/h = 50 m/s* addieren!

Ergebnis **Gesamtströmungsgeschwindigkeit**: $v = 247\ m/s + 50\ m/s = 297\ m/s$

Abschließend wird daraus die **Machzahl *Ma*** errechnet: $Ma = \dfrac{297\ m/s}{344\ m/s} = 0{,}86$

Es zeigt sich deutlich: Für die Blattspitze des vorlaufendes Blattes im Vorwärtsflug ergibt sich eine Machzahl $Ma = 0{,}86$, die **weit über der Kompressibilitätsgrenze *Ma = 0,4*** liegt!

Und dabei haben wir noch nicht berücksichtigt, dass die Luft auf der Oberseite des Rotorblattes nochmals beschleunigt wird (siehe Kap. 1.4)!

Welche Folgen ergeben sich aus diesen Betrachtungen?
⇒ Die Luft erfährt starke Dichteänderungen beim Umströmen der Rotorblätter.
⇒ Dadurch steigt der **Luftwiderstand** stark an. Und das ist grundsätzlich nicht brauchbar!
⇒ Es kann zu Stoßwellen mit plötzlichen Verdichtungsstößen auf den Rotorblättern kommen (die sich durch Knall-Laute bemerkbar machen, zum Beispiel bei der Bell UH 1-D[7]!). Der Luftwiderstand steigt noch mehr, Vibrationen sind die Folge.

[7] Die Knall-Laute bei der Bell UH-1D entstehen aber auch, wenn sich ihre Blätter durch die (induzierten) Wirbelgebiete des voraneilenden Blattes bewegen.

Reibung

Dieser Begriff ist Ihnen aus der Luftfahrzeugtechnik bekannt. Reibung (zwischen festen Körpern) tritt im Hauptgetriebe auf und reduziert so die Leistung und den Wirkungsgrad der Triebwerks- und Kraftübertragungsanlage. Die Wellenlager des Triebwerks müssen grundsätzlich mit Öl geschmiert sein, damit die Reibung zwischen Lager und Welle nicht zu mechanischen Zerstörungen führt.

Aber auch die Aerodynamik kennt Reibung als wesentliche Eigenschaft von Gasen, man nennt sie dann nur **Viskosität.**

So „reibt sich“ die unterste Luftschicht auf der Rotorblattoberfläche. Aber auch die unterschiedlichen Luftschichten reiben aneinander. Und das Ergebnis ist grundsätzlich eine **Geschwindigkeitsabnahme** der Luftströmung.
Reibung der Luftschichten an Gegenständen oder gegeneinander kann auch zur Entstehung von Wirbeln führen. Diese sind als **Turbulenzen** bekannt.

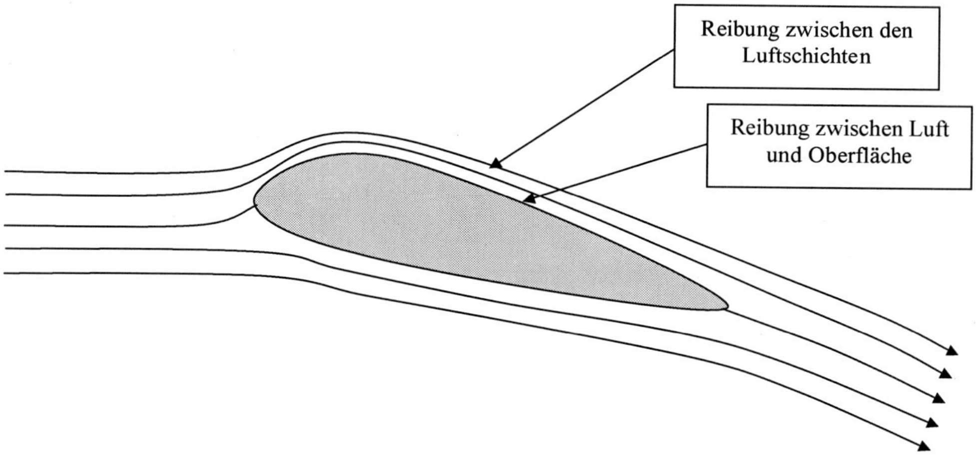

Bild 1.3.4: *Reibung am Rotorblatt / Tragfläche*

Und ... ohne Reibung der Luftschichten würde es keine Auftriebskraft am Rotorblatt geben!

Neugierig?! In Kapitel 1.4 (Auftrieb) werden wir dieses näher erläutern!

Trägheit der Luftmasse

Auch wenn die Luftmasse nicht besonders erwähnenswert scheint, sie ist doch so groß, dass sie uns den Auftrieb an den Rotorblättern ermöglicht (die Luft im Hörsaal hat eine Masse von 171,5 kg, Sie hatten es vielleicht berechnet!). Und sie führt auch dazu, dass die Luftmasse einer gewissen Trägheit unterworfen ist, d.h. sie hat auch - wie feste Körper - ein Beharrungsvermögen in ihrem augenblicklichen Zustand (in Ruhe aber auch in der Bewegung).

Denken Sie an **Isaac Newton's Axiome** - es sind drei an der Zahl - , dann wird Ihnen die Bedeutung der Masse für Kräfte (z.B. Auftriebskraft) klar:

Trägheitsgesetz

1. Newton' sche Axiom:

Ohne äußere Krafteinwirkung verharrt ein Körper im Zustand der Ruhe oder der geradlinig gleichförmigen Bewegung

Beschleunigungsgesetz

2. Newton' sche Axiom:

Die wirkende Kraft und die dadurch erzielte Beschleunigung verhalten sich proportional

$$\mathbf{F \sim a \quad \Rightarrow \quad F = m \bullet a}$$

Das Gesetz von actio = reactio

3. Newton' sche Axiom:

Jede Kraft F (Aktionskraft) besitzt eine Gegenkraft F' (Reaktionskraft) von gleichem Betrag, aber entgegengesetzter Richtung. Beide Kräfte greifen in verschiedenen Körpern an

1.4. Auftrieb

Es ist nicht ganz unbekannt, dass ein Körper nur **gegen die Schwerkraft** (Erdanziehungskraft) der Erde und damit gegen seine Gewichtskraft in die Luft gebracht werden kann. Die dazu benötigte Kraft kann sehr verschiedenartig sein.

Raketen nutzen ausschließlich die **Schubkraft (actio = reactio !)** ihres Triebwerkes für den Aufstieg.

Ballone entkommen dem Erdboden aufgrund der Tatsache, dass die Gasmenge innerhalb der Ballonhülle leichter ist als die durch den Ballon verdrängte Luft. Die dadurch auf die Ballonhülle erzeugte Kraft nennt man den **statischen Auftrieb**[8], der durch den Griechen ARCHIMEDES (287-212 v.Chr.) erstmalig beschrieben wurde.

Archimedisches Prinzip

Da sich die Seitenkräfte F_{S1} und F_{S2} aufheben, bleibt wegen der Höhendifferenz $h_2 - h_1$ eine Kraftdifferenz $F_2 - F_1$ auf die Unterfläche bestehen, die gleich der Auftriebskraft F_A ist. Wenn die Dichte ρ_{FL} der Flüssigkeit oder des Gases konstant ist, beträgt die Auftriebskraft

$$\mathbf{F_A} = F_2 - F_1 = A \bullet (p_2 - p_1) \qquad [\text{da } F = A \bullet p]$$
$$= A \bullet \rho_{FL} \bullet g \bullet (h_2 - h_1) \qquad [\text{da } p = \rho \bullet g \bullet h = \text{geodätischer Druck}]$$

Da $A \bullet (h_2 - h_1)$ das Volumen des Körpers bzw. das durch den eingetauchten Körper **verdrängte** Flüssigkeitsvolumen V_{verd} ist, gilt

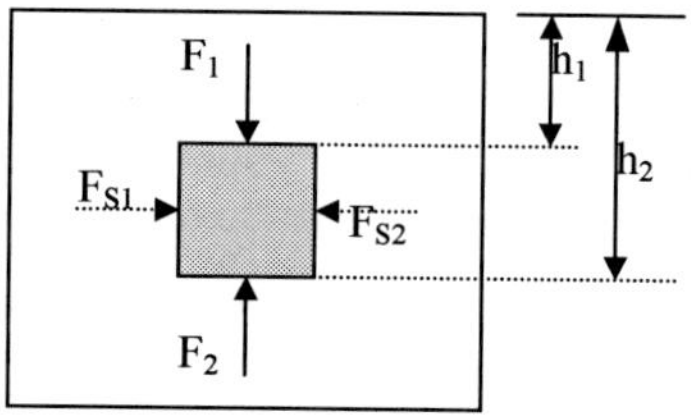

$$\mathbf{F_A} = \rho_{FL} \bullet g \bullet V_{verd} = m_{verd} \bullet g = \mathbf{F_{G,verd}} \qquad [\text{da } \rho \bullet V = m]$$

Dabei sind m_{verd} bzw. $F_{G,verd}$ die Masse bzw. die Gewichtskraft des verdrängten Flüssigkeits- oder Gasvolumen. **Die Auftriebskraft F_A ist demnach gleich der Gewichtskraft des verdrängten Flüssigkeits- bzw. Gasvolumen.** Sie hängt nur vom Volumen des eingetauchten Körpers bzw. von der verdrängten Gasmenge, nicht aber von seinem Gewicht ab. Bei gleichem Eintauchvolumen erfährt also ein Stück Kork die gleiche Auftriebskraft wie ein Stück Blei!
Damit ist aber noch keine Aussage über die Schwimm- oder Schwebmöglichkeit des Körpers gesagt. Dazu muss jetzt die Gewichtskraft des Körpers berücksichtigt werden (diese war bisher nicht relevant!).

Je nach der Gewicht F_G (Gewichtskraft) des eingetauchten Körpers sind drei Fälle zu unterscheiden:

$F_G < F_A$	$F_G = F_A$	$F_G > F_A$
Der Körper schwimmt	Der Körper schwebt	Der Körper sinkt

[8] Auftrieb ist eine Kurzbezeichnung für die Auftriebs**kraft**.

Hubschrauber und Starrflügler erzeugen die Gegenkraft zur Erdanziehung auf eine andere, dem Vogelflug nachempfundene Weise, die grundsätzlich nur dann Erfolg hat, wenn eine Voraussetzung immer erfüllt ist: Es muss eine Grund**geschwindigkeit** vorhanden sein.

Flächen, die mit dieser Geschwindigkeit durch die Luft geführt werden, können die notwendige Kraft zum „in der Luft halten“ erzeugen. Man spricht folglich vom **dynamischen Auftrieb**.

Betrachten wir jetzt alle wichtigen Kräfte am Luftfahrzeug, so stellt sich uns folgendes Bild dar:

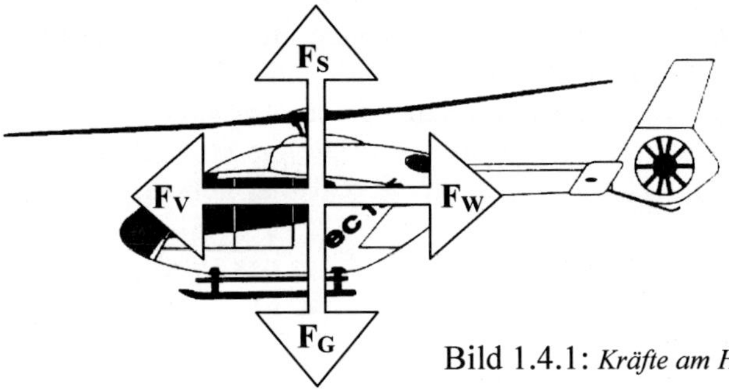

Bild 1.4.1: *Kräfte am Hubschrauber*

Der Hubschrauberrotor hat die Aufgabe

1) mit seinem Schub F_S (als Summe aller Auftriebskräfte F_A) gegen die Gewichtskraft F_G zu arbeiten und
2) eine Vorwärtskraft F_V gegen die Widerstandkräfte F_W der Luft zu produzieren.

Die folgenden Kapitel sollen die Entstehung des dynamischen Auftriebs am Rotorblatt des Hubschraubers erklären und Theorien aufzeigen, die das physikalische Prinzip „Auftrieb“ beschreiben.

1.4.1. Actio = Reactio am Rotorblatt

Zur Erklärung des Phänomens **aerodynamischer Auftrieb** könnte man behaupten, dass viele Wege „nach Rom" führen, doch wir wollen Ihnen zeigen, dass es Wege gibt, die das Ziel genau treffen, einige leider aber in die Irre führen.
Was ist das Ziel?
Sie sollen mit Hilfe der Aerodynamikgrundlagen dahin geführt werden, die Entstehung der Auftriebskräfte am Rotorblatt erklären zu können. Sie können daraus ableiten, wie „sensibel" die Auftriebskräfte auf negative Einflüsse reagieren und folglich ihren lebenserhaltenden Dienst einstellen könnten!

In dem Bild unten sehen Sie eine Darstellung der Luftströmung um ein Rotorblatt- oder Tragflächenprofil, auf die wir im Folgenden immer wieder zurückgreifen werden.
Dazu werden um das Profil sogenannte **Stromlinien** eingezeichnet, die die Richtung der Strömungsgeschwindigkeit wiederspiegeln. Die Geschwindigkeit, mit der die Luft direkt auf das Profil trifft, wird mit $\mathbf{v_{eff}}$ (eff = effektiv = real) bezeichnet. Oder: Das Profil bewegt sich mit $\mathbf{v_{eff}}$ durch die Luft.
Eine Stromlinie trifft im **Staupunkt** zentral auf das Profil, dort wird die Luft komplett auf Null abgebremst. Ober- und unterhalb des Staupunktes teilt sich die Strömung und „fließt" entlang der Ober- bzw. Unterseite weiter.
Auch die Profilhinterkante wird umströmt, dort liegt der hintere Staupunkt. Ober- und unterhalb dieses Punktes treffen die Stromlinien wieder aufeinander.

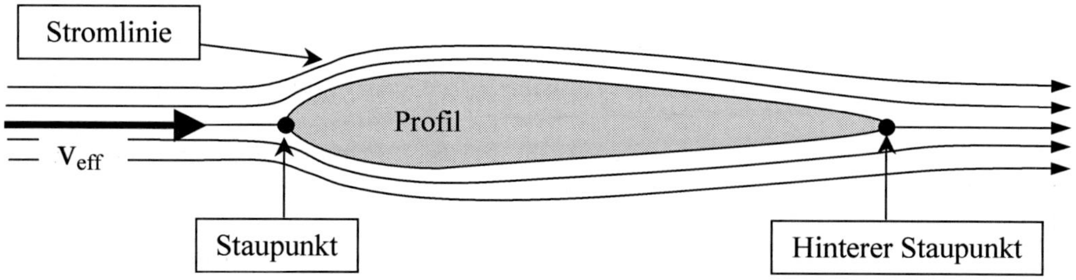

Bild 1.4.2: *Begriffe zur Luftströmung um ein Rotorblattprofil*

Es stellt sich die **Frage**: Erzeugt dieses so gezeigte Profil Auftrieb?

Antwort: Nein, dieses Profil erzeugt *so* keinen Auftrieb!

Schauen wir uns jetzt ein Profil an, welches aktuell Auftrieb (in der Zeichnung auf der nächsten Seite mit F_A gekennzeichnet) erzeugt. Dazu ist es gegenüber der Luft „angestellt" oder hat eine spezielle Form (oder beides).

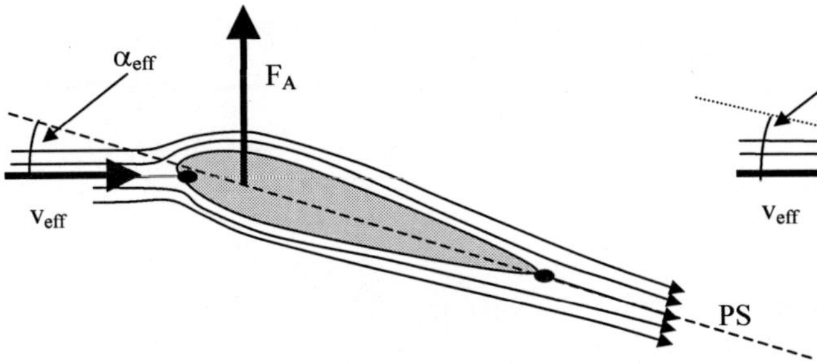

Bild 1.4.3: *Angestelltes Profil*

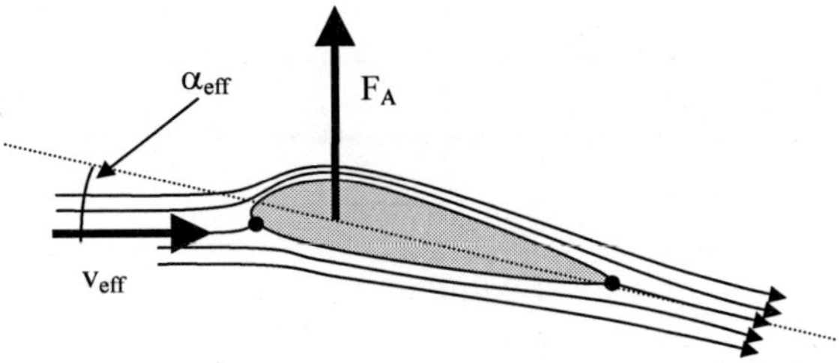

Bild 1.4.4: *Gewölbtes, angestelltes Profil*

Angestelltes Profil: Die Linie durch die Vorder- und Hinterkante des Profils (= Profilsehne, PS) bildet mit der **effektiven** (realen) **Anströmgeschwindigkeit v_{eff}** den (realen) **effektiven Anstellwinkel α_{eff}.**
Das Profil im linken Bild ist demnach bezüglich der Profilsehne ein **symmetrisches** Profil, das rechte ein **unsymmetrisches, gewölbtes** Profil.

Was können wir bezüglich dieser Strömung „beobachten"?

Zum einen wandert der Staupunkt etwas mehr zur Profilunterseite. Zum anderen legen sich die Stromlinien weiterhin um das Profil, doch der Unterschied wird an der Hinterkante deutlich.
Im Gegensatz zum nicht angestellten oder nicht gewölbten Profil wird die Luft jetzt **umgelenkt**. Im Vergleich zur horizontal ankommenden Strömung **vor** dem Profil hat die Strömung also nach dem Passieren des Profils ihre Richtung geändert, und zwar nach schräg unten.

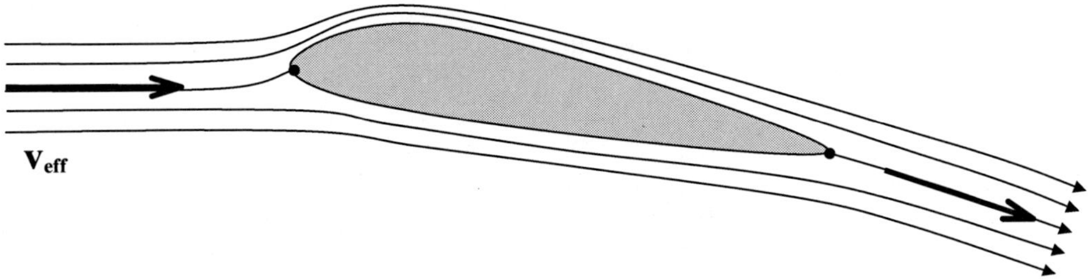

Bild 1.4.5: *Umgelenkte Strömung*

Experiment

Diesen Vorgang können Sie auch mit einem kleinen Experiment sichtbar machen:

Halten Sie ein aerodynamisches Profil in einen Fönluftstrahl. Hinter dem Profil wird eine Meßeinrichtung installiert, die die geänderte Strömungsrichtung erst einmal nur zeigen soll. Das kann z.B. eine horizontale Platte, befestigt an einer Federwaage, sein.

Führen Sie nun das **angestellte** oder **gewölbte** Profil von oben oder von unten in den Fönstrahl; Sie werden an der Bewegung der Platte erkennen, dass der Fönstrahl durch das Profil **nach unten abgelenkt** wird (Position A).

Auch wenn die Fönluft nur über die Oberseite des Profils streicht (Position B), wird die Luft nach unten abgelenkt, die Meßplatte schlägt folglich nach unten.

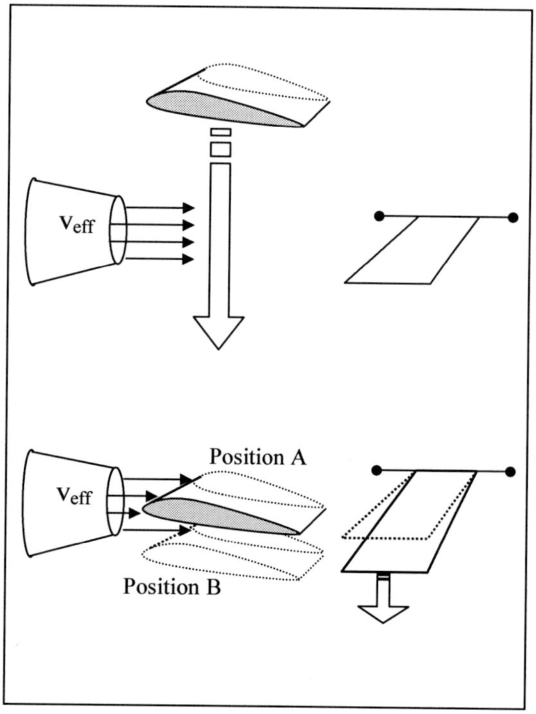

Wie aber haben sich jetzt an diesem Profil **Auftriebskräfte** gebildet? Die **Änderung der Strömungsrichtung** scheint mit der Entstehung der Auftriebskraft direkt zusammenzuhängen. Wir wollen jetzt schrittweise die physikalischen Hintergründe aufdecken.

Und dazu schauen wir uns wiederum einen Versuch an (siehe rechte Seite):

Experiment

Wir haben im Aufbau einen Experimentierwagen mit einer wie im Bild gezeigten gekrümmten Fläche und einen seitlich angebrachten Fön.
Was passiert, wenn wir den Fön anschalten?

Vermutlich wird die ausströmende Luft der gekrümmten Fläche folgen, dabei umgelenkt und den Wagen bzw. die Fläche nach hinten verlassen.
Das kann sicher nicht alles gewesen sein, oder?

In der Tat setzt der Wagen sich auch noch in Bewegung ... und zwar **entgegengesetzt** zur Ausströmrichtung der Luft!

Was führte dazu, bzw. was passierte auf dem kurzen Weg der Luft entlang der Fläche?

Die Luft trifft mit einer bestimmten Geschwindigkeit auf die linke Kante der Fläche auf. Dabei wird sie von ihrer ursprünglichen Richtung weg auf eine **Kreisbahn gezwungen**. Aufgrund ihrer **Massenträgheit** wäre sie aber „lieber" geradeaus geströmt.

Wie Sie es selbst vom Autofahren kennen: Kurvenfahrten erzeugen bestimmte **radiale Kräfte**, also Kräfte, die entlang des Radius des gedachten Kreises wirken (auch Zentripetalkraft). So erzeugt die **Fläche auf die Luft eine Kraft F_a** (Denn der Wagen ist auch träge und will in seinem Zustand der Ruhe verharren!). Beim Auto wären das die Reibungskräfte der Straße auf die Räder, so dass der Wagen nicht ausbricht.
Und so wie Ihr Wagen seiner Trägheit folgen will, nämlich aus der Kurve heraus, so will das die Luft auch und überträgt dabei eine **Gegenkraft F_r auf die gekrümmte Fläche** (auch Zentrifugalkraft).

Und das – Kraft und Gegenkraft – geschieht zu jedem Zeitpunkt des Strömens entlang der Fläche.

Die Teile (F_R) der Gegenkraft, welche in Richtung der Wagenlängsachse zeigen, sorgen in der Summe als **Rückstoßkraft** gemäß dem Prinzip **Actio = Reactio** für die Beschleunigung des Wagens in die beobachtete Richtung!

In den Worten des Herrn NEWTON: Die **Masse** Luft erfährt eine **Beschleunigung** in eine neue Richtung, sie erfährt also eine **Aktionskraft**. Das erzeugt eine **Reaktionskraft** auf die gekrümmte Fläche und läßt den Wagen entgegengesetzt rollen.

→ $\mathbf{F_{Actio}} = \mathbf{m}_{Luft} \bullet \mathbf{a}_{Luft} = \mathbf{m}_{Wagen} \bullet \mathbf{a}_{Wagen} = \mathbf{F_{Reactio}}$

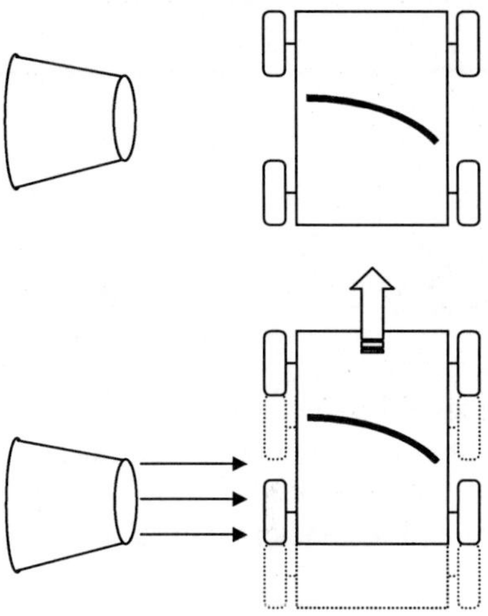

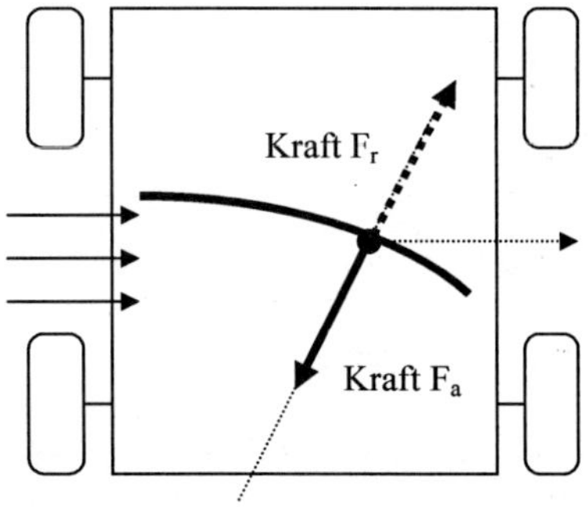

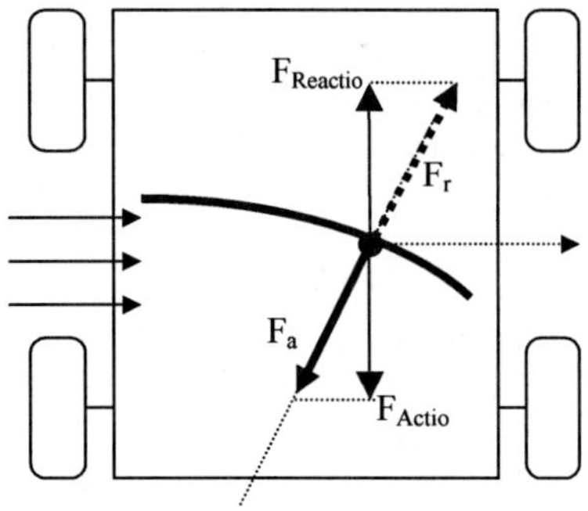

Das eben vorgestellte Beispiel stellt also dar, dass eine Masse, die in ihrer Bewegung in eine andere Richtung geleitet wird, ebenso eine Geschwindigkeitsänderung in diese Richtung erfährt. Diese **Geschwindigkeitsänderung** ist eine Beschleunigung!

Haben Sie schon mal gesehen, welches Eigenleben ein Gartenschlauch oder ein C-Rohr der Feuerwehr entwickeln können, wenn das Wasser aufgedreht wird? Die resultierenden Schlagbewegungen lassen sich mit dem Prinzip „actio = reactio" erklären. Das Wasser „stößt" sich an den „gekrümmten" Wandungen ab (Aktionsräfte auf das Wasser) und überträgt dabei (Reaktions-) Kräfte auf den Schlauch, die ihn ausweichen lassen.

Dieses Prinzip der Kraftentstehung lässt sich auch auf das **Rotorblatt als Umlenkfläche** in einer Strömung anwenden. Sie erinnern sich: Durch Anstellen oder Wölbung des Profils hatten wir eine neue Geschwindigkeitskomponente nach dem Profil nach unten festgestellt! Diese besitzt einen - zur ungestörten Anströmrichtung $\mathbf{v_{eff}}$ vor dem Profil - senkrecht **stehenden Anteil** $\mathbf{v_\perp}$.

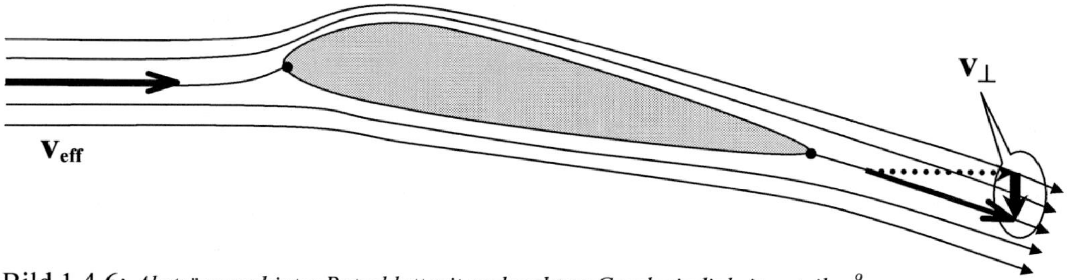

Bild 1.4.6: *Abströmung hinter Rotorblatt mit senkrechtem Geschwindigkeitsanteil* $v_\perp$[9]

Dieser senkrechte Anteil $v_\perp$ ist gleichbedeutend mit einer **Beschleunigung** der Luft**masse** senkrecht zur vorherigen Anströmung v_{eff}, die am Rotorblatt vorbeiströmt. Die in gleicher Richtung entstehende **Aktions**kraft auf die Luft steht ebenfalls senkrecht zu v_{eff}. In der Grafik ist $v_\perp$ nur hinter dem Profil eingezeichnet, doch diese Geschwindigkeit ist auch schon **an jeder Stelle des Profils** feststellbar, wo die Luft auch nur geringfügig umgelenkt wird.

Bemerkung als Ausblick: Bei einem Rotor – das werden Sie im Kap. „Flügelblatt-Theorie" sehen - wird der senkrechte Geschwindigkeitsanteil, der dann durch den Rotor von oben nach unten tritt, auch ***induzierte Geschwindigkeit*** *genannt.*

Nun zwei wichtige **Fragen:**
Wenn es also eine **Aktionskraft** auf die Luft als eine Masse gibt,

- was ist die Reaktionskraft und
- worauf wirkt diese?

[9] „ $\perp$ " ist das mathematische Zeichen für „... steht senkrecht zu ...": Hier also: $v_\perp$ steht senkrecht zu v_{eff}

Auflösung:

→ Die **Reaktionskraft** ist unsere gesuchte **AUFTRIEBSKRAFT** (Antwort 1), und
→ sie wirkt auf das **ROTORBLATT** oder die Tragfläche (Antwort 2)!

Da sie als entgegengesetzt wirkende Reaktionskraft auch senkrecht zu v_{eff} steht, nennt man sie **aerodynamische Querkraft.**

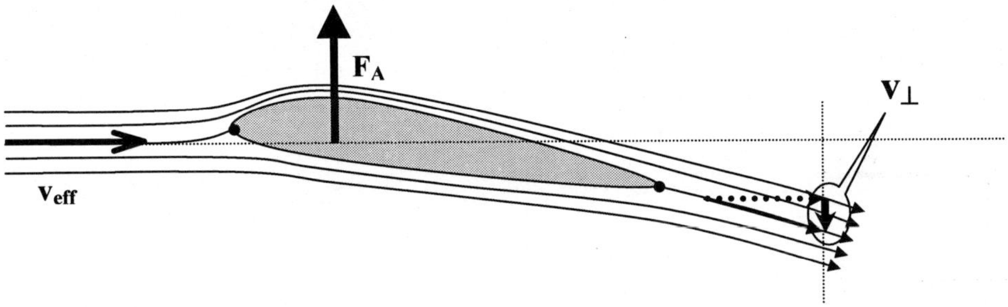

Bild 1.4.7: *Reaktionskraft = Auftriebskraft*

Kurz:

> Rotorblatt = Umlenkfläche
>
> ↳ Beschleunigung (a) der Luftmasse (m) senkrecht zu ($\perp$) $\mathbf{v_{eff}}$ = Aktionskraft = F_{Actio}
>
> ↳ $F_{Actio} = F_{Reactio}$ = Auftriebskraft F_A = aerodynamische Querkraft
>
> **!**

Dieses Prinzip gilt genauso für eine durch die Luft geführte ebene Platte ohne Profil! Auch hier wird die Luft umgelenkt, actio = reactio ist festzustellen. Das ist – in Eislauf-Sprache gesprochen - die A-Note. Doch man kann das Gesamtergebnis, nämlich die Auftriebskraft, in der B-Note erhöhen, wenn eine bestimmte Profilform gewählt wird! Dazu später mehr.

Eigentlich liegt jetzt die Frage nahe, **wo** genau denn diese Auftriebskraft F_A am Rotorblatt angreift.

Antwort:
Sie greift im sogenannten **Druckpunkt (DP)** des Profils an. Eigentlich ist die Auftriebskraft F_A, so wie wir sie oben eingezeichnet haben, nur ein vereinfachter Ersatz für alle Kräfte, die überall am Profil zum Auftrieb beitragen. Die **Summe** aller dieser Kräfte greift als Auftriebskraft F_A im Druckpunkt an. Dazu aber noch mehr im nächsten Kapitel (1.4.2).

Was ist wirklich wichtig: **Die Auftriebskraft wirkt** (als Reaktionskraft) **immer senkrecht (⊥) zur Anströmung v_{eff}** (da die Aktionskraft, resultierend aus $v_{\perp}$, auch senkrecht zu v_{eff} steht)!

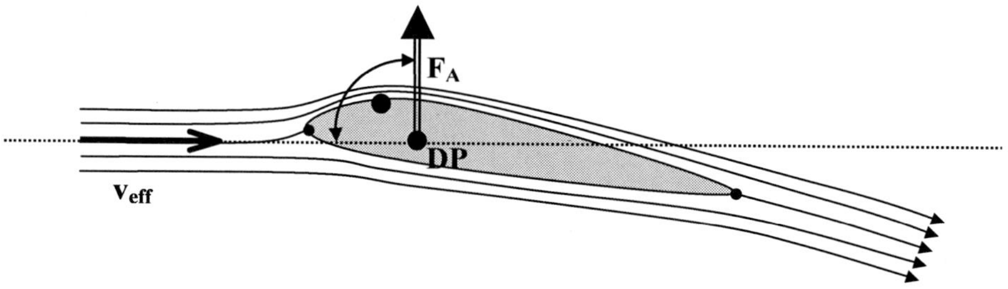

Bild 1.4.8: *Druckpunkt und senkrechte Auftriebskraft*

Damit schließen wir die **grundsätzliche <u>Erklärung</u>** zur Auftriebsentstehung am Rotorblatt ab. Die Axiome von NEWTON waren uns dabei eine große Hilfe.
Was aber noch nicht geklärt ist: **Wie** überträgt die Luft ihre (Aktions-) Kraft auf das Rotorblatt, also wie entsteht eigentlich die Auftriebskraft als Reaktionskraft?
Das soll im Kapitel „*Kraftübertragung von Luft auf Rotorblatt*" dargestellt werden.

Intentionally left blank!

1.4.2. Kraftübertragung von Luft auf Rotorblatt

Betrachten wir jetzt ein „Luftpaket", was sich auf den Weg macht, das Profil an der Oberseite entlang zu strömen:

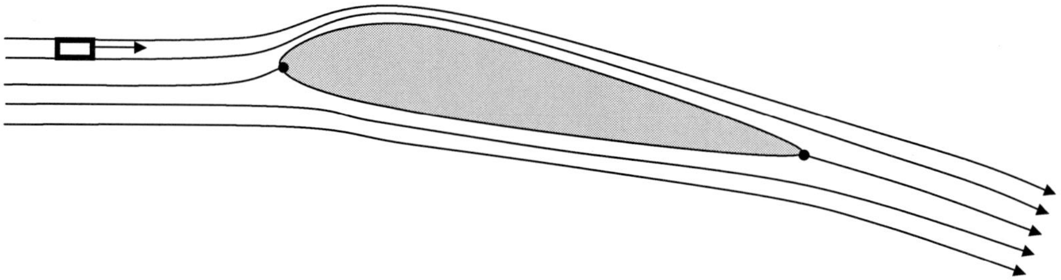

Bild 1.4.9: *Profil mit Stromlinien und Luftpaket*

Nachdem es sich entschieden hat, den oberen Weg zu nehmen, können wir feststellen:

Es bewegt auf dem ersten Teilstück seines Weges entlang einer **Kreisbahn** mit dem Radius um den Mittelpunkt M.

Wir wissen schon:
Bei Bewegungen auf Kreisbahnen muss es eine **Kraft** geben, die den betrachteten Gegenstand - hier das Luftpaket - auf dieser Bahn hält. Ansonsten würde die Luft ja aufgrund ihrer **Massenträgheit**[10] - denken Sie an Ihr Auto - ihre ursprüngliche Bewegungsrichtung beibehalten und geradeaus weiterströmen.

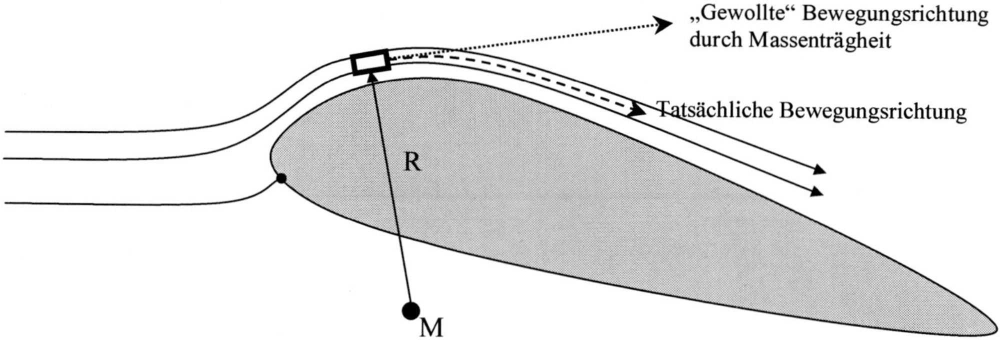

Bild 1.4.10: *Luftpaket folgt der gekrümmten Bahn, aber nicht seiner Massenträgheit*

[10] Man spricht auch hier als Folge von der Zentrifugalkraft, die aber nur als sogenannte „Scheinkraft" auftritt!

Welche Kraft hält also die Luftpakete auf ihrer Kreis- bzw. gekrümmten Bahn[11] entlang der Rotorblattoberfläche?

Nun, da wir keine weitere Einwirkung auf die Luft von außen feststellen können, bietet sich nur eine **Erklärung** an:
Die Kraft, die der Massenträgheit bzw. der Zentrifugalkraft entgegenwirkt, muss durch radiale Kräfte aufgrund von **Druckunterschieden** hervorgerufen werden. Das heißt: An der Oberseite des Luftpakets muss ein anderer, nämlich höherer Druck als an der Unterseite zu messen sein. Und das ist wirklich experimentell nachzuweisen.

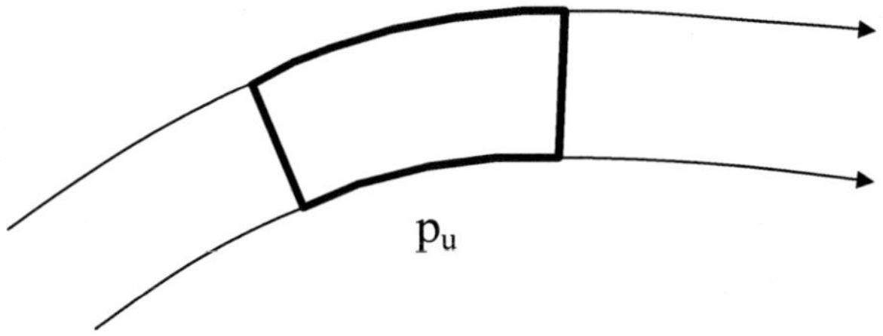

Bild 1.4.11: *Druckverhältnisse am Luftpaket*

Wie aber entstehen diese Druckunterschiede?
Stellen Sie sich das Luftpaket vor, das sich direkt auf der Blattoberfläche auf einer Kreisbahn bewegt: Es will sich eigentlich - seiner Trägheit folgend - von der Oberfläche wegbewegen, also im Grunde von der Oberfläche lösen! Könnte dieses geschehen, so gäbe es zwei Möglichkeiten: Es entsteht

a) ein **Vakuum** oder
b) der freigewordene „Raum" wird **durch etwas anderes gefüllt**!

Zur zweiten Möglichkeit: Dieses „etwas anderes" kann ja auch nur wieder Luft sein, doch wo soll diese herkommen? Denn das Problem betrifft ja nicht nur unser bisher erwähntes Luftpaket, sondern alle benachbarten auch! Doch dazu noch später, wenn wir über den Strömungsabriss im Kapitel „Grenzschichtströmung" sprechen!

Zur ersten Möglichkeit: Die Natur hat grundsätzlich kein Vakuum vorgesehen! „Unser" Luftpaket muss also weiterhin den Raum ausfüllen, gleichzeitig ziehen aber radiale Kräfte an ihm nach außen! Es stellt sich daher kein Vakuum ein, aber eine „abgeschwächte" Form davon: → **Unterdruck**. So ist es gezwungen, weiterhin der gekrümmten Bahn zu folgen!

Folglich ist in der Nähe der Blattoberfläche - im Vergleich zum normalen Luftdruck um das Luftfahrzeug herum - starker Unterdruck zu messen, der sich mit dem (radialen) Abstand von der

[11] Die Physiker sprechen von einer Radialbeschleunigung, d.h. das Luftpaket erhält eine Beschleunigung entlang des Radius zum Kreismittelpunkt hin.

Oberfläche immer mehr dem normalen Luftdruck nähert. Denn: Je stärker die Krümmung ist, desto stärker machen sich die Zentrifugal- und die Druckkräfte bemerkbar[12]!

So kann man den Druckunterschied zwischen Ober- und Unterseite an dem Luftpaket erklären.

Und dieses Prinzip ...

> Luft strömt entlang gekrümmter Oberfläche
>
> ↳ radiale Trägheitskräfte wirken, aber Luft muss als Gas den Raum ausfüllen
>
> ↳ radiale Druckunterschiede an den Luftpaketen

... gilt in allen Bereichen des Profils mit Krümmung.

Und daraus lässt sich folgende **grundsätzliche Regel** festlegen:

Luftteilchen wollen sich ihrer Trägheit folgend ... **von der Oberfläche wegbewegen**

↳ Es entsteht **Unterdruck** (Soggebiet) in diesem Rotorblattbereich

→ **Die Kräfte weisen vom Profil weg !!**

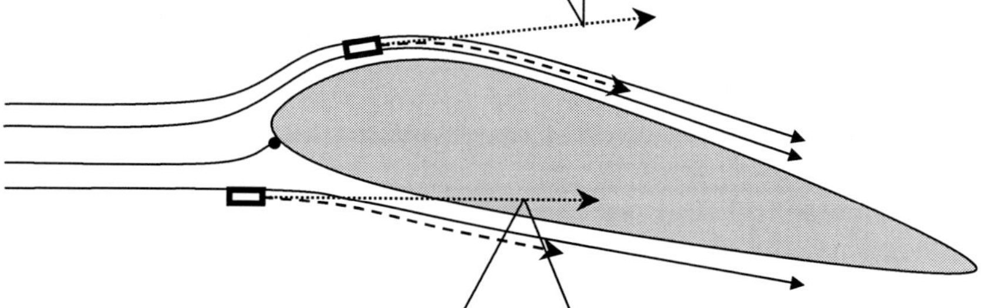

Bild 1.4.12
Krümmung und Druckgebiet

Luftteilchen wollen sich ihrer Trägheit folgend ... **auf die Oberfläche zubewegen**

↳ Es entsteht **Überdruck** in diesem Rotorblattbereich

→ **Die Kräfte weisen auf das Profil !!** (Sie erinnern sich an das Beispiel „Fön + Wagen"?)

Die **Summe** aller dieser **Druckkräfte** ergibt die von uns erwünschte **Auftriebkraft** (aber auch noch andere Kräfte, die kontraproduktiv wirken, dazu später im Kapitel „Widerstand" mehr). Dieser Zusammenhang soll an mehreren **Beispielen** dargestellt werden.

[12] Beschrieben wird das durch die EULER'sche Bewegungsgleichung für Luftströmung entlang gekrümmter Bahnen

Da, wo Unterdruck entsteht, „arbeiten“ die Trägheitskräfte gegen die Druckkräfte: Eine Kraft, die aus den Druckunterschieden entsteht, weist vom Rotorblatt weg.

Und in den Bereichen mit Überdruck haben die Trägheits- und Druckkräfte die gleiche Wirkungsrichtung, sie weisen auf die Oberfläche:

In den Zeichnungen stehen die Pfeile für die entstehenden Kräfte am Profil:

- Pfeile, die vom Profil wegzeigen: Unterdruckgebiet 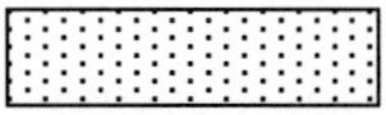
- Pfeile, die auf das Profil zeigen: Überdruckgebiet 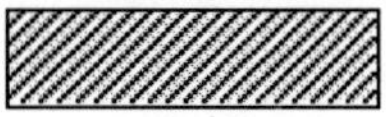

Bild 1.4.13:
Symmetrisches, nicht angestelltes Profil. Symmetrische Verteilung der Druckgebiete

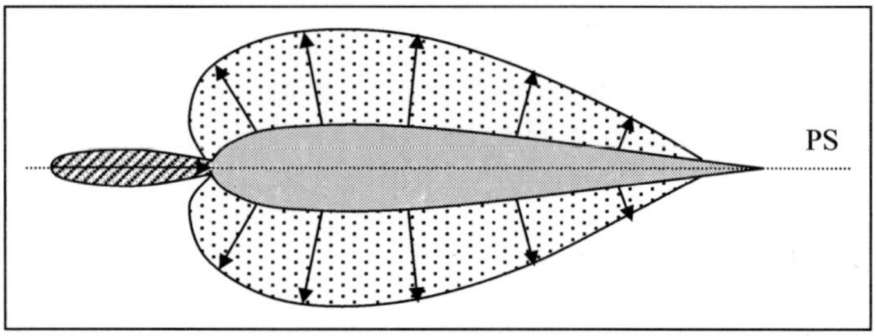

Bild 1.4.14:
Unsymmetrisches, angestelltes Profil. Oberseite: Typisches Unterdruckgebiet, ebenfalls im vorderen Bereich der Unterseite. Im hinteren Bereich der Unterseite Überdruck, da sich Luft dort nicht mehr von der Oberfläche weg bewegen will (keine Krümmung).

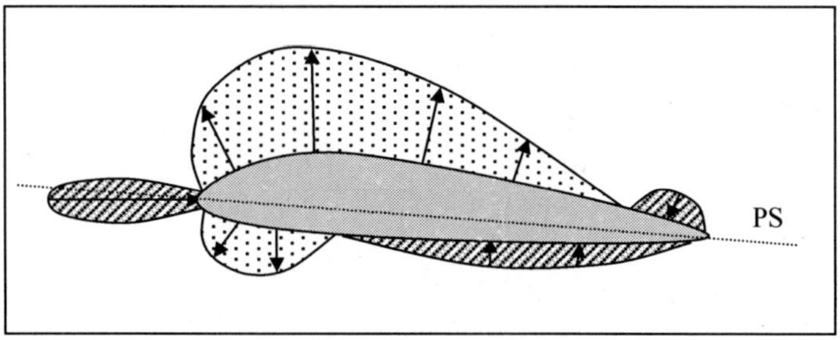

Bild 1.4.15:
Wie Bild 1.4.14, stärker angestellt und besondere Form im hinteren Bereich. Beschreibung: ???? Auflösung auf Lösungsseite

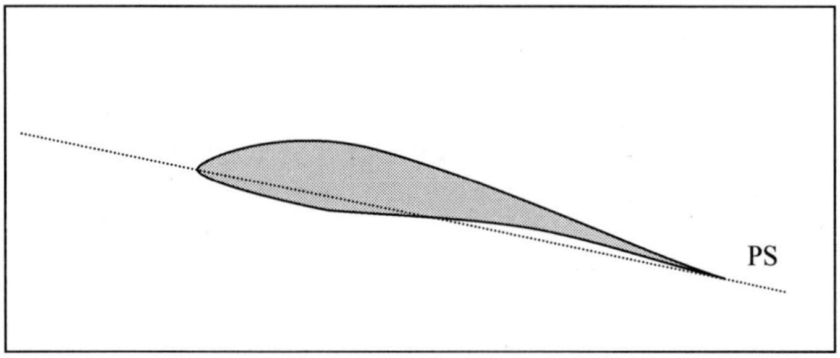

Dazu zwei **Beispiele** „aus dem Alltag“:

a. Haben Sie schon mal einen Tischtennisball im Fönluftstrahl tanzen lassen?

Erklärung:
Die Luft folgt der gekrümmten Oberfläche des Balls, Unterdruckgebiete entstehen auf der dem Fön zugewandten Seite und der Ball wird in den Luftstrahl „hineingesaugt“.

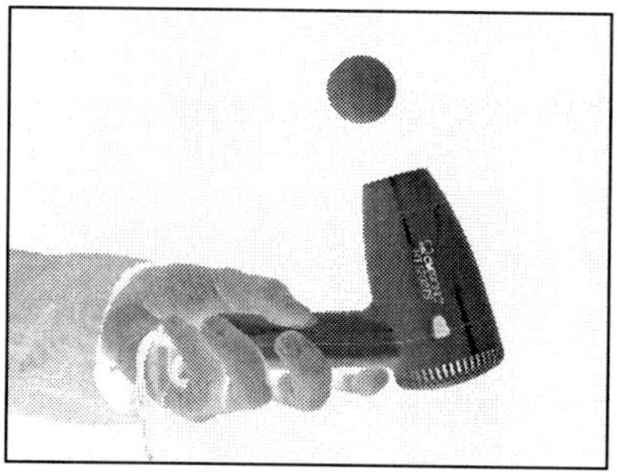

Bild 1.4.16: *Fön und Tischtennisball*

b. Haben Sie schon mal über ein wie in Bild 1.4.17 gehaltenes Papierblatt geblasen? Versuchen Sie es mal!

Erklärung:
Die Luft streicht über das nach oben gekrümmte Blatt, Unterdruckkräfte entstehen, das Blatt wird in diese Unterduckgebiete hineingesogen, also angehoben.

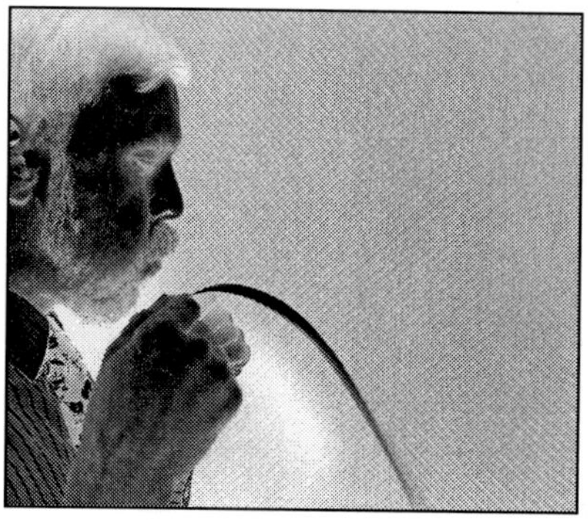

Bild 1.4.17: *Blatt Papier*

Zwischenbilanz:

Bis hierher haben Sie also die grundsätzliche Erklärung der Auftriebsentstehung über das Prinzip „actio = reactio“ kennen gelernt.
Anschließend wurde Ihnen die Kraftübertragung - warum entsteht „reactio“ überhaupt - mit der Entstehung der Druckunterschiede dargestellt.

Jetzt ist der Zeitpunkt gekommen, über **Strömungsgeschwindigkeiten** am Profil zu sprechen.

Dazu vorab die Darstellung einer Theorie zur Auftriebsentstehung, die oftmals in Sach- und Schulbüchern vorkommt, aber leider die Erklärung zum Auftrieb etwas stark vereinfacht, ja teilweise falsch darstellt.

Diese Theorie geht von einem angestellten Profil aus. Die Strömung **teilt** sich am Staupunkt. Luftteilchen, die bis dahin „Nachbarn" waren, werden dadurch getrennt und bewegen sich oberhalb bzw. unterhalb des Profils entlang. Die Theorie besagt jetzt, dass diese Teilchen wieder am hinteren Staupunkt des Profils **zusammentreffen** müssen (Daher hat diese Theorie auch den nicht ernstzunehmenden Beinamen ***„Sozial-Ansatz der Aerodynamik"***).

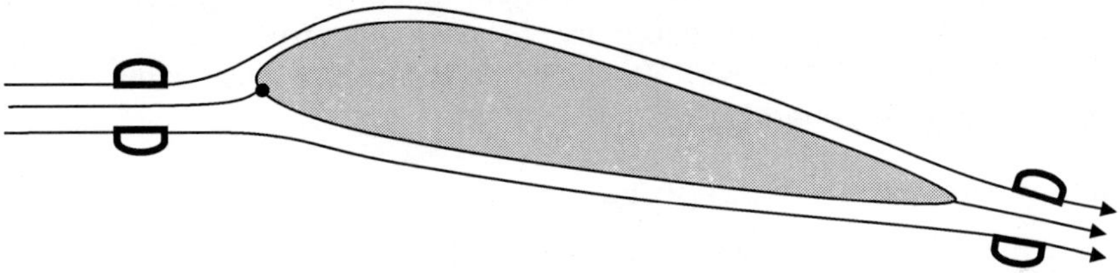

Wenn diese Voraussetzung also stimmt, muss das obere Teilchen folglich einen **längeren Weg** zurücklegen, da es ja zur gleichen Zeit wie das untere an der Hinterkante ankommen soll. Damit muss es notgedrungen **schneller** sein.

So wird grundsätzlich die höhere Strömungsgeschwindigkeit an der Profiloberseite erklärt.

Der nächste Schritt zur Erklärung ist dann:

Wenn die Luft also oben schneller ist, muss nach BERNOULLI ($p_{stat} + p_{dyn} = p_{ges}$ = konstant)
a) der **dynamische Druck gestiegen** sein und noch wesentlicher
b) damit der **statische Druck gesunken** sein.

Es entstünde so auf der Oberseite ein **Unterdruckgebiet**.

Beurteilung dieser Aussagen:

1. Es ist experimentell nicht nachzuweisen, dass die beiden vor dem Profil getrennten Luftteilchen hinter dem Profil wieder zusammentreffen müssen. Woher sollten sie das auch wissen? Im Windkanal ist festzustellen, dass die obere Luft schneller an der Hinterkante ankommt.
2. Wenn der Weglängenunterschied so entscheidend ist, warum fliegt dann z.B. ein Drachen oder Ultralight? Diese Luftfahrzeuge haben kein derart geformtes Profil, bei dem der Weg oben und unten herum unterschiedlich lang ist, doch Auftrieb erzeugen sie allemal.
3. BERNOULLI als Autorität heranzuziehen ist natürlich leicht. Doch darf hier nicht „Henne mit Ei" verwechselt werden. Denn: Bernoulli hat mit seinem Gesetzt zur Konstanz des Gesamtdrucks Strömungsvorgänge **beschrieben**, aber **nicht erklärt!**

Somit kommen wir mit dieser Theorie nicht weiter. Sie kürzt natürlich alle aufwendigen Erklärungen zum Auftrieb ab, doch geht sie von einer falschen Voraussetzung aus und sie benutzt das Gesetz von BERNOULLI als Autorität zu Erklärung, wo es eigentlich nur beschreibt!

~~***Sozial-Ansatz der Aerodynamik***~~

Natürlich darf auf die Anwendung von BERNOULLI's Gesetz nicht verzichtet werden und dazu wollen wir die Entstehung der höheren Strömungsgeschwindigkeiten auf der Oberseite eines Rotorblattes bzw. Tragflügels betrachten:

Wie oben beschrieben, entsteht auf der Oberseite ein Unterdruckgebiet. Ursache ist die Entstehung von radialen Kräften, die die Luft auf der erzwungenen, gekrümmten Bahn halten.

Solange sich die Strömung im Unterschallbereich (Ma = v/a < 1.0) befindet, werden Druckänderungen in alle Richtungen ausgesandt. Und das passiert auch am Rotorblatt. Die Information „hier ist ein **Unterdruckgebiet**" wird natürlich auch in Flugrichtung ausgesandt. Die ankommende Luft nimmt diese auf und wird in das Unterdruckgebiet hinein**beschleunigt**, sozusagen hineingesaugt. Und diese Beschleunigung macht sich dann in der höheren **Strömungsgeschwindigkeit** bemerkbar.

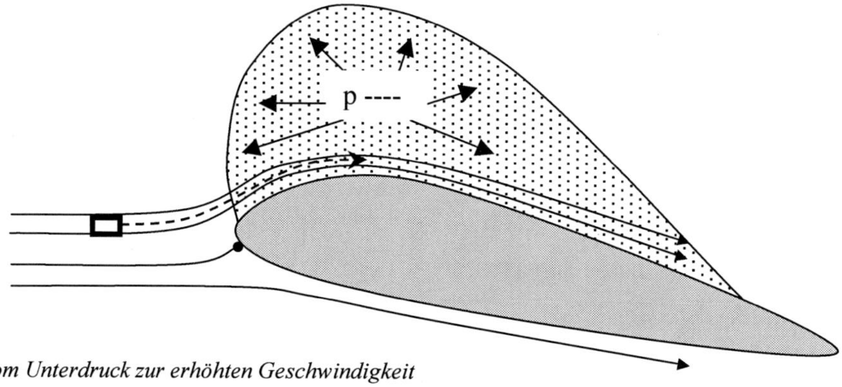

Bild 1.4.18: *Vom Unterdruck zur erhöhten Geschwindigkeit*

Kurzum (für Oberseite des Profils):

Strömung entlang gekrümmter Bahn
↳ ***radiale Kräfte***
↳ ***Unterdruckgebiet***
↳ ***Luft wird beschleunigt***
↳ ***höhere Strömungsgeschwindigkeit***

Dementsprechend wird in Bereichen mit **Überdruck** die Strömung **abgebremst**, sie wird in der Strömung behindert.

Und dieser Zusammenhang kann sehr gut mit dem **Gesetz von BERNOULLI** **<u>beschrieben</u>** werden: Da, wo ein Unterdruckgebiet (geringer statischer Druck) herrscht, ist der dynamische Druck größer, d.h. die Strömungsgeschwindigkeit ist ebenso größer und der Gesamtdruck bleibt konstant.

Zusammenfassung:

Angestelltes / gewölbtes Rotorblatt = **Umlenk**fläche

↳ **Beschleunigung** (a) der Luft**masse** (m) $\perp \mathbf{v_{eff}}$ = Aktionskraft = $\boldsymbol{F_{Actio}}$

↳ F_{Actio} = $\boldsymbol{F_{Reactio}}$ = **Auftriebskraft F_A** ←

Luft strömt entlang **gekrümmter** Oberfläche

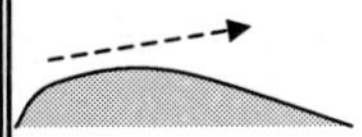

↳ radiale Trägheitskräfte wirken, aber Luft muss als Gas den Raum ausfüllen

↳ radiale Druckunterschiede an den Luftpaketen: **Unterdruck**

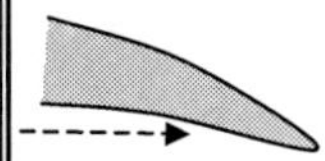

↳ Kräfte wirken direkt auf das Rotorblatt / Tragfläche

↳ radiale Druckunterschiede an den Luftpaketen: **Überdruck**

BERNOULLI:

↳ **Unterdruckgebiet**

↳ Luft wird (hinein-) beschleunigt

↳ **höhere Strömungsgeschwindigkeit**

↳ **Überdruckgebiet**

↳ Luft wird abgebremst

↳ **niedrigere Strömungsgeschwindigkeit**

1.4.3. Weitere Modelle zur Auftriebsbeschreibung

In diesem Kapitel wollen wir Ihnen zwei weitere Modelle zur **Beschreibung** der Auftriebsentstehung anbieten.

Die Urheber der folgenden Theorie waren die Herren KUTTA und JOUKOWSKI am Anfang des zwanzigsten Jahrhunderts (ca. 1907).

Sie gingen davon aus, dass z.B. beim Losrollen des Flugzeugs die Tragfläche von der Luft wie in Bild 1.4.19 gezeigt umströmt wird (mathematisch: Translation). Aufgrund der Anstellung der Tragfläche umströmt die Luft auf der Unterseite die Hinterkante von unten nach oben.

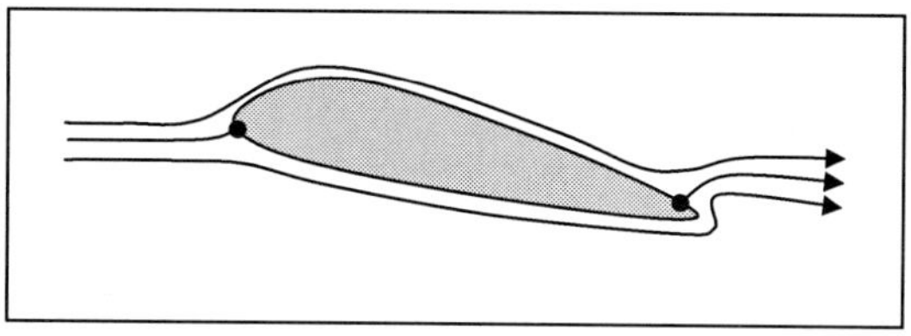

Bild 1.4.19: *Losrollen – reine Translation*

Bei der Beschleunigung des Flugzeugs wird die Umströmung schneller, aufgrund von Luftreibung liegt der hintere Staupunkt nicht mehr auf der Oberseite der Tragfläche, sondern wandert zur Hinterkante. Dafür entsteht - durch die **Reibung** hervorgerufen - ein sogenannter Anfahrwirbel an der Hinterkante (mathematisch: Rotation, Bild 1.4.20).

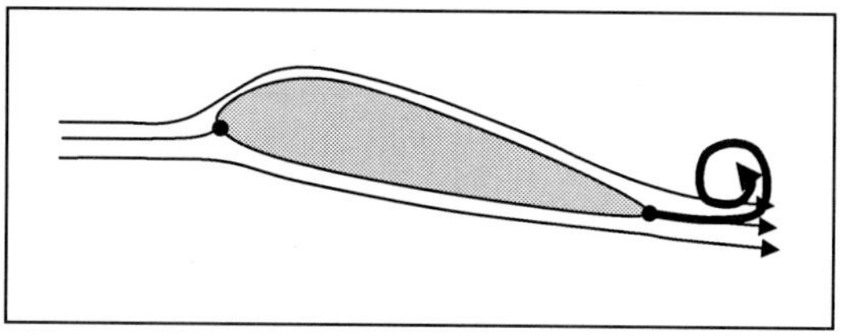

Bild 1.4.20: *Rotation*

Bei weiterer Beschleunigung löst sich dieser Anfahrwirbel. Da in einer mathematischen Betrachtungen Wirbel bzw. Zirkulationen immer paarweise vorkommen, muss am Profil ein weiterer Wirbel mit entgegengesetzter Drehrichtung entstanden sein: Das ist die **Zirkulation** um das Profil herum (Bild 1.4.21).

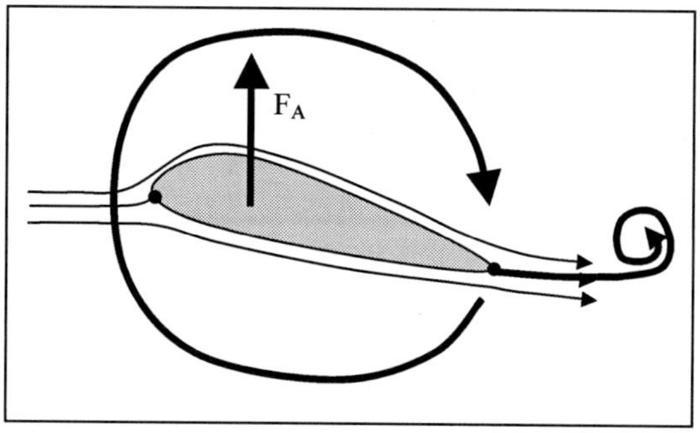

Bild 1.4.21: *Rotation und Translation=Auftrieb*

Die Theorie geht so weiter: Die mathematische Integration der Strömungsgeschwindigkeiten am Profil ergibt als Ergebnis eine neue Geschwindigkeit der Luft, die senkrecht zur ursprünglichen Anströmung steht.

Und das kennen Sie schon: Diese senkrechte Geschwindigkeit ist die Grundlage für die **Auftrieb**serklärung gemäß dem Prinzip „actio = reactio"!
Die theoretischen Ergebnisse stimmen gut mit den experimentellen aus dem Windkanal überein.

Diese Theorie erklärt aber leider nicht, warum es zu den Druckunterschieden am Profil kommt!

Die erste Theorie und auch die Erkenntnisse aus dem Kapitel zur Auftriebentstehung werden durch ein weiteres Modell bestätigt:

Der MAGNUS-Effekt, benannt nach dem Forscher H.G. **MAGNUS** (1802 – 1870).

Stellen Sie sich eine ruhende Tonne vor, die wie in Bild 1.4.22 abgebildet, umströmt wird (**Translation**). Sie sehen jeweils den vorderen und hinteren Staupunkt.
Nun wird diese Tonne **in Drehung** versetzt, und zwar in Uhrzeigersinn. Nach der Theorie von MAGNUS wirkt die **Rotation** durch Reibung auf die nahen Luftschichten, dass diese jeweils in Drehrichtung beschleunigt werden, d.h. eine zusätzliche Geschwindigkeit erhalten.
Somit addieren sich an der Oberseite Translations- und Rotationsgeschwindigkeit ($v_{trans} + v_{rot}$), an der Unterseite werden sie subtrahiert ($v_{trans} - v_{rot}$).
Gemäß Bernoulli wird über die Drücke gefolgert, dass im Bereich der hohen Geschwindigkeit Unterdruck und unten Überdruck herrscht. Somit ergibt sich eine nach oben zeigende **Auftrieb**skraft.

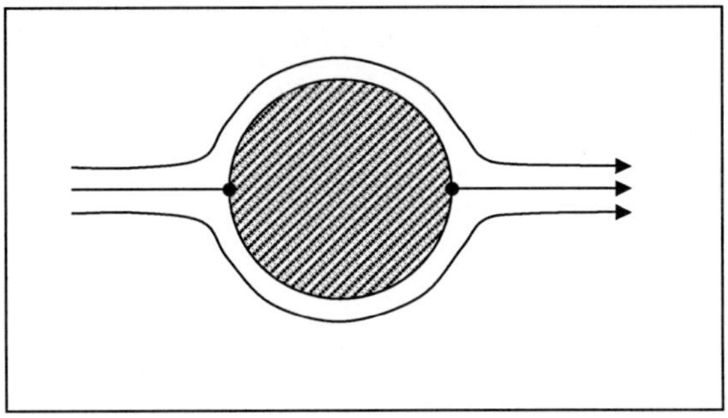

Bild 1.4.22: *Translation*

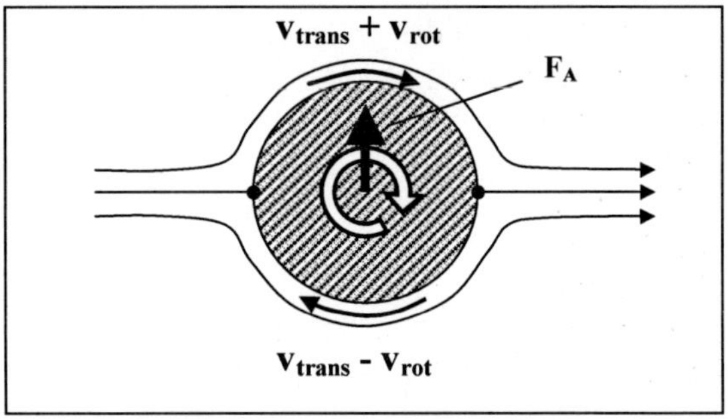

Bild 1.4.23: *Translation + Rotation*

Leider erklärt auch diese Theorie nicht, sie beschreibt aber die messbaren Strömungszustände um den dargestellten rotierenden Körper.

*Aber es gibt ein schönes **Beispiel aus dem Sport** für diese Theorie: Beim Tennis gibt es den sogenannten „slice". Das ist ein Schlag, bei dem der Ball so angeschnitten wird, dass er eine Rotation und Flugrichtung wie in Bild.1.4.24 erhält. Der Ball, der als „slice" geschlagen wird, fliegt aufgrund des entstehenden Auftriebs weiter als der normal geschlagene Ball mit gleicher Abflugrichtung.*

Bild 1.4.24: *Tennis: Slice und Auftrieb*

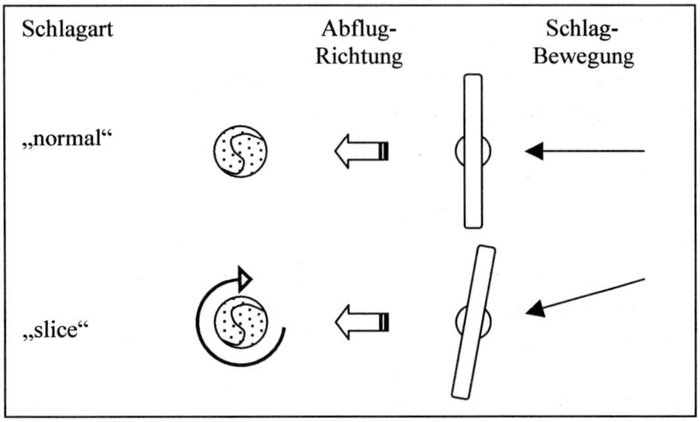

1.5.1 **Widerstand**

Im Gegensatz zu den Auftriebskräften, die uns das Fliegen erst ermöglichen, sind am Luftfahrzeug auch Kräfte wirksam, die dem sicheren und sparsamen Fliegen entgegenwirken: Die **Widerstandskräfte**.

Grundsätzlich erzeugt jeder Körper, der sich in einer Luftströmung befindet, Luftwiderstand. Dieser Widerstand „arbeitet“ gegen die gewollte Bewegungsrichtung und muss immer mit einem Mehraufwand an Energie überwunden werden.
Daher ist es heute in der Luftfahrt wichtig, die Entstehung von Luftwiderstand, die verschiedenen Widerstandsarten und auch Maßnahmen zur Reduzierung zu kennen.

Sie sollen in diesem Kapitel verschiedene Arten des Luftwiderstands und deren Auswirken auf das Fliegen kennen lernen.

Bei der Darstellung der Grenzschichtströmung in Verbindung mit dem Luftwiderstand (Kap. 1.5.2) werden Sie die große Bedeutung des Luftwiderstandes - insbesondere für die Grenzen der Fliegerei - erfahren.

1.5.1. Verschiedene Widerstandsarten

Form-Widerstand

Ein gutes Beispiel für Formwiderstand[13] ist die senkrecht in die Strömung gestellte Platte.
Was passiert: Die Stromlinien treffen auf die Platte. Im mittleren Bereich gibt es einen **Staupunkt**. Dort wird die Luft auf Null abgebremst, es entsteht ein **Überdruckgebiet**.
Und das heißt: Es entsteht eine **Kraftkomponente** auf die Platte und zwar in Strömungsrichtung. Ober- und unterhalb des Staupunkts teilt sich die Strömung und „überwindet das Hindernis“. Interessant wird es an den beiden Kanten der Platte. Ab einer bestimmten Strömungsgeschwindigkeit kann die Luft der Kontur der Platte nicht folgen, sie fließt nicht mehr wie vorne an der Platte entlang sondern „reißt ab“, Die Stelle, an der das passiert, heißt **Ablösepunkt**.

Stellen Sie es sich so vor: Die Luft will eigentlich ab den Kanten horizontal weiterströmen, muss aber den Raum hinter der Platte auch füllen (denn Vakuum kann nicht entstehen!). Die vorher geordnet strömende Luft (Stromlinien) verwirbelt. Die Luft in diesen Wirbeln hat einen geringeren Druck als die Umgebungsluft. Somit entsteht durch dieses **Sauggebiet** eine weitere **Kraftkomponente** in Strömungsrichtung!

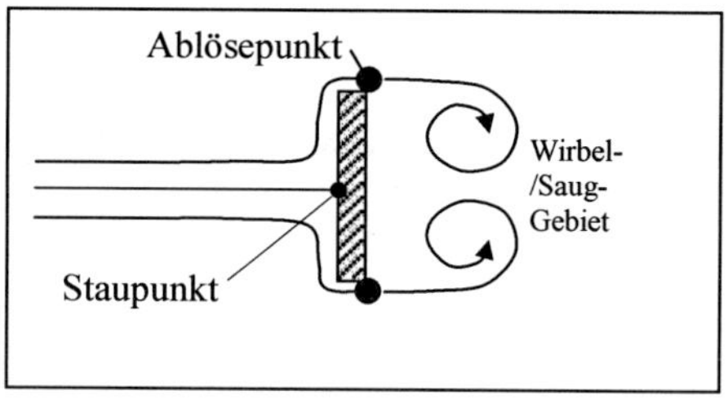

Bild 1.5.1: *Formwiderstand*

[13] Für den Formwiderstand findet man in der Literatur auch oft den Begriff „Druckwiderstand“. Da die Form des Körpers Auswirkung auf die Druckverhältnisse und damit auch auf die Widerstandskräfte hat, gibt bei der Namensgebung grundsätzlich keinen Widerspruch.

Wollte man also die Platte nach links bewegen (nichts anderes ist mit den Stromlinien angedeutet), so verspürt man diese eben genannten Kräfte als Formwiderstandskräfte. Die Form des Körpers ist hauptsächlich dafür verantwortlich.

Reibungswiderstand

Auch der Reibungswiderstand spielt in der Luftfahrt eine wesentliche (behindernde) Rolle.

Was ist Reibungswiderstand?
Wir schauen uns nochmals die Platte als Beispiel eines Körpers in einer Strömung an. Nur wird sie dieses mal horizontal eingebracht.
Die Luft trifft wieder im Staupunkt auf die vordere Kante[14]. Ansonsten strömt sie auf der Ober- und Unterseite der Platte entlang und verlässt diese relativ ungestört, d.h. sie bildet keine oder nur sehr kleine Wirbel an der Hinterkante aus.

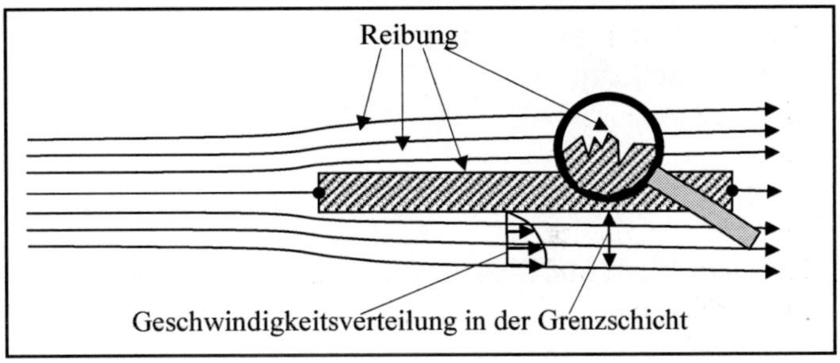

Bild 1.5.2: *Reibungswiderstand*

Bei genauer Untersuchung der Strömung könnte man erkennen, dass die Luft aber auf dem Weg entlang der Platte immer langsamer wird. Der Grund dafür ist die **Reibung** der Luft an der Oberfläche der Platte. Mikroskopisch gesehen hat jeder noch so glatt polierte Körper eine rauhe Oberfläche, die die Luft abbremst. Der Effekt des Abbremsens betrifft nicht nur die Luftschicht direkt an der Plattenoberfläche, auch darüber liegende Schichten werden durch die innere Luftreibung (physikalisch: Adhäsionskräfte) abgebremst.

Dieser Bereich, in dem die Strömungsgeschwindigkeit mit der Nähe zur Oberfläche langsam abnimmt, wird auch als **Grenzschicht** bezeichnet. Da diese Schicht aerodynamisch sehr bedeutend ist - alle wesentlichen Eigenschaften eines Profils entstehen in ihr - behandeln wir sie gesondert in Kapitel 1.5.2.

Sie sehen im Bild 1.5.2, dass die Stromlinien schön geordnet übereinander liegen. Dieser Strömungsvorgang, bei der die Luftschichten übereinander gleiten und sich gegenseitig nur durch Reibung beeinflussen, wird **laminar** genannt.

[14] Dadurch hat auch diese horizontale Platte von vorneherein einen Formwiderstands-Anteil – wenn sie nicht unendlich dünn ist!

Leider ist eine Strömung nicht immer laminar. Bei der abgebildeten Platte kann die Strömung, nachdem sie anfänglich laminar war, in eine **turbulente** Strömung umschlagen. Dabei entstehen **Wirbel** (bzw. Turbulenzen), die das geordnete Strömungsbild durcheinanderbringen. Die Luft strömt aber weiter an der Oberfläche entlang. Die Schichten sind dabei nicht mehr voneinander zu unterscheiden. Der Punkt, an dem der Wechsel von laminar zu turbulent stattfindet, heißt **Umschlagpunkt**.

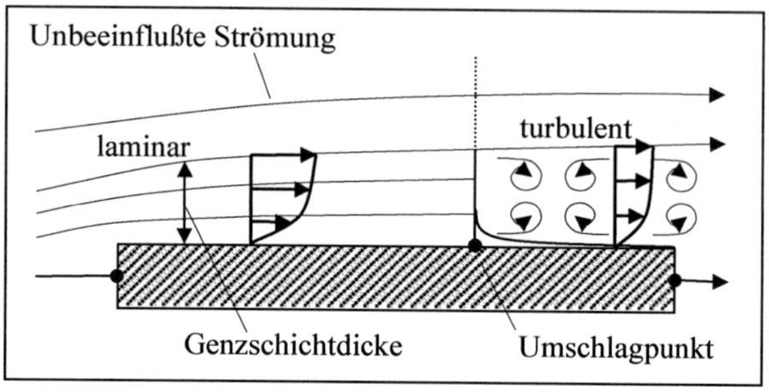

Bild 1.5.3: *Umschlag laminar - turbulent*

Reibungs- und Formwiderstand

Da man selten nur Platten durch die Luft fliegen sieht, wollen wir jetzt einen Schritt näher zur Fliegerei gehen.

Bei Körpern, die grundsätzlich in eine Strömung eingebracht werden, z.B. Flugzeuge mit Tragflächen, Geschosse, etc., trifft man meistens auf eine Kombination von Reibungs- und Formwiderstand.

Beispielsweise hat der Körper in Bild 1.5.4 eine Form, die die beiden Widerstandsarten entstehen lässt. Es könnte sich z.B. um ein Geschoss handeln.
An den gekrümmten Flächen wird zum Großteil Reibungswiderstand aufgrund der Oberflächen- und inneren Reibung entstehen. Hierbei kann die Strömung anfänglich laminar verlaufen bis sie noch vor der senkrechten Endfläche in „turbulent" umschlägt. Bei Erreichen der Abschlussfläche reißt die Strömung unter Wirbelbildung ab, in Verbindung mit dem Überdruckgebiet am Staupunkt entsteht die Luftwiderstandskraft durch das Sauggebiet hinter dem Körper.

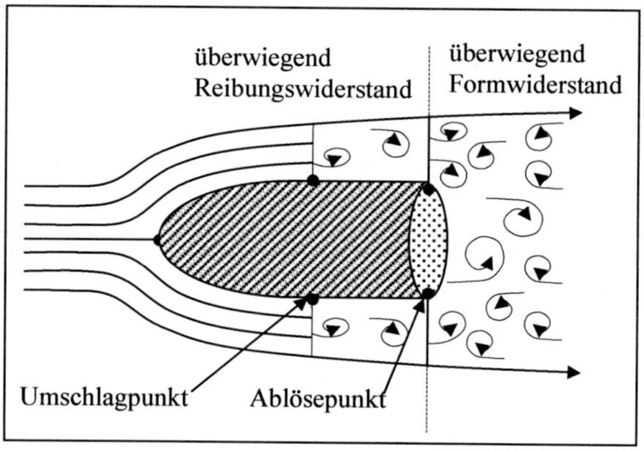

Bild 1.5.4: *Form- u. Reibungswiderstand*

Reibungs- und Formwiderstand haben also bei allen in eine Strömung eingebrachten Körpern eine vortriebshemmende Wirkung. Der jeweilige Anteil hängt stark von der **Form** und der **Oberflächenbeschaffenheit** des Körpers ab und ... sie sind immer vorhanden! Bei allen Körpern in einer Strömung, die z.B. als Tragfläche oder Rotorblatt Auftrieb erzeugen, spricht man dann in der Summe dieser beiden Widerstandsarten vom **Profilwiderstand**.
Es gibt aber auch Widerstandsarten, die nur unter bestimmten Voraussetzungen entstehen. Eine dieser Arten - der induzierte Widerstand – wird im Folgenden behandelt.

Induzierter Widerstand

Wichtig: Der induzierte Widerstand entsteht **nur** dann, wenn auch **Auftrieb produziert** wird! Was bedeutet das allgemein? Er erscheint nur an solchen Körpern, die Auftrieb produzieren können: Rotorblätter, Tragflächen und auch manche Rümpfe.
Wie und wo entsteht der induzierte Widerstand?

Wir wissen, dass am Rotorblatt, wenn es Auftrieb produziert, auf der Oberseite generell **Unterdruck** (-) und auf der Unterseite hauptsächlich **Überdruck** (+) herrschen. Das Rotorblatt selbst trennt diese beiden Gebiete voneinander.
An der Rotorblatt**spitze** oder am Tragflächen**ende** ist die Trennung aber nicht mehr vorhanden. Die Luft hat das Bestreben, den **Druckunterschied auszugleichen** (denken Sie z.B. auch an den Stromfluß aufgrund einer Spannungsdifferenz!). Und das passiert tatsächlich:
Die Luft umströmt von unten nach oben das Blattende als sogenannte **induzierte Strömung** ①.
Es addiert sich aber in seiner Wirkung noch eine andere Tendenz:
Auf der Blattoberseite drängen sich die Stromlinien aufgrund des Unterdrucks (und der hohen Geschwindigkeit) näher zusammen ②.
Auf der Blattunterseite geschieht aufgrund des Überdrucks genau das Gegenteil ③.

Abschließend muss noch die Umlenkung der Luft durch das Rotorblatt nach unten (senkrechter Anteil = induzierte Geschwindigkeit!) berücksichtigt werden.
Zusammen bilden dann die Umlenkung mit dem Druckausgleich (①) und den Ablenkungserscheinungen (② + ③) die **Wirbel ④**, die sich von der Blattspitze ablösen.
Diese Wirbel haben der auftriebserzeugenden Strömung am Rotorblatt **Energie** „entzogen“, der induzierte Widerstand ist durch den Verbrauch der Energie in den Wirbeln entstanden.

Es gibt zahlreiche konstruktive Maßnahmen zur Reduzierung des induzierten Widerstandes, die in Kap. 1.6 vorgestellt werden.

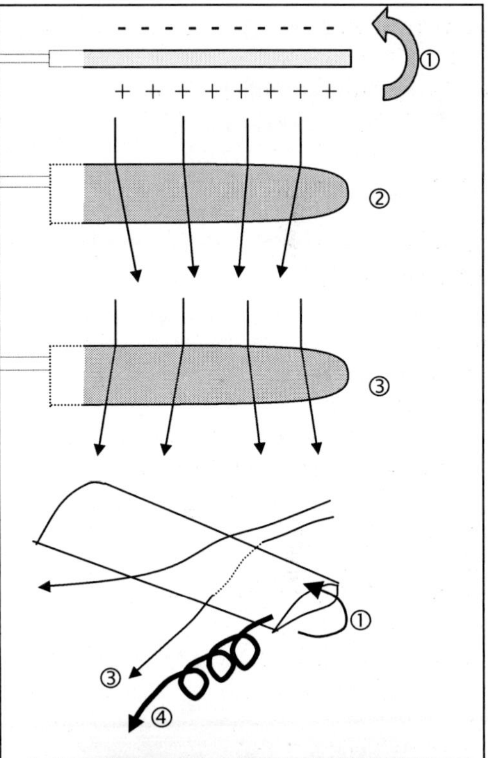

Bild 1.5.5: *Induzierter Widerstand*
(Quelle: BMV)

Schädlicher Widerstand

Der schädliche Widerstand ist keine neue Art des Luftwiderstands. Dieser Begriff wird nur dann verwendet, wenn der Luftwiderstand von Bauteilen eines Luftfahrzeuges betrachtet wird, die im Fluge **keinen Auftrieb erzeugen**. Das sind z.B. Rumpf, Fahrwerk, Waffenanlage etc.

Der Widerstand dieser Bauteile setzt sich auch aus Reibungs- und Formwiderstand zusammen. Wichtig: Die bestimmende Fläche ist dabei (im Gegensatz zum Profilwiderstand) die **Querschnittsfläche**!

So ist der hohe schädliche Widerstand des **Hubschrauberrumpfes** grundsätzlich ein limitierender Faktor bezüglich der benötigten Triebwerksleistung im Vorwärtsflug!

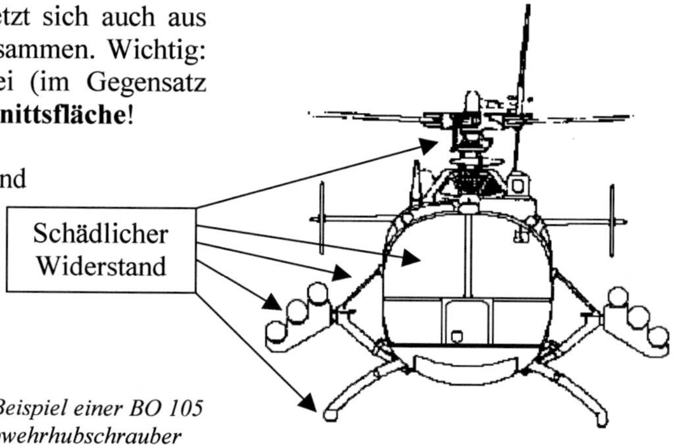

Bild 1.5.6: *Schädlicher Widerstand am Beispiel einer BO 105 der Bundeswehr als Panzerabwehrhubschrauber*

Die einzelnen Bauteile bzw. Anbauten eines Luftfahrzeuges können sich gegenseitig aerodynamisch so beeinflussen, dass ...

- der schädliche Gesamtwiderstand **größer** als Summe der einzelnen Widerstände ist
- der schädliche Gesamtwiderstand **kleiner** als Summe der einzelnen Widerstände ist

Das Ergebnis dieser gegenseitigen Beeinflussung wird als **Interferenzwiderstand** bezeichnet.

Gesamtwiderstand

Der Gesamtwiderstand eines Luftfahrzeuges kann sich dann folgendermaßen zusammensetzen:

$$F_{W,gesamt} = \underbrace{F_{W,Reibung} + F_{W,Form}}_{F_{W,Profil}} + F_{W,induziert} + F_{W,schädlich}$$

Gegen diesen Gesamtwiderstand haben Rotor und damit natürlich auch das Triebwerk jederzeit „anzukämpfen", je nach Flugsituation unterschiedlich stark. Insbesondere für den Vorwärtsflug und die Autorotation wird dieser Punkt nochmals angesprochen werden.

Intentionally left blank !

1.5.2. Grenzschichtströmung

Die aerodynamischen Vorgänge in der Grenzschicht haben großen Einfluß auf Auftrieb und Widerstand und können - wie Sie noch sehen werden - das sichere Fliegen stark begrenzen!
Im Folgenden sollen die wichtigsten Vorgänge in der Grenzschicht anhand der Skizze beschrieben werden.

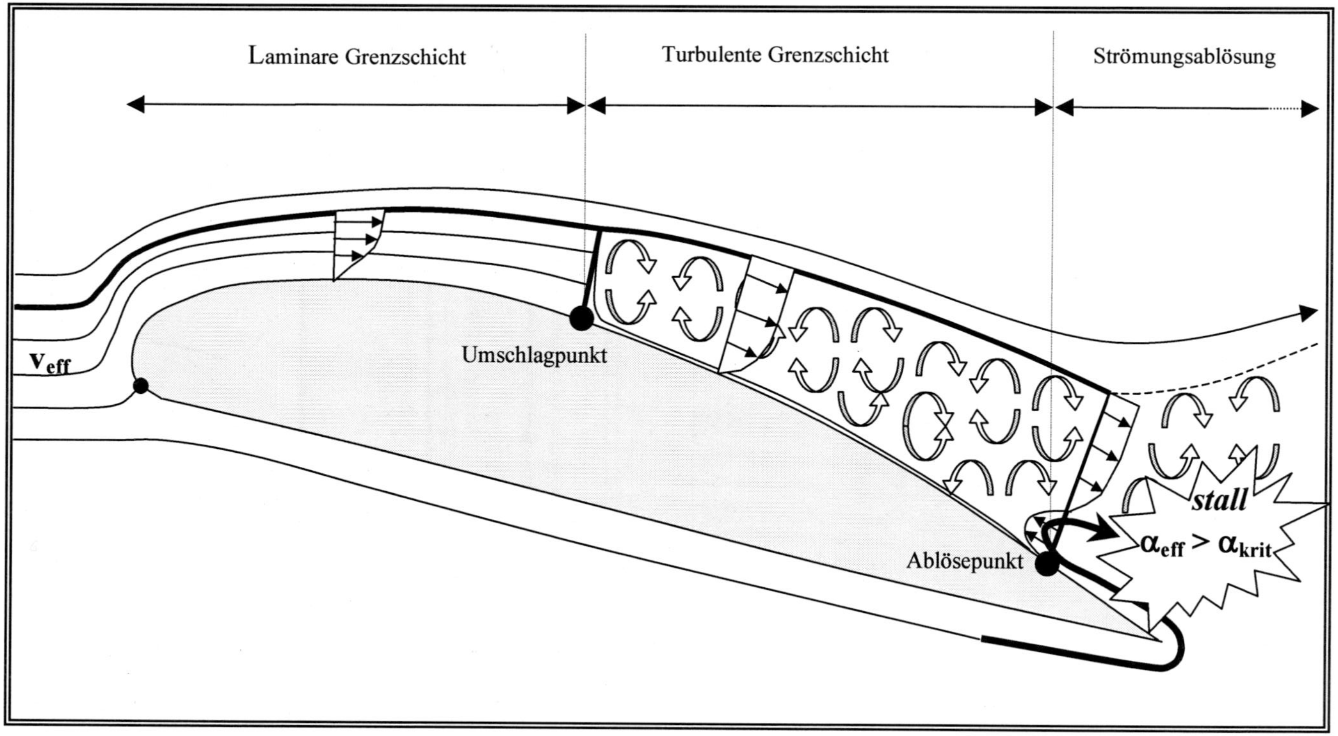

Bild 1.5.7 *Grenzschichtströmung*

Was ist überhaupt die Grenzschicht?
Sie ist der Bereich der Luftströmung auf der Rotorblattoberfläche, wo die Luft aufgrund der Reibung von ihrer ursprünglichen Geschwindigkeit $\mathbf{v_{eff}}$ auf Null abgebremst wird, wenn man sich von außen der Blattoberfläche messend nähern würde.
Ganz genau: Sie ist von der Blattoberfläche anfangend bis zu der Grenze definiert, wo die Strömung 99% der ursprünglichen Strömungsgeschwindigkeit $\mathbf{v_{eff}}$ beträgt. Ihre Dicke wird mit dem griechischen Symbol δ (delta) bezeichnet.

Laminare Grenzschicht: Die Luftschichten „gleiten" übereinander, es wirken die schon gezeigten **Reibung**skräfte an der Oberfläche und zwischen den Luftschichten. Durch die Reibung **nimmt die Strömungsgeschwindigkeit entlang der Oberfläche langsam ab**. Das bedeutet: Der dynamische Druck sinkt, der **statische Druck steigt** und die Grenzschicht **dickt auf**.

Am **Umschlagpunkt** ist die Reibung zwischen den Luftschichten so groß geworden, dass Wirbel entstehen. Es bildet sich die ***turbulente Grenzschicht*** mit einer sehr dünnen laminaren Unterschicht..
Die translatorische Geschwindigkeit der Luft, also die Geschwindigkeit entlang des Profils, nimmt weiter ab. Die Energie der Strömung liegt nun in den Rotationsbewegungen der Wirbel. Trotz dieser Turbulenzen kann die Luft der Oberfläche weiter folgen, obwohl der Reibungswiderstand stärker angestiegen ist. Turbulente Strömung „entzieht" den angrenzenden Luftschichten zwar Energie und läßt den Reibungswiderstand steigen, da sie aber dadurch energiereicher ist, kann sie länger einem stark angestellten Profil folgen!

Aber egal, ob laminare oder turbulente Grenzschicht. Durch die Reibung (innere Luftreibung sowie mit der Blattoberfläche) nimmt die Strömungsgeschwindigkeit entlang der Oberfläche immer mehr ab (und damit auch die Energie) und die Luft kann der geneigten Oberfläche nicht mehr folgen. Sei es am Rotorblatt des Hubschraubers oder an der Tragfläche des Starrflüglers:
Ist das Rotorblatt/die Tragfläche gegenüber der anströmenden Luft **zu stark angestellt** (α_{eff} ist über einen kritischen Wert α_{krit} hinaus angestiegen), so kann ab einem bestimmten Zeitpunkt die immer **energieärmere** Luftströmung der Oberfäche **nicht mehr folgen**. Sie reißt am **Ablösepunkt** ab (englisch: stall).
Und das kann bedeuten:

- Auflösung der Grenzschicht → starke Wirbelbildung → unendlich **hoher Formwiderstand!**
- Luft **umströmt die Hinterkante** von unten nach oben, um die „Lücke" durch die ablösende Luft zu schließen (kein Vakuum!)
- Das Abriß- bzw. Ablösegebiet kann **entgegen der Strömungsrichtung** auf der Oberfläche weiter zur Blattvorderkante „kriechen"!
- Teilweiser bis totaler **Auftriebsverlust** (Abriß kriecht nach vorn)

Eine Bemerkung zur turbulenten Grenzschicht: Vordergründig scheint sie für das Fliegen negativ zu wirken, da sie sehr viel Energie „verbraucht" und damit den Reibungswiderstand stärker als bei einer rein laminaren Grenzschicht ansteigen läßt. Das können die Konstrukteure aber auch zum Vorteil umwandeln:
Eine turbulente Grenzschicht (nicht die abgelöste Strömung nach dem Ablösepunkt) kann aufgrund ihres hohen Energiegehalts länger als eine laminare Grenzschicht am Rotorblatt oder Tragflügel anliegen, sie reißt also später ab. Folglich kann man mit einer turbulenten Grenzschichtströmung mit höheren Anstellwinkel (noch sicher) fliegen!
Wie Konstrukteure turbulente Grenzschichten gewollt produzieren, zeigen wir Ihnen im Kap. 1.6.

1.6 Beeinflussung von Auftrieb und Widerstand

Wie Sie bereits erfahren haben, hängt das Hubschrauberfliegen aerodynamisch gesehen von der Ausprägung der beiden Kräfte **Widerstand** und **Auftrieb** ab.
Grundsätzlich gilt: Auftrieb maximieren, Widerstand minimieren. ←

In diesem Kapitel sollen Sie weitere **aerodynamischen Einflussfaktoren** kennen lernen und diese **zu den mathematischen Formeln für Auftrieb und Widerstand zusammenführen.**

Dabei werden **konstruktive Maßnahmen** an Rotorblättern vorgestellt, die alle das Ziel haben: ―

<u>Die Einflussfaktoren:</u>

1.6.1. Luftdichte

$F_A = \frac{1}{2}\rho$ .... $F_W = \frac{1}{2}\rho$ ....

Welche Bedeutung hat die Luftdichte für die Luftfahrt?

Um es allgemein zu beantworten:

Die Kräfte, die an einen Körper angreifen, welcher sich durch die Luft bewegt, sind Gegenkräfte (→ reactio), hervorgerufen durch die Luftmassen, die gezwungen werden, ihre Bewegung (oder Ruhe) zu ändern (→ actio).

Und die besagten Luftmassen haben die Eigenschaft der Luftdichte, mit „soviel" Masse, dass eine ausreichende Gegenkraft erzeugt werden kann, aber auch „so wenig" Masse pro Volumen, dass der Körper diese überhaupt durchdringen kann.

Im Speziellen sorgt die abnehmende Luftdichte (mit der Flughöhe oder mit steigender Außentemperatur) für eine Leistungsabnahme des Triebwerks bis zu 30% (Kolbentriebwerke bis zu 25%). Dem gegenüber steht aber ein gleichbleibender Leistungsbedarf des Rotors, denn der Profilwiderstand nimmt zwar auch mit der Dichte ab, doch der induzierte Widerstand steigt!

Der Grund: Die dünnere Luft (weniger Masse pro Volumen) muss stärker beschleunigt werden, um eine gleichbleibende Schubkraft zu erhalten. Damit muss die Strömungsgeschwindigkeit (durch den Rotor hindurch) vergrößert werden. Und das erhöht den induzierten Widerstand (siehe Kap. „Auftrieb" und „Widerstand")!

Konsequenz: Auftrieb und Widerstand steigen oder sinken mit der Luftdichte!

1.6.2. Effektive Anströmgeschwindigkeit v_{eff}

$$F_A = \frac{1}{2}\rho \bullet v_{eff}^2 \bullet .... \qquad F_W = \frac{1}{2}\rho \bullet v_{eff}^2 \bullet ....$$

Die **effektive Anströmgeschwindigkeit** v_{eff} ist ja nichts anderes als die Geschwindigkeit, mit der das Rotorblatt tatsächlich von vorn, von unten, von oben oder auch von hinten (das passiert!) angeströmt wird.

Grundsätzlich lässt sich sagen, dass bei höherer effektiver Anströmung auch der Auftrieb steigt: Die Zentrifugalkräfte an der gekrümmten Oberfläche des Rotorblattes steigen, dadurch steigen auch die Druckkräfte. Der statische Druck an der Oberseite sinkt. Leider führt eine höhere Anströmgeschwindigkeit aber auch zu einem Widerstandsanstieg, da z.B. die Reibung stärker wirkt.

Die effektive Anströmgeschwindigkeit v_{eff} entsteht zum größten Teil aus den **Umdrehungsgeschwindigkeiten** u. Nun sind diese nicht überall gleich. An der Blattspitze sind sie wesentlich größer als in der Blattmitte oder als in der Nähe des Rotorkopfes.

Sie kennen noch .....

$$u = 2\pi \bullet r \bullet n \quad .....?$$

Da u mit dem Rotorradius r linear wächst, verteilt sich auch v_{eff} entsprechend auf das Rotorblatt: An der Blattspitze sehr hohe Strömungsgeschwindigkeiten, an der Blattwurzel sehr geringe.

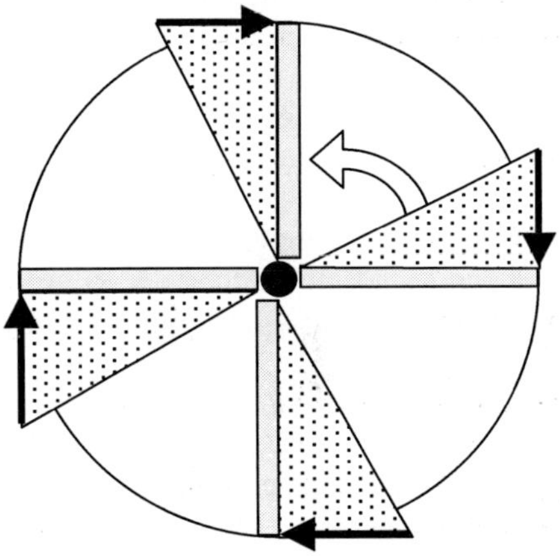

Bild 1.6.1: *Anströmung im **Schwebeflug***

Sicher lässt sich v_{eff} auch von der Rotordrehzahl (hier: n, später werden Sie diese noch als R_{RPM}[15] kennen lernen) beeinflussen, doch fliegen die Hubschrauber heute grundsätzlich mit konstanter Rotordrehzahl. Somit kann n als konstant angesehen werden.

Die Formeln für Auftrieb und Widerstand, deren Rechenergebnisse (den Aerodynamikern nach) die realen Verhältnisse am Rotorblatt ausreichend genau widerspiegeln, werten die Bedeutung der effektiven Anströmgeschwindigkeit mit deren Quadrierung stark auf.
Das heißt also im Klartext: Verdoppelt sich die Anströmgeschwindigkeit (z.B. weil u verdoppelt wurde), so wird der Auftrieb vom Betrag auf das Vierfache anwachsen!

[15] **Rotor**$_{\textbf{R}\text{evolutions}\textbf{P}\text{er}\textbf{M}\text{inute}}$

An sich ist es nicht von Nachteil, wenn der Auftrieb steigt. Doch schauen Sie sich die Auftriebsverteilung an einem Rotorblatt (horizontal betrachtet) mit diesem Ergebnis an:

Der Auftrieb F_A verändert sich entlang des Rotorblattes nach außen quadratisch!

Dabei ist die Parabelform bis an die Blattspitze rein theoretisch (Kurve a).

Frage: Warum kann der Auftrieb an der Blattspitze nicht maximal sein?

Antwort: Weil, wie wir aus der Widerstandsbetrachtung wissen, an der Blattspitze Wirbel durch den Druckausgleich von unten nach oben entstehen.

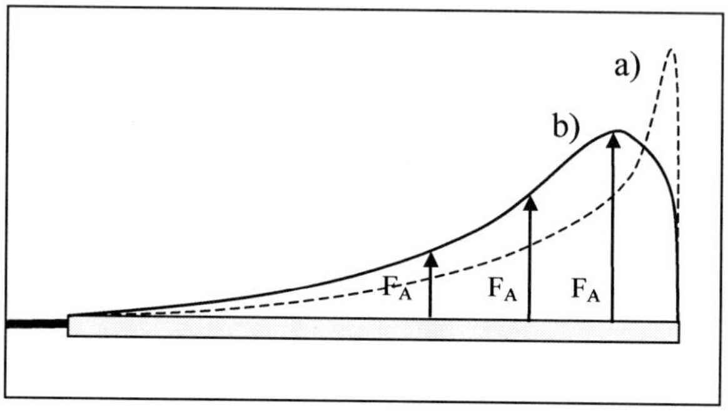

Bild 1.6.2: *Auftriebsverteilung am Rotorblatt*

Diese Wirbel verbrauchen als **induzierter Widerstand** Energie, die dem Rotorblatt in Form von Auftriebskräften nicht mehr zur Verfügung steht!

Der **reale** Verlauf des Auftriebs entlang des Rotorblattes nimmt zur Blattspitze wieder ab (Kurve b).

Die Folge der gezeigten Auftriebsverteilung ist:

- Hohe Materialbelastung der Rotorblätter (Biegekräfte) und
- Keine optimale Verteilung der Auftriebskräfte.

Diese ***ungleichmäßige Verteilung des Auftriebs*** muss konstruktiv für die Steigerung des Gesamtauftriebs minimiert werden (= *1. Problem durch* v_{eff}).

Experimente und Erfahrungen aus der Praxis zeigen, dass die optimale Auftriebsverteilung über das Rotorblatt eine elliptische Form annehmen sollte.

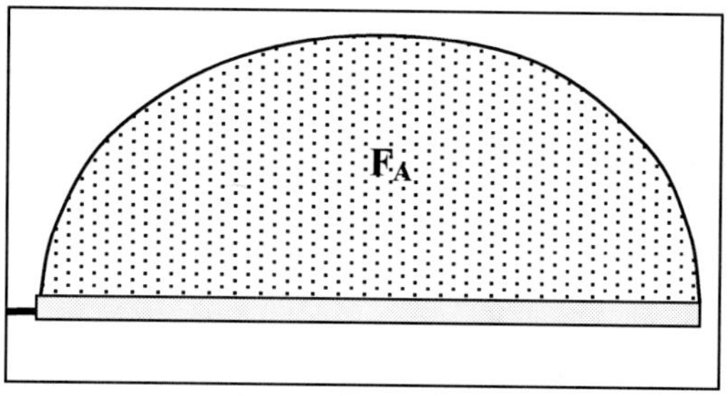

Bild 1.6.3: *Optimale Auftriebsverteilung*

Die effektive Anströmung v_{eff} verursacht aber noch ein anderes Problem in der Hubschrauberaerodynamik:

Denken Sie an den Vorwärtsflug: Durch die **Unsymmetrie der Anströmung** hat das vorlaufende Blatt eine sehr hohe Geschwindigkeit durch die Luft, während das rücklaufende von der Luft im Verhältnis sehr langsam oder sogar von hinten umströmt wird, v_{eff} wirkt also sehr unterschiedlich.

Auf der Vorlaufseite kommt das Blatt in den Bereich der **Kompressibilität** (Ma > 0,4) mit starkem Widerstandsanstieg. Die Luft an der Blattspitze kann sogar Strömungsgeschwindigkeiten im Schallbereich (*siehe Rechenbeispiel in 1.3*) erfahren, es kommt zu Verdichtungsstößen, die der strömenden Luft die Energie entnehmen, den **Widerstand noch stärker ansteigen lassen** und die Auftriebskräfte stark verringern, bis hin zur Strömungsablösung!

Auf der Rücklaufseite ist v_{eff} im Vergleich zur Vorlaufseite geringer. Da aber v_{eff} den Auftrieb entscheidend beeinflusst, würde das bedeuten: Der Auftrieb am rücklaufenden Blatt sinkt und das Blatt - denken Sie an die Phasenverschiebung - läuft hinten über dem Heckausleger tief. Damit neigt sich die Blattspitzenebene nach hinten; Der Hubschrauber steigt und wird langsamer. Er soll aber eigentlich im Vorwärtsflug verbleiben, somit muss das rücklaufende Blatt mehr Auftrieb erzeugen: Der periodische Einstellwinkel wird für dieses Blatt vergrößert. So weit so gut.

Doch kann der Pilot, in der Absicht schneller zu fliegen als er darf, den Einstellwinkel am rücklaufenden Blatt so stark erhöhen, dass die **Strömung abreißt** (siehe Grenzschichtströmung 1.5.2)!

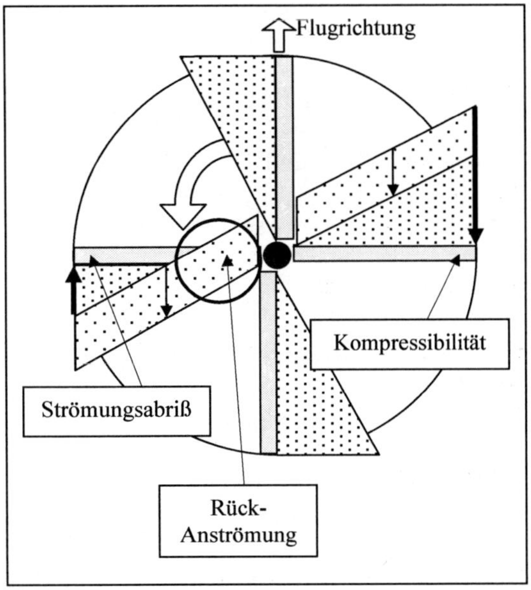

Bild 1.6.4: *„Problemzonen" im Vorwärtsflug*

Diese Problematik des schnellen Vorwärtsflugs werden wir aber später eingehender betrachten.

Beide aerodynamischen Besonderheiten - **Kompressibilität der Luft am vorlaufenden Blatt und Strömungsabriss am rücklaufenden Blatt** – können konstruktiv abgemildert werden.

Erinnern Sie sich noch an den **induzierten Widerstand**, der durch starke, ablösende Wirbel an der Rotorblattspitze entstand?
Diese leistungs- und auftriebverzehrende Art des Widerstandes steigt ebenso mit der Größe von v_{eff}.
Die Konstrukteure versuchen - in Verbindung mit dem Problem der Kompressibilität - Rotorblattenden (aber auch Tragflächenenden) konstruktiv so zu gestalten, dass dieser Effekt, der ja nur bei Auftriebserzeugung entsteht, minimiert wird (siehe 1.6.5, *Konstruktive Maßnahmen zur Beeinflussung von Auftrieb und Widerstand*).

$F_A = \frac{1}{2}\,\rho \bullet v_{eff}^2 \bullet c_A \bullet \ldots$

$F_W = \frac{1}{2}\,\rho \bullet v_{eff}^2 \bullet c_W \bullet \ldots$

Wie Sie bereits erfahren haben, werden Auftrieb und Widerstand von vielen Faktoren beeinflußt. So hängen **beide** von dem

- **effektiven Anstellwinkel**, α_{eff}
- der **Profilform** und 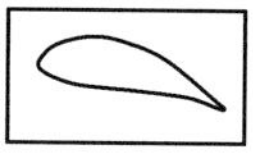
- der **Oberflächenbeschaffenheit** des Rotorblattes ab. 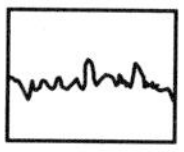

Diese drei Einflußgrößen sind zusammengefasst in dem **Auftriebsbeiwert c_A** bzw. **Widerstandsbeiwert c_W.**

Betrachten wir diese Größen im Einzelnen:

<u>Effektiver Anstellwinkel α_{eff}</u>

Wiederholung (aus 1.4.1): Der effektive Anstellwinkel α_{eff} ist der Winkel zwischen der Profilsehne und der effektiven Anströmung v_{eff} des Profils.

Ist $\alpha_{eff} = 0$, so entwickelt sich keine Auftriebskraft F_A.

Vergrößert man α_{eff}, so steigt auch F_A, und das geht bis zu einem kritischen Anstellwinkel α_{krit}. Wird dieser überschritten, reißt die Strömung am Profil ab, der Widerstand wird unendlich groß und der Auftrieb bricht zusammen.

Dieses hier beschriebene Verhalten wird in sogenannten **„Polardiagrammen"**, die OTTO LILIENTHAL Ende des 19ten Jahrhunderts entwickelte, dargestellt. Dabei werden a) c_A und c_W über α_{eff} oder b) c_A über c_W aufgetragen:

Bild 1.6.5 zeigt uns auf der Beiwerte-Skala (y-Achse), dass **Auftrieb und Widerstand ein Verhältnis** von ca. **30 : 1** bis **50 : 1** haben. Das ist an sich gut, denn ein schlechteres Verhältnis würde das Fliegen kaum ermöglichen.

Erreicht das Rotorblatt einen effektiven Anstellwinkel von ca. 15°, so ist **der kritische Anstellwinkel** erreicht. Wird dieser leichtsinnigerweise überschritten (z.B. in dem der Pilot den pitch noch mehr „zieht"), so verabschiedet sich der Auftrieb. Dieses Verhalten der Luft ist an der wieder sinkenden Kurve von c_A zu erkennen und wird mit **Strömungsabriss** (*stall*) bezeichnet[16]!

[16] Man nennt den Strömungsabriß auch scherzhaft „aerodynamischen Schluckauf".

Der Widerstand (c_W) steigt mit der Vergrößerung des effektiven Anstellwinkels kontinuierlich, im hohen Anstellwin-kelbereich sogar expo-nential an. Grund: Der Profilwiderstand (und hier insbesondere der Teil Formwiderstand) wird mit ansteigendem α_{eff} immer größer.

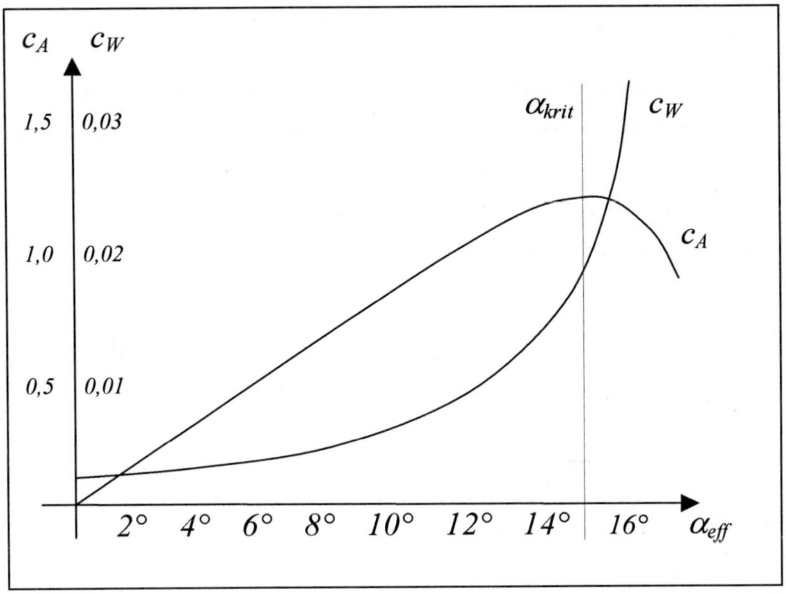

BBild 1.6.5: *Polardiagramm c_A / c_W über α_{eff}*

Bild 1.6.6 gibt uns mehr Aufschluss über das **Verhältnis von c_A und c_W**.

So lässt sich aus dem Verlauf der Kurve erkennen, dass der Auftrieb im Bereich kleiner Anstellwinkel schneller als der Widerstand steigt! Je höher der Anstellwinkel ist, desto „schlechter" wird dieses Verhältnis wieder. Es gibt eine Stelle (α_{eff} = 3°), die durch **das beste Verhältnis von Auftrieb und Widerstand** gekennzeichnet ist. Der zugehörige effektive Anstellwinkel erzeugt **maximalen Auftrieb bei minimalen Widerstand**; bei den Starrflüglern (z.B. Segelflugzeug) bezeichnet diese Stelle die günstigste Gleitzahl. Das Segelflugzeug würde beim Gleitflug die maximale Strecke erreichen.

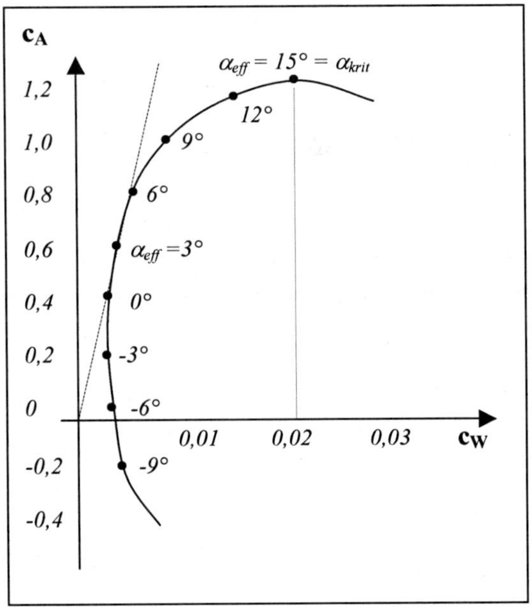

Bild 1.6.6: *Polardiagramm c_A über c_W*

Profilform

Der Einfluss der Profilform versteckt sich ebenfalls in den beiden Beiwerten c_A und c_W.
Dass dieser nicht unerheblich ist, konnten Sie schon in den Kapiteln zum Auftrieb und zum Widerstand erkennen.
Hier und jetzt wollen wir Ihnen zeigen,

- welche **Bezeichnungen** für ein Profil (Hubschrauber und Flugzeug) definiert wurden und
- welche **Eigenschaften** einzelne Profilarten aufweisen.

Wie hat sich die Profilform eigentlich entwickelt?
Bis in die 30er Jahre des 19. Jahrhunderts wurden Profile hauptsächlich nach „gesundem Menschenverstand" und Ästhetik entwickelt. OTTO LILIENTHAL stellte - in Bezug auf DA VINCI's Erkenntnisse - Betrachtungen an, die sicher schon wissenschaftlichen Charakter hatten. Dieses werden wir an einem Zitat von ihm erkennen.
Im Verlaufe des 20. Jahrhunderts gewannen die wissenschaftlichen Einrichtungen wie Windkanäle mehr an Bedeutung, die Messungen und damit auch die Ergebnisse waren aber international nicht oder nur wenig vergleichbar. Erst die allmähliche Einführung von Standardprofilen durch Versuchsanstalten machte es möglich, heute Profile „von der Stange" zu erhalten, den jeweiligen Anforderungen optimal angepaßt.

Land	**Name der Versuchsanstalt**	**Name des Profils**
USA	National Advisory Comittee for Aeronautics (NACA, heute NASA)	**NACA**
	Engineering Division, McCook Field	**Clark Y**
Deutschland	Aerodynamische Versuchsanstalten Göttingen (AVA)	**Gö bzw. G**
	Deutsche Versuchsanstalt für Luftfahrt (DVL)	**DVL**
England	Royal Aircraft Establishment (früher: Factory), Farnborough	**RAF**

Abgesehen von den heute gültigen Standard-Bezeichnungen NACA, Clark Y und RAF werden Profile auch grundsätzlich nach den Geschwindigkeitsbereichen, in denen sie eingesetzt werden, eingeteilt:

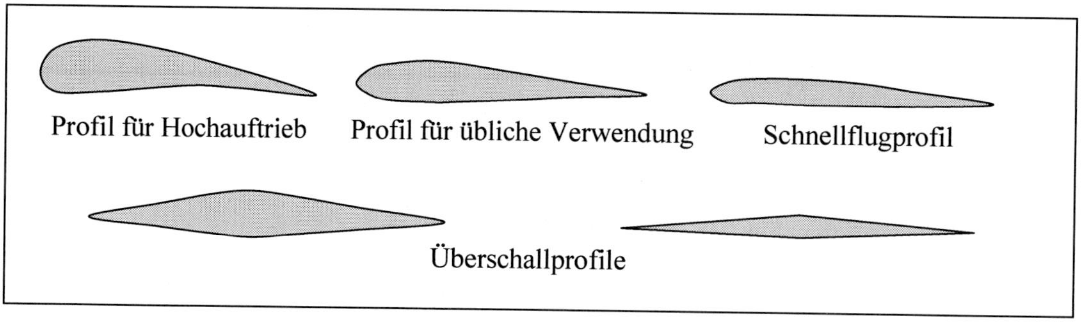

Bild 1.6.7: *Profile für verschiedene Geschwindigkeitsbereiche*

In der oberen Reihe des Bildes 1.6.7 sehen Sie die für Hubschrauber und Starrflügler üblichen Profile.

- Das Profil für Hochauftrieb kommt insbesondere bei langsam fliegenden Flugzeugen zur Anwendung.
- Das zweite Profil in dieser Reihe ist das „0815“-Profil der Aerodynamiker, anwendbar in vielen Bereichen und einfach zu konstruieren.
- Das Schnellflugprofil findet man dort, wo am Rotorblatt oder an der Tragfläche Geschwindigkeiten bis knapp unter der Schallgeschwindigkeit herrschen.
- Die Überschallprofile werden durch ihren Namen gekennzeichnet, ihre besondere Form resultiert aus den sich stark ändernden Strömungsverhältnissen (Stichworte: Schockwellen, Drucksprünge) im Überschall. Im Hubschrauberbau sind diese nicht zu finden.

Betrachten wir nun die heute hauptsächlich verwendete Profilbezeichnung - das **NACA-System**.

Die Linie von der Blattnase bis zur Hinterkante des **symmetrischen** Profils ist die sogenannte **Profilsehne (PS),** auf der x-Achse liegend. Erinnern Sie sich noch: Der Winkel zwischen PS und v_{eff} ist der effektive Anstellwinkel α_{eff}! Die Tiefe (bzw.) Länge des Profils wird mit ***l*** gekennzeichnet, die Profildicke mit ***d***. Da es aerodynamisch von Einfluss ist, wo das Profil seine maximale Dicke hat, wird diese Stelle mit der Dickenrücklage x_d, ausgehend von der Bezugsachse *y*, angegeben.

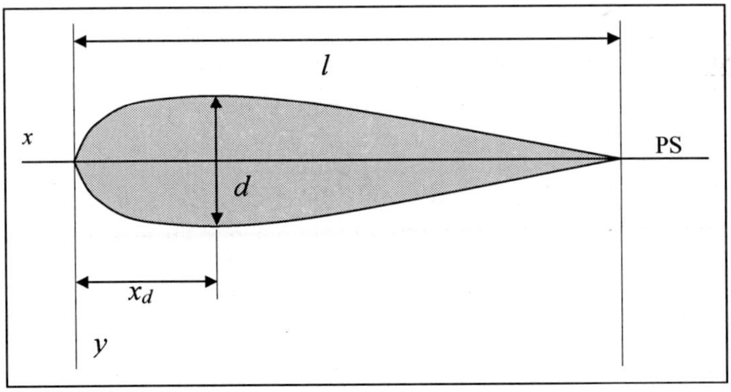

Bild 1.6.8: *Profilbezeichnungen (1)*

Schauen wir uns jetzt ein **unsymmetrisches Profil** (bezüglich der Profilsehne bzw. x-Achse) an: Die Aerodynamiker mussten zur standardisierten Charakterisierung dieses Profils zuzüglich zur Profilsehne das Maß der Unsymmetrie geometrisch und in Zahlen darstellen. Die optimalste Lösung war die Einführung der sogenannten **Skelettlinie (SL)**. Diese ist ein Maß für die Unsymmetrie oder auch **Wölbung** des Profils.

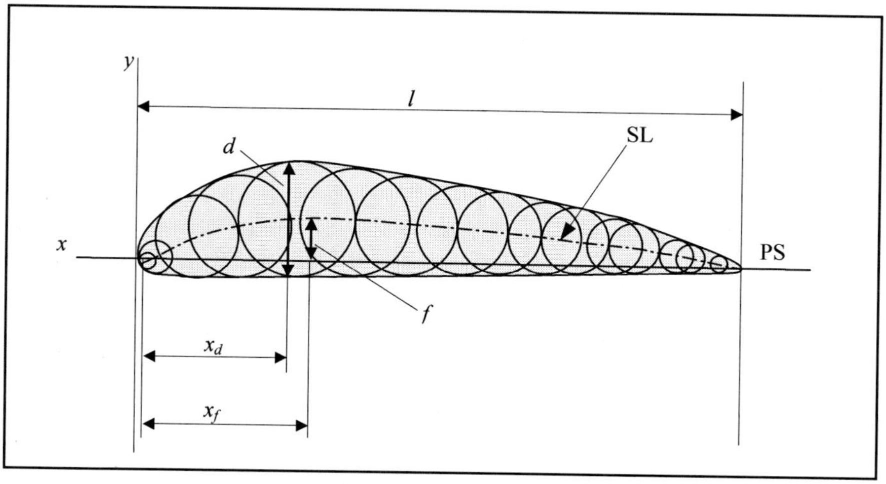

Bild 1.6.9: *Profilbezeichnungen (2)*

Wie erhält man diese? Man zeichnet unendlich viele Kreise in das Profil, die mit ihrem Rand die Ober- und Unterseite des Profils berühren. Das Ergebnis ist, dass alle Kreismittelpunkte die gleiche Entfernung zur Ober- und Unterseite des Profils haben. Verbinden Sie diese **Kreismittelpunkte**, Sie erhalten automatisch die **Skelettlinie**!

Dabei fällt jetzt folgendes auf: Das Ende der Skelettlinie an der Profilnase stimmt nicht mehr mit der vordersten Stelle des Profils bezüglich der x-Achse dar. Da aber nicht diese vorderste Stelle aerodynamisch ausschlaggebend ist, sondern die Form der Skelettlinie, gilt deren Schnittpunkt mit dem Profil als „Maß aller Dinge". Die Dickenrücklage x_d wird ab dort gemessen. Die Wölbung selbst wird mit f gekennzeichnet und ist nichts anderes als der Abstand der Skelettlinie von der Profilsehne. Andersherum: **Am symmetrischen, nicht gewölbten Profil stimmen Profilsehne und Skelettlinie überein, d.h. sie liegen übereinander**.

Aerodynamisch relevant ist auch die Stelle des Profils mit der maximalen Wölbung. Diese wird mit Wölbungsrücklage x_f bezeichnet und wie auch x_d vom gleichen Ausgangspunkt aus gemessen.

Wie wichtig die Skelettlinie für die Auftriebsgewinnung sein kann, soll Ihnen das nachfolgende Zitat OTTO LILIENTHALS aus seinem Buch „Der Vogelflug als Grundlage der Fliegerkunst – ein Beitrag zur Systematik der Flugtechnik" von 1889 geben. Er vergleicht im Grunde und sehr anschaulich das angestellte, ungewölbte mit dem angestellten, gewölbten Profil:
Zitat (OTTO LILIENTHAL, 1889):

„Die an den Flächen vorbeistreichende Luft erhält in beiden Fällen eine nach unten gerichtete Beschleunigung, denn die unter die Flächen treffende Luft muss unter den Flächen hindurch, und die über die Flächen vorbeistreichende Luft muss unbedingt den geneigten Raum oberhalb der Flächen ausfüllen (denken Sie nochmals an die Auftriebserklärung! Anm. des Autors).
Die Ablenkung des Luftstroms nach unten geschieht bei der ebenen Fläche zumeist an der Vorderkante, und zwar plötzlich. Hier tritt eine Stoßwirkung auf, welche wiederum zur Bildung von Wirbeln Veranlassung gibt.
Ganz andere Erscheinungen treten nun aber bei der gewölbten Fläche auf. Der auf diese Fläche treffende Luftstrom wird ganz allmählich aus seiner horizontalen Richtung abgelenkt und nach unten geführt. Derselbe erhält nach und nach und zwar möglichst ohne Stoß, eine nach unten gerichtete Geschwindigkeit.
Man sieht ohne weiteres, dass nur die schwach und glatt gewölbte Fläche, besonders wenn die Tangente zur Vorderkante genau in die Windrichtung steht, die an ihr vorbeistreichende Luft möglichst ohne Wirbel mit einer Geschwindigkeit nach unten entlassen wird, und zwar in einer Richtung, welche gewissermaßen der nach unten gerichteten Tangente des letzten Flächenstückes entspricht. Schon diese Tangentenrichtung tritt für die Vorteile der gewölbten Fläche ein.
Der nach unten gerichtete Bestandteil der lebendigen Kraft nach Verlassen der Fläche ist maßgebend für den nach oben gerichteten auf die Fläche ausgeübten Druck."

Eigentlich ist diesen Ausführungen nichts mehr hinzuzufügen. Sie machen die Bemühungen deutlich, den **dynamischen Auftrieb unter geringst möglichen (Energie-) Verlusten zu erhalten** – und dazu sollte das Profil grundsätzlich (für den Unterschallbereich) gewölbt sein. Dieser Gedanke ist dabei schon uralt, nachweislich von DA VINCI erstmalig aufgegriffen, von LILIENTHAL für den Gleitflug verfeinert und von den Gebrüdern WHRIGHT für den ersten Motorflug zu Nutzen gemacht.

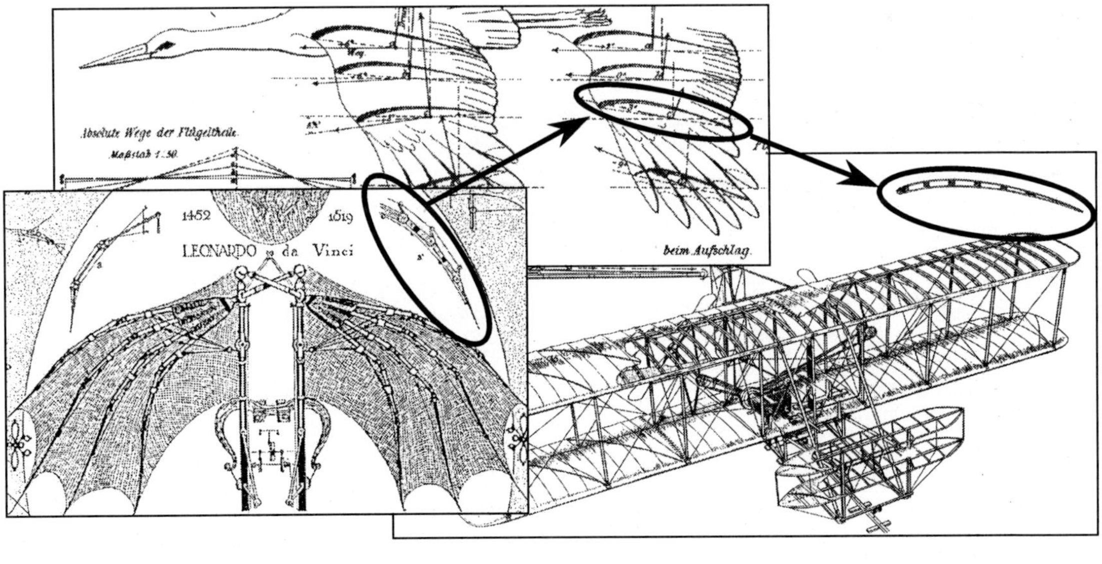

Bild 1.6.10: *„Geschichte" der Profilwölbung*

Bis hierhin haben wir die Profilbezeichnungen allgemein behandelt. Im Folgenden soll die NACA-Profilsystematik eingehend behandelt werden, da diese Bezeichnung weltweit die verbreitetste ist, auch was die Rotorblätter der Heeresflieger- Hubschrauber betrifft.

Das rechts gezeichnete Profil NACA 6321 weist folgende geometrischen Eigenschaften auf: Alle Zahlen sind relative Größen, d.h. sie werden immer in Bezug auf die Profiltiefe l bezogen.

NACA **6...** bedeutet: Die maximale Wölbung f beträgt **6%** der Profiltiefe l.

NACA 6**3**.. bedeutet: Die Wölbungsrücklage x_f beträgt **3/10** der Profiltiefe l.

NACA 63**21** bedeutet: Die größte Dicke d beträgt **21%** der Profiltiefe l.

Und ein weiterer Hinweis: Alle Profile der NACA-Familie weisen eine Dickenrücklage von 30% oder 3 Zehntel der Profiltiefe auf, wenn keine anderen Angaben erfolgen.

Systematik (kurz):

NACA 6 3 2 1

- 21 → Dicke in **Prozent** der Profiltiefe
- 3 → Wölbungsrücklage in **Zehntel** (Zahl x 10 = Prozent) der Profiltiefe
- 6 → Wölbung in **Prozent** der Profiltiefe

Die Tabelle von NACA-Profilen (Bild 1.6.11) zeigt Ihnen verschiedene Profilformen, die je nach Veränderung eines Parameters – Profildicke d, Profilwölbung f oder Wölbungsrücklage x_f – eine andere geometrische und damit auch aerodynamisch wirksame Form annehmen.
Sie sehen, nur durch Veränderung der drei genannten Parameter können Sie vom „0815"-Profil (z.B. NACA 0012 - Alouette II), zum gewölbten Hochauftriebsprofil (NACA 4512) kommen.

Frage: Warum werden die genannten Größen immer auf die Profiltiefe l bezogen, und damit dimensionslos gemacht (cm/cm = 1)?

Antwort: Stellen Sie sich vor, dass Sie das Alouette II-Profil (NACA 0012) mit dem alten Profil der CH-53G der Bundeswehr (auch NACA 0012) vergleichen sollen, und zwar bezüglich der aerodynamischen Eigenschaften. Wählt man zum Vergleich absolute Größen, wie z.B. die Blattfläche, so könnte das Ergebnis lauten: Das Profil des CH 53G-Blatt ist besser, weil es eine größere Fläche hat. Das wäre natürlich auch deswegen falsch, da auch der Widerstand wesentlich größer ist.
Die dimensionslosen Größen der Profilsystematik ermöglichen einen quantitativen und qualitativen Vergleich verschieden großer Rotorblätter bezüglich ihrer aerodynamischen Eigenschaften. Und diese sind bei den beiden oben genannten Rotorblättern aufgrund ihrer **gleichen Verhältnisse** gleich.

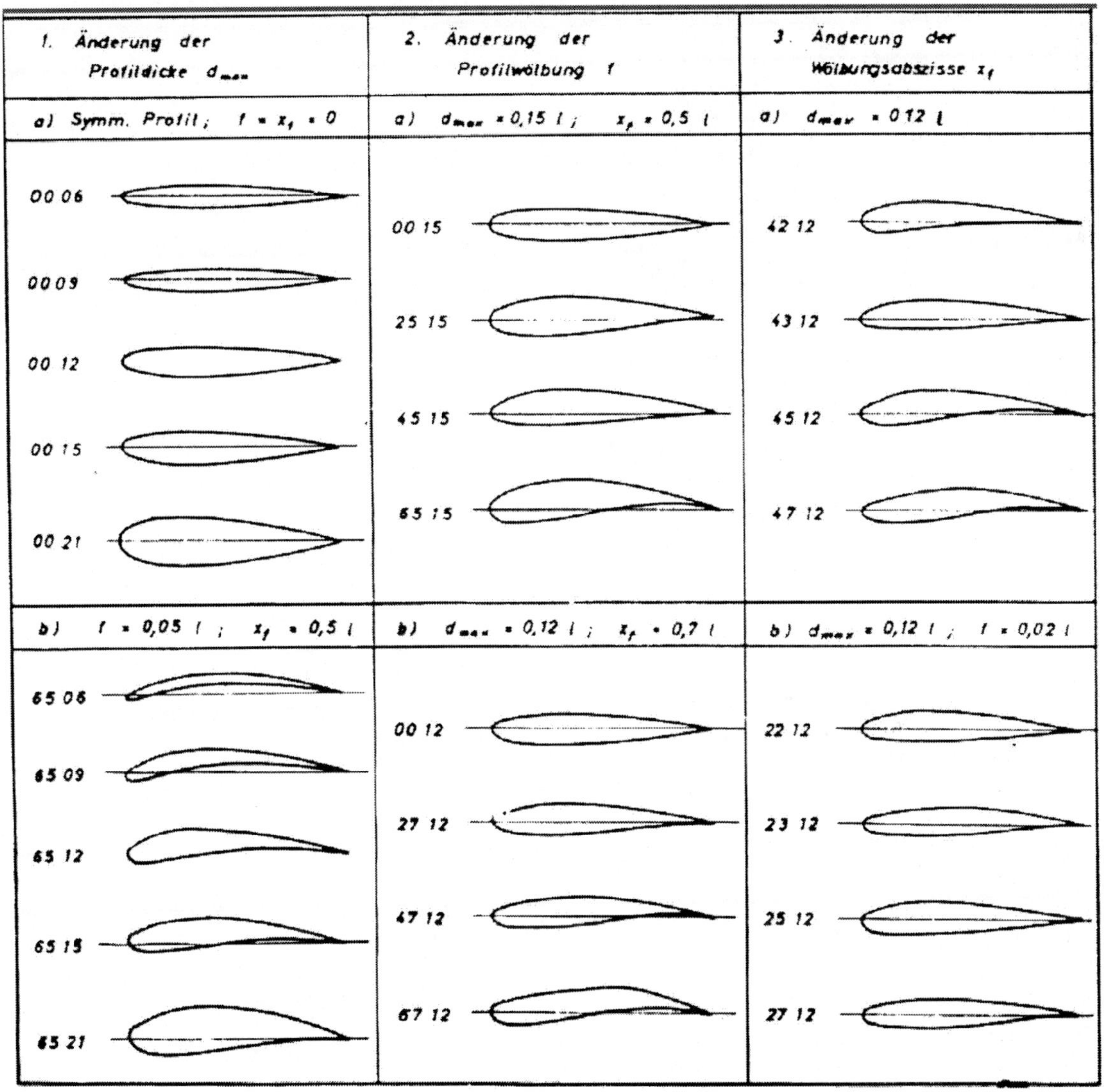

Bild 1.6.11: *NACA-Profilfamilie*

Wie soll es sein ... es gibt noch eine weitere NACA-Familie, charakterisiert mit einer Gruppe aus fünf Zahlen. Wie Sie vielleicht vermuten, beinhaltet diese Variante noch mehr Informationen über die Geometrie des jeweiligen Profils. Das Beispiel, ein gängiges Rotorblattprofil der BO 105:

NACA 2 3 0 12

- **12 %**, Dicke bezogen auf Profiltiefe
- a. **30 • 0,5 = 15 %**, Wölbunsrücklage bzgl. Profiltiefe
- b. **3 / 10 = 0,3 = c_A**, Auftriebsbeiwert des Profils bei $\alpha_{eff} = 0$
- **2 • 3/20 = 0,3 = $c_{A,opt}$**

$c_{A,opt}$ ist der Auftriebsbeiwert, der im Geradeausflug bei einem Anstellwinkel von 2° bis 3° gilt.

Jetzt noch Informationen über den **Auslauf der Skelettlinie** an der Profilhinterkante:

Die Skelettlinie **verändert ihre Krümmung** im Bereich der Hinterkante **nicht** mehr

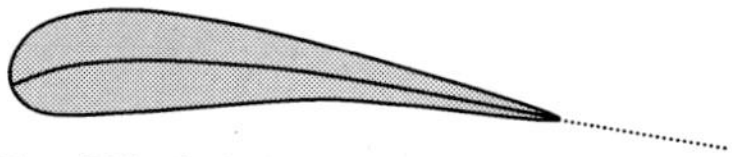

Profilbeipiel für „gerade“ auslaufende Skelettlinie

Die Skelettlinie **verändert ihre Krümmung** im Bereich der Hinterkante **nochmals.**

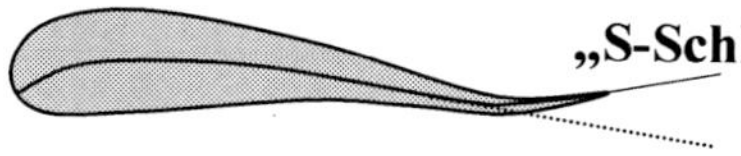

Profilbeipiel für „geschwungen“ auslaufende Skelettlinie

Bild 1.6.12: *Auslauf der Skelettlinie*

Warum hat eine Skelettlinie und damit auch das Profil solch eine Form?
Für das linke Beispiel im Bild 1.6.12 kennen wir den Grund: Gemäß der Beschreibung und Begründung durch LILIENTHAL erzeugt das derart gewölbte Profil Auftrieb mit relativ wenig Widerstand (weniger Verwirbelungen). Mit dieser Wölbform entsteht aber leider ein weiteres Problem in der Fliegerei: Die sogenannte **Druckpunktwanderung**. Den Druckpunkt kennen Sie schon: Er ist der Schnittpunkt von Profilsehne und der Wirkungslinie der effektiven Anströmung v_{eff}. Damit soll er gleichzeitig der Angriffspunkt der Summe aller am Profil wirkenden Kräfte sein ①.

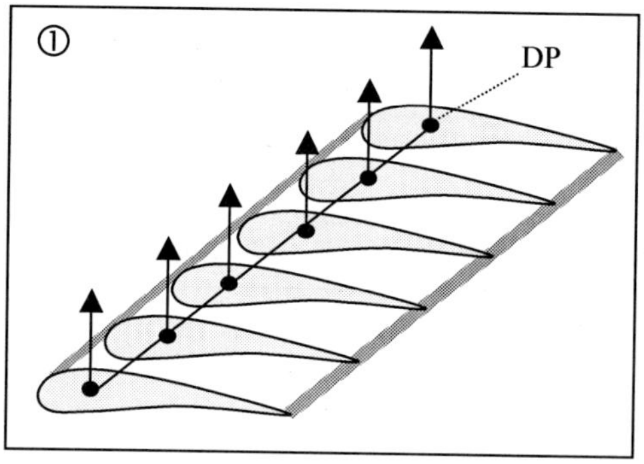

Bild 1.6.13: *Druckpunkte*

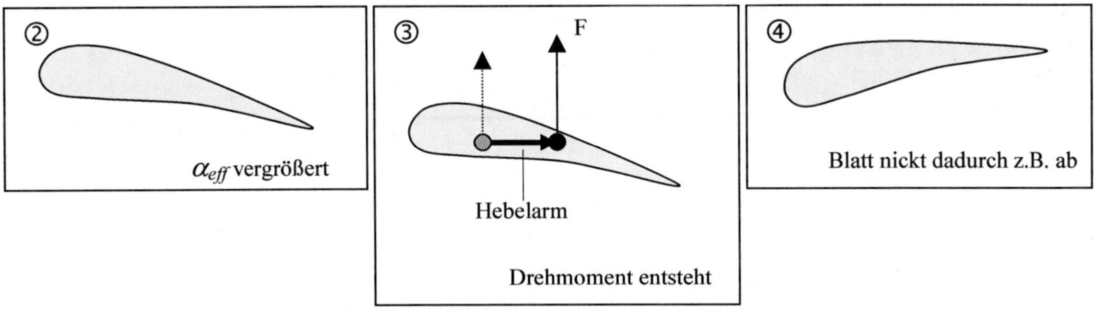

Bild 1.6.14: *Druckpunktwanderung mit Auswirkung*

Nimmt man jetzt alle Profile eines Rotorblattes, also alle Blattelemente, so sollten alle Druckpunkte auf einer Geraden durch das Rotorblatt verlaufen. Wenn sich diese Linie noch mit dem Blattholm (Bild 1.6.13, ①) deckt, der die Kräfte in den Rotorkopf einlenkt, ist die Konstrukteurwelt in Ordnung: Alle Kräfte greifen am Blattholm an, und dafür ist er auch da.

Leider weiß die strömende Luft rein gar nichts von dieser ausgefeilten Idee der Menschen. Denn ... wenn ein Profil mit Wölbung verwendet wird, fängt der Druckpunkt zu **„wandern"** an. D.h., dass er sich (und damit auch die angreifenden Kräfte) von der Geraden, die alle Blattelemente verbindet (Holm) wegbewegt ③. Und das bei jeder Veränderung des effektiven Anstellwinkels α_{eff} ②. Da die Kräfte nicht mehr nur im Holm angreifen, entstehen jetzt **Drehmomente** auf das Rotorblatt und wenn es nicht materialbedingt ganz steif ist, wird es nichtgewollte Nickbewegungen ausführen ④, es wird sich verwinden, tordieren. Dadurch verändert sich natürlich augenblicklich die aerodynamische Situation am Rotorblatt. Dieses wirkt sich z.B. im unruhigen Lauf des Rotors und in Vibrationen der Zelle aus.

Und jetzt zurück zu der zweifach-gekrümmten Skelettlinie: Der letzte „Schwung" nach oben an der Hinterkante soll diese skizzierten Druckpunktwanderungen abmildern: Die strömende Luft auf der Oberseite trifft auf das „nach oben gebogene Ende" und wirkt mit einer Kraft als Drehmoment ausgleichend. Somit ist ein solches Profil, wie alle symmetrischen Profile**, druckpunktfest**.

Die Druckpunktwanderungen kennen Sie vielleicht schon von einem einfachen Beispiel aus dem Alltag: Lassen Sie doch einmal ein glattes Blatt Papier (z.B. DIN A 4) aus der Hand gleiten. Sie werden die typischen Bewegungen feststellen: Das Hin- und Herschaukeln bzw. Ab- und Aufnicken erfolgt durch ständige Druckpunktwanderungen an dem Blatt.

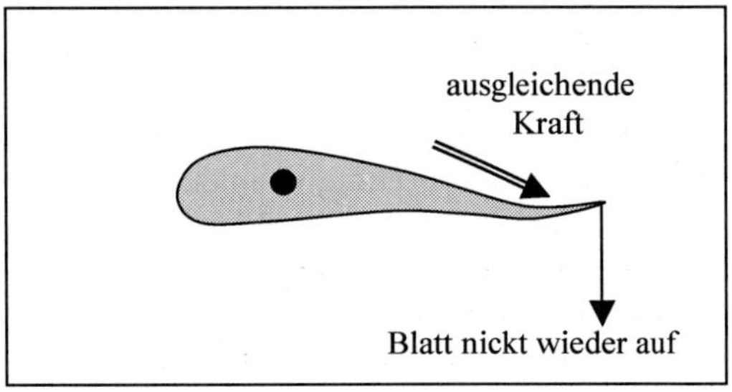

Bild 1.6.15: *Minimierung Druckpunktwanderung*

Schauen wir uns jetzt zwei Beispiele zu den Eigenschaften von NACA-Profilen an.

Beispiel 1: **Symmetrisches Profil** – NACA 0012, z.B. verwendet bei Alouette II
Sie sehen rechts das **Polardiagramm** für dieses Profil:

- Ist das Blatt nicht angestellt ($\alpha_{eff} = 0$), erzeugt dieses Profil keinen Auftrieb ($c_A = 0$, Unterdruckgebiet auf Ober- und Unterseite gleich groß).
- Der Widerstand ist bei $\alpha_{eff} = 0$ nicht Null, da das Blatt bei Umströmung einen Profilwiderstand besitzt.
- Auftrieb (c_A) und Widerstand (c_W) steigen annähernd linear an.
- Der Auftrieb geht bei $\alpha_{eff} = 14.5°$ erstmalig „in die Knie", er bricht aber nicht zusammen. Der erwachsene Strömungsabriss, der bei $\alpha_{eff} = 16{,}5°$ auftritt, wird also vorher „angekündigt", lässt dem Piloten Zeit zu reagieren.
- Änderungen von α_{eff} führen nicht zu Druckpunktwanderungen.

Beispiel 2: **Unsymmetrisches Profil** - NACA 23012, z.B. verwendet bei BO 105

- Ist das Blatt nicht angestellt ($\alpha_{eff} = 0$), erzeugt dieses Profil schon Auftrieb ($c_A > 0$, Unterdruckgebiet auf der Oberseite ist größer als auf der Unterseite).
- Der Widerstand ist bei $\alpha_{eff} = 0$ nicht Null, das Blatt hat bei Umströmung einen Profilwiderst..
- Auftrieb (c_A) und Widerstand (c_W) steigen annähernd linear an.
- Der Auftrieb bricht bei $\alpha_{eff} = 16{,}5°$ plötzlich zusammen. Der Strömungsabriss wird im Gegensatz zum symmetrischen Profil nicht vorher „angekündigt", er lässt dem Piloten wenig Zeit zu reagieren.
- Änderungen von α_{eff} führen zu Druckpunktwanderungen

Sie haben gesehen, grundsätzlich gibt es viele Möglichkeiten, über die Profilgeometrie die beiden wesentlichen Kräfte, Auftrieb und Widerstand, zu beeinflussen.
Immer mit dem Ziel: Auftrieb maximieren, Widerstand minimieren!
Aber Sie haben auch gemerkt: Jede Änderung beeinflusst beide Größen, das Endergebnis muss nicht unbedingt einen Fortschritt bedeuten.

Aber es gibt noch eine Einflussgröße natürlicher Art, die ohne weiteres - und das auch von den Piloten unbemerkt - die Profilgeometrie und damit die Eigenschaften der Rotorblätter ändern kann ... **Eisansatz im Fluge!**
Eisansatz am Boden ist in der Hinsicht erwähnenswert, dass er entweder entfernt werden kann oder die Piloten spätestens jetzt bemerken, dass ein Flug vielleicht nicht durchführbar ist.
Eisansatz im Fluge ist wesentlich kritischer:

- Er kündigt sich nicht an (erfahrene Piloten haben aber ein Gefühl dafür), unterstützt durch die richtige Wetterberatung kann der Pilot aber sensibilisiert sein.
- Er verändert die Profilgeometrie grundsätzlich zum Negativen (Widerstand steigt, Auftrieb sinkt). **Es ist noch nicht berichtet worden, dass Eisansatz die Flugeigenschaften des Hubschraubers verbessert hat!**
- Er erhöht das Gewicht des Hubschraubers!
- Er kann bei Ablösung a) zu Beschädigungen führen und b) zu Vibrationen aufgrund von Unwuchten im Rotorsystem führen.

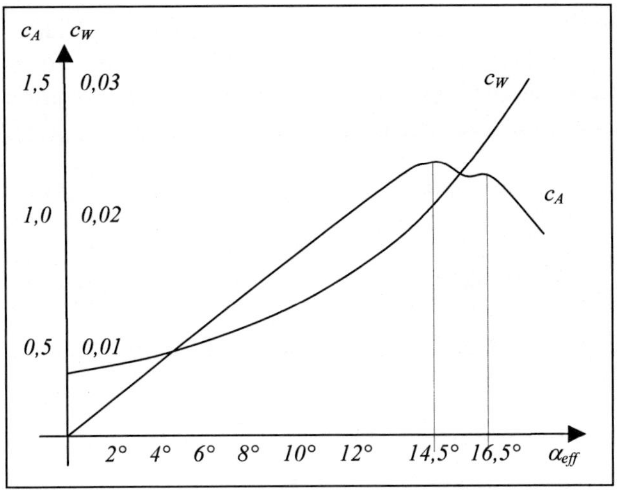

Bild 1.6.16:
Polare – symmetrisches Profil

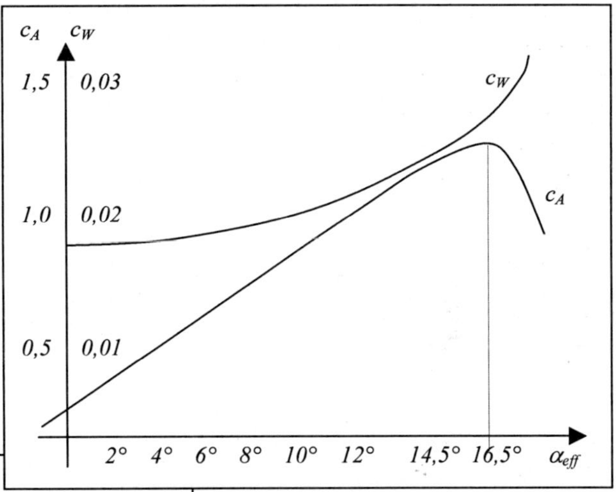

Bild 1.6.17:
Polare – unsymmetrisches Profil

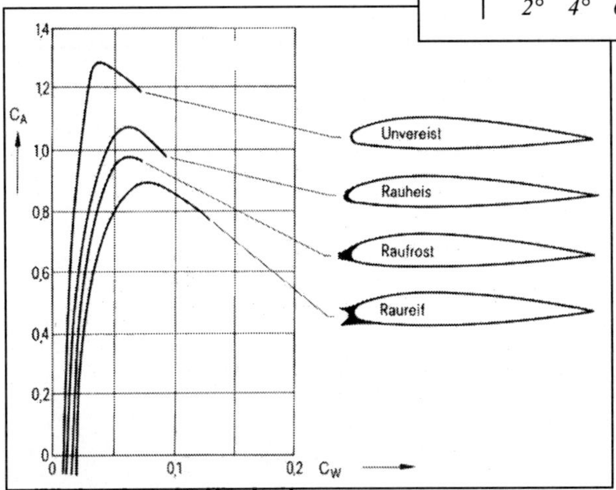

Bild 1.6.18:
Polare – Eisansatz

Nehmen Sie Ihren Wetterberater ernst!

Oberflächenbeschaffenheit

Dass die Oberflächenbeschaffenheit von Rotorblättern und Tragflächen wichtig für die Flugeigenschaften ist, haben wir Ihnen schon unter dem Aspekt „Luftwiderstand" näher gebracht (→ c_W). Luftreibung, insbesondere die innerhalb der Grenzschicht, mindert den Auftriebsgewinn (→ c_A) und bedeutet auch mehr „Arbeit" für den Antrieb. Was liegt also näher, als die Oberfläche so zu gestalten, dass Reibung minimal wird?
Grundsätzlich wird dazu in der Luftfahrt ein Weg eingeschlagen: Die Oberfläche der auftriebserzeugenden Bauteile aber auch andere Luftfahrzeugkomponenten wie Rumpf und Leitwerke muss so glatt wie möglich sein. Die Luft wird folglich auf dem Weg entlang der Oberfläche weniger abgebremst, die Grenzschicht dickt weniger auf und der Luftwiderstand ist demnach geringer.
Das ist der Grund, warum Segelflieger die Tragflächen polieren. Jede Verunreinigung wie z.B. Staub, Insekten etc. trägt zur Verschlechterung der Flugeigenschaften bei.

Erinnern Sie sich bitte an den Aufbau einer Grenzschicht: Es wird grundsätzlich angestrebt - in der Segel- sowohl auch in der Verkehrs- bzw. Militärfliegerei - die laminare Schicht so lang wie möglich zu erhalten. Sie ist der Garant für weniger Reibungswiderstand.

Es sei aber nochmals darauf verwiesen, dass eine turbulente Strömung auch ihre Vorteile haben kann. So vermag sie bei höheren Anstellwinkeln noch anzuliegen, wenn eine laminare Strömung schon abgelöst ist (stall!). Im nächsten Kapitel wird auf konstruktive Möglichkeiten eingegangen, an der Rotorblatt- oder Tragflächenoberfläche noch weniger Widerstand entstehen zu lassen bzw. mit höheren Anstellwinkeln fliegen zu können.

In der Hubschrauberfliegerei ist es aber auch weniger das Staubkorn, welches für größeren Luftwiderstand sorgt. Es ist wieder der schon vormals negativ aufgefallene Eisansatz, der nicht nur die Profilform zum Schlechteren (durch steigenden Formwiderstand) beeinflusst, sondern auch die Oberflächenbeschaffenheit verschlechtert: Der Reibungswiderstand wird erhöht.

1.6.4. Auftriebsfläche A

$$F_W = \tfrac{1}{2} \bullet \rho \bullet v_{eff}^2 \bullet c_W \bullet A$$

$$F_A = \tfrac{1}{2} \bullet \rho \bullet v_{eff}^2 \bullet c_A \bullet A$$

Auch die Auftriebsfläche A hat ihren Einfluss auf Auftrieb und Widerstand, nur muss erst geklärt werden, was denn die Auftriebsfläche ist:

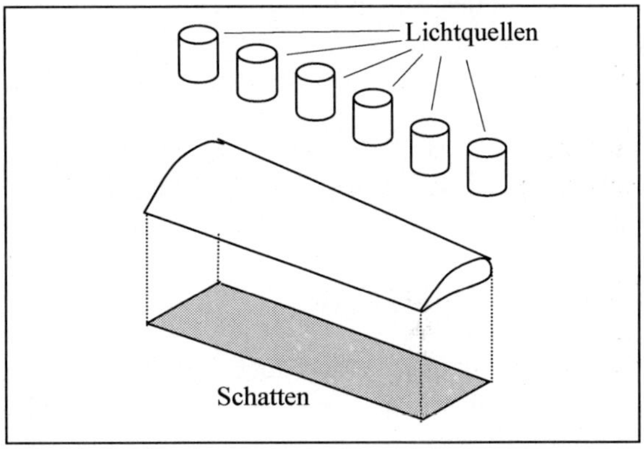

Bild 1.6.19: *Auftriebsfläche A*

Grundsätzlich verstehen wir darunter die Projektionsfläche des Rotorblattes oder der Tragfläche. Stellen Sie sich oberhalb des Rotorblattes eine Anordnung von Lampen vor, die einen Schatten erzeugen[17], der die gleichen Maße wie das Rotorblatt selbst hat: Diese Fläche ist die Auftriebsfläche A und geht in beide Formeln ein. **Wichtig**: Die Auftriebsfläche ist aber nur dann für die Berechnung des Widerstands relevant, wenn es sich um **auftriebserzeugende Körper**, z.B. Rotorblätter und Tragflächen, handelt! Dann wird sie als solche den Profilwiderstand beeinflussen.

Die Größe und die Form dieser Fläche sind nun entscheidend für Auftrieb und Widerstand.
Je größer die Fläche ist, desto größer müsste auch der Auftrieb sein. So einseitig betrachtet stimmt die Aussage. Doch wird dabei leider vergessen, dass eine größere Fläche einerseits mehr Reibung und damit Widerstand erzeugt (← Grenzschicht!) und andererseits auch das Gewicht (eigentlich die Masse) des Rotorblattes steigen lässt.

Folglich müssen die Konstrukteure (mal wieder) einen Kompromiss zwischen den vielen Einflussgrößen finden, seien es

- die Auftriebsfläche A,
- die Streckung des Rotorblattes, d.h. das Verhältnis von Länge zu Tiefe
- die Profilform
- die Oberflächenbeschaffenheit (Material)
- die Anzahl der Rotorblätter

etc.

Dass die Konstrukteure aber mit der Auftriebsfläche auch andere, schon vorgestellte aerodynamische Probleme minimieren können, werden wir Ihnen im nächsten Kapitel zeigen.

[17] Aus der Physik, speziell der Optik, wissen Sie vielleicht, dass das nur mit speziellem Licht und damit auch mit speziellen Lichtquellen funktioniert, doch die Ungenauigkeit können wir uns hier für Veranschaulichungszwecke gönnen.

1.6.5. Konstruktive Maßnahmen zur Beeinflussung von Auftrieb und Widerstand

Sie erinnern sich noch an die **ungleichmäßige Verteilung des Auftriebs** entlang eines Rotorblatts? Der Grund ist die mit dem Blattradius linear ansteigende effektive Anströmgeschwindigkeit, die in die Auftriebs- und Widerstandsformel zum Quadrat eingeht. Es kommt zu ungleichmäßig verteilten, starken Materialbelastungen, die - wie vorgestellt - im äußeren Teil des Blattes am größten sind.
Einen weiteren „Auftriebskiller“ kennen Sie auch schon: Den **induzierten Widerstand** an den Blattspitzen, zu „erkennen“ an den energieentziehenden Blattspitzenwirbeln.

Im Folgenden stellen wir Ihnen konstruktive Lösungen vor, die insbesondere diese beiden aerodynamischen Erscheinungen in ihrer Wirkung abschwächen sollen.

Die Rotorblattschränkung

Bei der Schränkung werden über die Rotorblattlänge
- der Einstellwinkel → **geometrische Schränkung** und/oder
- die Profilform → **aerodynamische Schränkung**

konstruktiv kontinuierlich verändert.

Das Ziel ist bekannt: Die ungleichmäßige Verteilung des Auftriebs soll so geändert werden, dass im Außenbereich des Blattes der Auftrieb reduziert wird und im Innenbereich vergrößert wird. Eine elliptische Verteilung der Auftriebskräfte über die Blattlänge wäre das Optimum.

Die Bilder 1.6.20 und 1.6.21 zeigen Ihnen Beispiele für Rotorblattschränkungen.

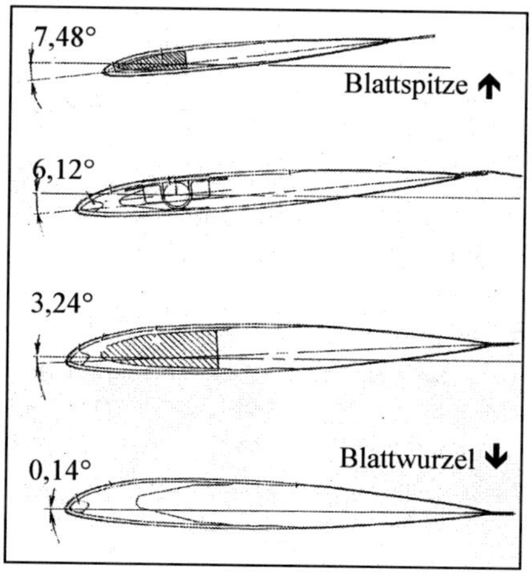

Bild 1.6.20: *Geometrische Schränkung*

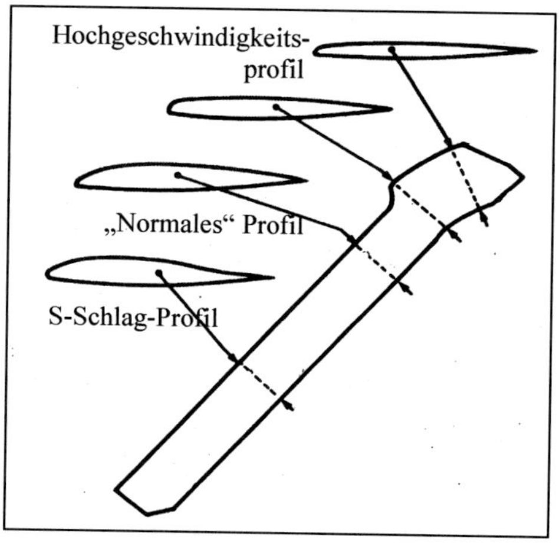

Bild 1.6.21: *Aerodynamisch Schränkung*

Dazu noch Beispielzahlen aus der Praxis:

Hubschrauber	Profilbezeichnung	Schränkung
EC 135	DM-H3 / DM-H4	geometrisch
Alouette II	NACA 0012	geometrisch
BO 105	NACA 23012	geometrisch

DM steht für **D**LR-**M**BB (Deutsche Versuchsanstalt für Luft- und Raumfahrt und Messerschmidt-Bölkow-Blohm)
H3 bezeichnet das Profil der Blattspitze mit 9% Dicke (d), H4 das Profil des restlichen Blattes mit 12 % Dicke. Beide Profile sind nur sehr gering gewölbt, um Druckpunktwanderungen zu minimieren

Einen positiven Nebeneffekt hat die Rotorblattschränkung zudem: Da der Auftrieb im Außenbereich des Blattes zur Blattspitze durch niedrigere Einstellwinkel reduziert wird, ist folglich auch der induzierte Widerstand geringer! Denn dieser steigt immer mit einer Vergrößerung der Auftriebskraft.

Variation der Auftriebsfläche A

Mit der Variation der Auftriebsfläche A gehen die Konstrukteure gegen die ungleichmäßige Verteilung des Auftriebs an. Eine rein rechteckige Fläche (Bild 1.6.20) produziert besonders im Blattaußenbereich hohe Auftriebskräfte, die Materialbelastungen und aber auch einen hohen **induzierten Widerstand** zur Folge haben.
Lösung:
Mit einer Verjüngung der Fläche nach außen kann der Energieverlust verringert werden. Bild 1.6.22 zeigt Ihnen drei verschiedene Rotorblattformen, die den Effekt **der ungleichmäßigen Verteilung** des Auftriebs minimieren.

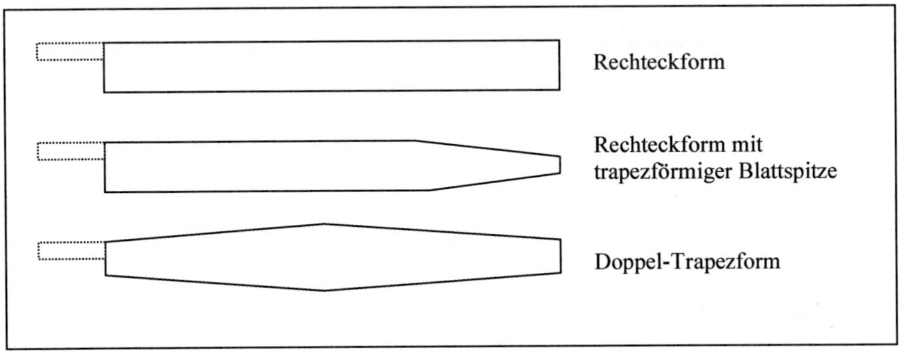

Bild 1.6.22: *Drei Beispiele zur Variation der Auftriebsfläche A*

Streckung

Mit Änderung der Streckung (griechisch: Λ, „Lambda“), also dem Verhältnis von Blattlänge zu Blattiefe, kann das Problem des **induzierten Widerstands** zum Teil gelöst werden. Je **größer die Streckung** ist, also bei einem langen, schmalen Rotorblatt, desto geringer fallen die Blattspitzenwirbel und damit der induzierte Widerstand aus. Diesen Trick können sich die Aerodynamiker aus der Natur abschauen: Vögel verringern den induzierten Widerstand ihrer Flügel, indem sie bei langen Strecken so im Schwarm fliegen, dass die Flügelspitzen nahe des Vor-„fliegers“ sind. Sie „verlängern“ dadurch ihren eigenen Flügel und die beiden Außenflieger und der Spitzen-„mann“ haben die schwerste Arbeit.

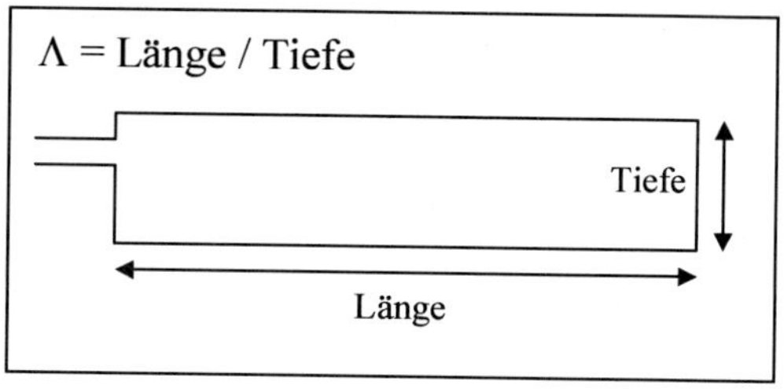

Bild 1.6.23: *Streckung*

Winglets

Winglets dienen insbesondere bei den Starrflüglern zur Abschwächung der energieabsorbierenden Blattspitzenwirbel und damit zur Senkung des induzierten Widerstands.
Wie funktioniert das: Man nehme eine kleine Fläche und setze diese an das Ende der Tragfläche, und zwar so, dass sie senkrecht zur Tragfläche steht. Bild 1.6.24 zeigt einige Beispiele für Winglets.

Diese Flächen verhindern im Fluge das Umströmen der Tragflächenenden, resultierend aus den Druckunterschieden zwischen Ober- und Unterseite.

Selbst der Starfighter, die F-104, hatte eine Form von Winglets: An den Stummelflügeln konnten Außentanks angebracht werden, die die Umströmung der Tragflächenenden abschwächten.

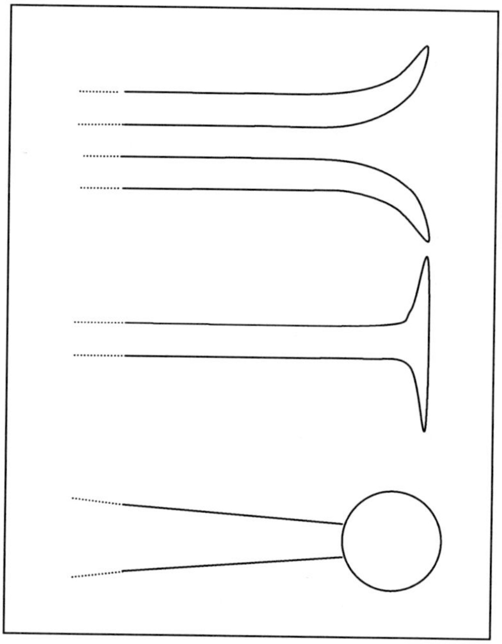
Bild 1.6.24: *Beispiele für Winglets*

Weitere Konstruktionsbeispiele:

BERP – BRITISH EXPERIMENTAL ROTOR PROGRAM

Das BERP-Rotorblatt ist eine Konstruktion mit dem Ziel, einen höheren effektiven Anstellwinkel zu erreichen (d.h. der „stall" tritt später ein), und Kompressibilitätseffekte zu verringern. Beide Merkmale führen dazu, dass der Hubschrauber höhere Fluggeschwindigkeiten erzielen kann.

Dazu sind im Vergleich zum herkömmlichen Rotorblatt folgende Veränderungen vorgenommen worden:

- Die Profilform ändert sich von der Blattwurzel bis zur Blattspitze kontinuierlich: Innen ein Hochauftriebsprofil für niedrige Strömungsgeschwindigkeiten, außen ein Hochgeschwindigkeitsprofil → u.a. ist das auch eine aerodynamische Schränkung!
- Die Blattfläche im Außenbereich ist unkonventionell: Der „Paddel" mit dem dadurch entstehenden Sägezahn (siehe Bild 1.6.26) hat folgende aerodynamische Merkmale:
  - ⇒ Sägezahn und angepasste Profilform erzeugen frühzeitig eine turbulente Strömung, die zwar höheren Widerstand bedeutet, aber wesentlich energiereicher als eine laminare Strömung ist. Folglich reißt die Strömung erst bei hohen effektiven Anstellwinkeln ab: nämlich erst bei ca. 22° (konventionell: ca. 15° – 16°)!
  - ⇒ Die spezielle „Paddel"-Form reduziert die Blattspitzenwirbel und damit auch den induzierten Widerstand.

Das Ergebnis ist eine höhere Fluggeschwindigkeit im Vergleich zum Hubschrauber mit konventionellen Rotorblättern. Doch kaum ein Gewinn ist ohne Verluste, so auch hier. Diese Form der Rotorblätter ringen dem Triebwerk mehr Leistung ab!

Bild 1.6.25: *BERP-Blattspitze*

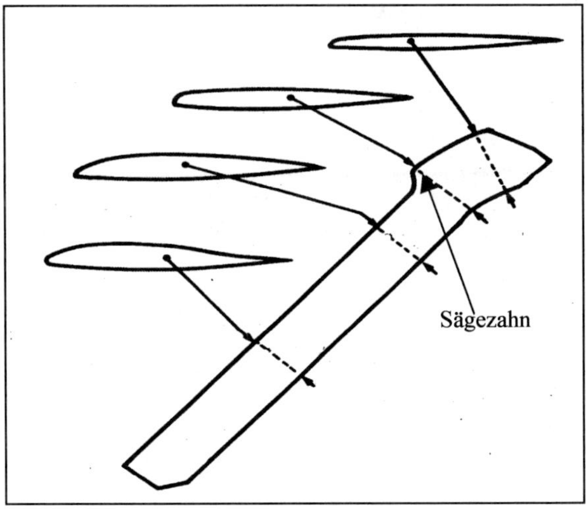

Bild 1.6.26: *BERP-Rotorblatt*

Eine weitere **wichtige** (!) Anmerkung zu den „gepfeilten" Blattspitzen:
Dieses Konstruktionsmerkmal moderner Rotorblätter hat wenig mit Ästhetik zu tun, dafür aber mehr mit dem „Überlisten" der über die Blattspitzen streichenden Luft!

Wie bereits mehrfach erwähnt, hat die Blattspitze des jeweiligen vorlaufenden Blattes im Vorwärtsflug mit den Effekten der **Kompressibilität** zu kämpfen: Hohe Strömungsgeschwindigkeiten führen zu extremen Druckschwankungen und damit zu Widerstandsanstieg und Auftriebsverlust. Experimente an Rotorblättern (und an Tragflügeln) haben ergeben, dass immer die auf die Rotorblattvorderkante **senkrecht** wirkende Komponente der Strömungsgeschwindigkeit für das Erreichen der kritischen Situationen verantwortlich ist (siehe Bild 1.6.27). Die Experten sprechen von dem Erreichen der kritischen Mach-Zahl.

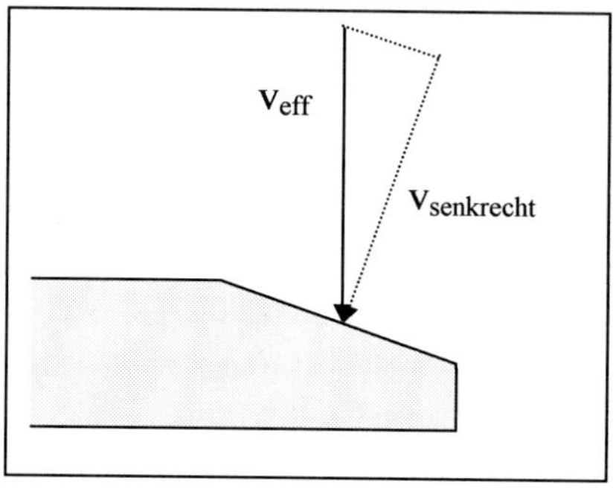

Bild 1.6.27: *Blattspitze*

Der Trick: Man knickt die Vorderkante einfach etwas nach hinten und stellt fest, dass die senkrechte Komponente dadurch kleiner wird und die Kompressibilitätseffekte schwächer sind (d.h. die kritische Mach-Zahl ist vergrößert worden, wird nicht so schnell erreicht!). Der Hubschrauber kann entweder schneller fliegen oder braucht bei gleichbleibender Geschwindigkeit weniger Energie zum Antrieb des Rotors.
Manche Blattspitzen sind dabei sogar noch nach unten abgeknickt (z.B. bei NH 90: 1. Beispiel in Bild 1.6.28) → Ziel: Induzierten Widerstand verringern!

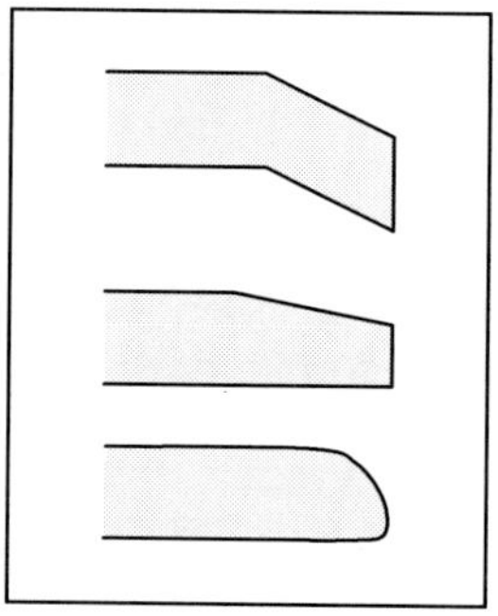

Bild 1.6.28: *Beispiele für Blattspitzen*

Zirkulationskontrolle / Coanda-Effekt

Dieses Prinzip kennen Sie schon vom NOTAR, doch hier wird es auf das Rotorblatt angewendet.
Ein künstlich erzeugter Luftstrahl zwingt die oberhalb um das Rotorblatt streichende Luft länger zum Anliegen. Die Strömung löst erst bei größeren Anstellwinkeln ab (stall!).

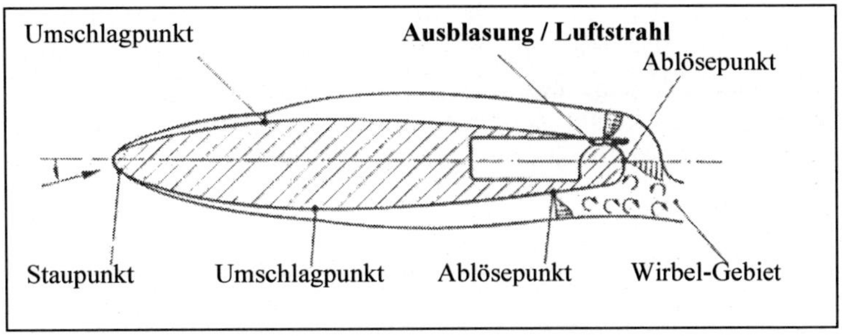

Bild 1.6.29: *Zirkulationskontrolle*

Wenn die Luft an der gesamten Hinterkante des Blattes ausgeblasen wird, so hat dieses einen weiteren Effekt:
Im eigentlichen „Rückanströmgebiet" des rücklaufenden Blattes kann im Vorwärtsflug wieder eine „gesunde" Strömung um das Blatt erzeugt werden, d.h. es entsteht Auftrieb, wo vorher keiner sein konnte!

Der Name Zirkulationskontrolle bezieht sich auf die Ihnen in Kap. 1.4.3 vorgestellte Zirkulations-Theorie zur Auftriebsbeschreibung. Die Entwickler dieses Systems wollen damit auf die Auftriebserhöhung durch eine länger anliegende Strömung (die Zirkulation um das Rotorblatt wird also verändert, bzw. kontrolliert) hinweisen.

Dieses **Coanda-Prinzip** findet schon lange bei den Starrflüglern Anwendung: Vorklappen wie auch Ruder mit anderer Funktionalität (z.B. Landeklappen) können mit Hilfe des Coanda-Effekts die Strömung länger anliegen lassen. Die Vorklappen erzeugen durch den kleinen Spalt einen schnelleren Luftstrahl, der die Hauptströmung mitreißt und zum Anliegen zwingt (oder anders: ihr Energie zufügt) - wie in Bild 1.6.30 dargestellt.
Somit kann ein Starrflügler mit Vorklappen mit geringerer Landegeschwindigkeit aufsetzen, ohne einen Strömungsabriss an den Tragflächen zu riskieren.

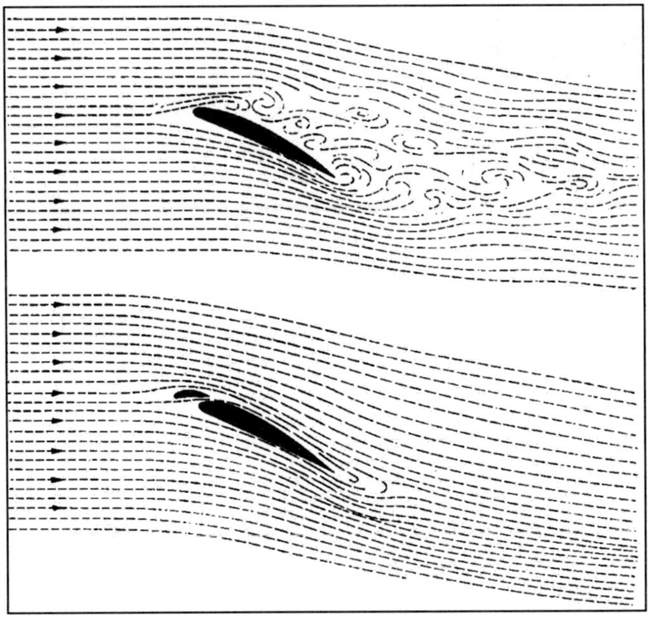

Bild 1.6.30: *Spaltwirkung*

Änderung der Oberflächenbeschaffenheit

Inzwischen ist Ihnen bekannt, dass der Umschlag einer Strömung von laminar in turbulent nicht immer von Nachteil sein muss. Der größte Vorteil einer turbulenten Strömung ist die spätere Strömungsablösung bei hohen Anstellwinkeln. Damit wird der Profilwiderstand bei hohen Strömungsgeschwindigkeiten und hohen effektiven Anstellwinkeln geringer, bei denen laminare Strömungen schon Strömungsabriss aufweisen (der dann einen sehr hohen Profilwiderstand erzeugt!).

Diesen Umstand versucht man sich in der Luftfahrt, aber auch in anderen Bereichen zu Nutze zu machen.

Beispiel 1:
Wissen Sie eigentlich, warum die Golfbälle kreisrunde Vertiefungen haben?
Auflösung: Die Vertiefungen sorgen für einen frühzeitigen Umschlag von laminarer zu turbulenter Strömung, die Strömung liegt folglich länger an, der Gesamtwiderstand ist geringer und ... der Ball fliegt weiter.

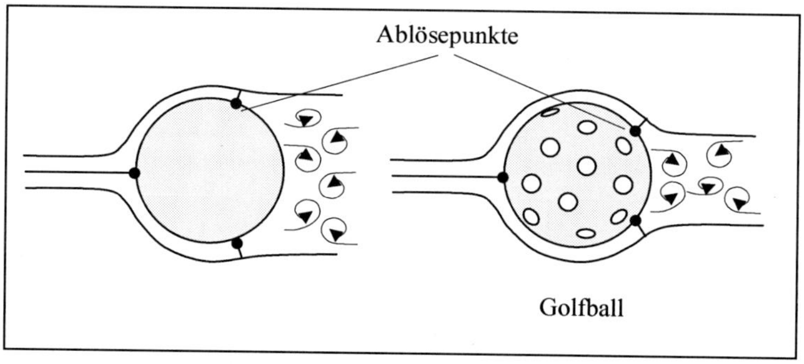

Bild 1.6.31: *„Turbulente“ Wirkung der Oberfläche*

Beispiel 2:
Wissenschaftler haben herausgefunden, dass der Hai nach unseren heute gültigen Strömungsgesetzen, insbesonders mit seinem stromlinienförmigen Körper, schneller schwimmt als er dürfte!
Auflösung: Die Haut des Hais hat in Strömungsrichtung ausgerichtete Zacken, die die Grenzschicht der Wasserströmung turbulent und energiereich gestalten. Und den Rest kennen Sie: Ablösung .. → Gesamtwiderstand .. → ~~Auftrieb~~ hier Vortrieb

Bemerkung: Dieses Prinzip versucht die Luftfahrt nachzubilden. Es werden zur Zeit Folien mit einer ähnlichen Oberflächenbeschaffenheit wie die der Haifischhaut an Leitflächen von Verkehrsflugzeugen getestet. Man erhofft sich dadurch in Zukunft nicht unerhebliche Treibstoffeinsparungen.

Zusammenfassung:

Sie haben erkannt: Das Prinzip „Auftrieb maximieren – Widerstand minimieren" ist keine einfache Ursache – Auswirkung - Beziehung, da jede Maßnahme in mehrere Richtungen wirkt. Es ist die Kunst, geeignete Kombinationen aus Profilform, Rotorblattfläche, Schränkung und Oberfächenbeschaffenheit zu finden

Auflösung zu den Aufgaben in den Kapiteln

Seite 12: N_2: 78 %, O_2: 21 %, Edelgase: 1 %

Seite 14: 171,5 kg

Seite 14: Die Luftdichte sinkt, d.h. die Masse des betrachteten Luftpakets wird für das gleiche Volumen geringer. Der Grund: Wasserdampf ist gasförmiges Wasser und hat eine geringere Dichte als Luft. Da der zugeführte Wasserdampf das gleiche Volumen Luft verdrängt, also dessen Platz einnimmt, wird das Gesamtvolumen leichter. Und ... Wasserdampf ist nicht sichtbar! Erst wenn er kondensiert, d.h. Tröpfchenform annimmt, wird er als Nebel oder Wolke wahrnehmbar.

Seite 33: *Unterseite: Das vordere Unterdruckgebiet ist kleiner geworden (Krümmung kleiner) und das hintere Überdruckgebiet größer (Krümmung durch Form derart, dass Luft ihre Kraft direkt überträgt). Oberseite hinten: beginnender Strömungsabriss*

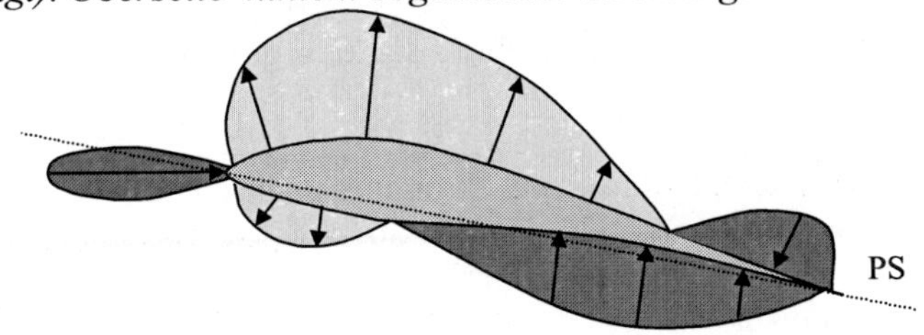

1.7. Übungen zu den Grundlagen der Aerodynamik

1. Warum führt die Umlenkung der Luft durch ein angestelltes Rotorblatt zu einer Aktionskraft?

2. Zeichnen Sie an das folgende Profil Unterdruck-, Überdruckgebiete, den Auftriebsvektor und den Druckpunkt ein!

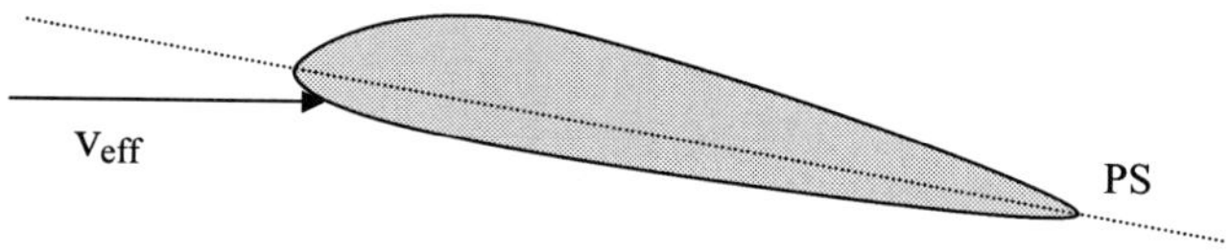

3. Warum herrscht in einem Unterdruckgebiet am Profil eine höhere Strömungsgeschwindigkeit?

4. Warum kann die strömende Luft bei einem stark angestellten Profil diesem an der Oberseite nicht mehr folgen und reißt ab?

5. Was passiert in bzw. mit der Grenzschicht, wenn das Rotorblatt zu stark angestellt wird?

6. Welcher Widerstand wird bei einem Strömungsabriss stark vergrößert?

7. Wie nennt man
   a) den Punkt, wo die laminare in eine turbulente Strömung übergeht?
   b) den Punkt, an dem die „gesunde“ Strömung in den Strömungsabriss übergeht?
   c) den Bereich der strömenden Luft über der Rotorblattoberfläche, in dem Reibung und Strömungsabriss eine Rolle spielen?

8. Wieso kann eine turbulente Strömung die Aerodynamik des Rotorblattes auch positiv beeinflussen und welche negative Auswirkung hat sie?

9. Wie groß ist der induzierte Widerstand der Rotorblätter, wenn der Hubschrauber am Boden steht und in „Leerlauf (IDLE)“ dreht?

10. Nennen Sie die verschiedenen Widerstandsarten, mit den der Hubschrauber im Vorwärtsflug zu „kämpfen“ hat!

11. Welche aerodynamischen Probleme entstehen im Vorwärtsflug
    a) am vorlaufenden Blatt und
    b) am rücklaufenden Blatt?
    Welche negativen Auswirkungen haben diese?

12. Warum sind manche (insbesondere moderne) Profile gewölbt?

13. Was bedeutet „NACA 23012“?

14. Warum kommt es an Rotorblättern zu Druckpunktwanderungen?

15. Welche Eigenschaften hat das Profil NACA 23012?

16. Was ist die widerstandserzeugende Fläche a) bei einem Hubschrauberrumpf und b) bei einem Rotorblatt?

17. Warum werden Rotorblätter geschränkt, welche Schränkungsarten gibt es?

18. Wie lauten die Formeln für Auftrieb und Widerstand, und in welche Größe geht der effektive Anstellwinkel ein?

19. Wenn Sie am pitch ziehen, welche aerodynamische Größen beeinflussen Sie wie?

Intentionally left blank!

KAPITEL 2

2. *Flügelblatt-Theorie*

2.1. Einführung: Warum eine Theorie?

Was wollen wir eigentlich als Hubschrauberführer? Eigentlich doch im wesentlichen die Erkenntnis besitzen, was bei einer bestimmten Pilotenhandlung (z.B. pitch drücken) am Rotor (und damit höchstwahrscheinlich auch an der Zelle) passiert.
Nun kann man sagen: Wozu eine Theorie, wenn ich den pitch drücke, dann sinkt der Hubschrauber!
Das ist sicher nur vordergründig nachzuvollziehen, denn es beschreibt eigentlich nur ein minimales „mechanisches“ Lernen der Dinge: Tue ich dies, passiert das.

Die Praxis und insbesondere viele Unfälle in der Fliegerei zeigen ganz deutlich, dass dieses Minimalistenprinzip im entscheidenden Moment versagen kann. Nämlich dann, wenn eine Situation so neu ist und das sich stellende Problem so unbekannt ist, dass nur der die Situation meistern kann („**take proper action and mantain aircraft control**“), der sie auch vorher analysieren konnte („**analyze the situation**“). Die Erfahrung zeigt deutlich, dass die ständige Auseinandersetzung mit den Hintergründen und die Kenntnis der wesentlichen Grundlagen ein Analysieren in anfänglich unüberschaubaren Gefahrensituationen zum Ziel führen kann: *TAKE PROPER ACTION AND MANTAIN AIRCRAFT CONTROL.*

Keine Angst: Niemand verlangt von Ihnen, in besagten Situationen die notwendigen Maßnahmen theoretisch herzuleiten, doch die Erkenntnisse aus der Theorie (Flügelblatt-Theorie) können Ihnen helfen, schnell und zielgerichtet zu handeln.

Die **Flügelblatt-Theorie**, die wir Ihnen hier vorstellen, ist ein Bindeglied zwischen den Grundlagen der Aerodynamik, die Sie bisher kennen gelernt haben, und den aerodynamischen Betrachtungen der einzelnen Flugzustände wie Schwebe-, Steig-, Sink-, Vorwärtsflug, etc.
Sie vereint Erkenntnisse über Auftrieb und Widerstand und **soll** Folgendes **leisten**:

- Aufzeigen, welche Steuereingaben zu welchen Reaktionen des Hubschraubers führen
- Aufzeigen, welche Umwelteinflüsse (z.B. Böen) zu welchen Reaktionen des Hubschraubers führen
- Ableiten, welche Gefahren daraus entstehen könnten und
- Aufzeigen, welche Gegenmaßnahmen des Piloten sinnvoll sind.

Uns muss natürlich klar sein, dass es sich hier nur um eine Theorie handelt, nicht um die 1:1 – Abbildung der Realität. Und Theorien weisen grundsätzlich die Gemeinsamkeiten auf, dass sie viele Rahmenbedingungen vernachlässigen, Zusammenhänge vereinfachen und oft auch nur linear bzw. monokausal (eine Ursache – eine Wirkung) zur Anwendung kommen. So auch diese. Doch Sie werden im Vergleich mit der Praxis oder im Vergleich mit Ihrer bisherigen Erfahrung erkennen, dass die Flügelblatt-Theorie mit ihren einfachen Annahmen die Realität des Hubschrauberfliegens zumindest qualitativ gut trifft.

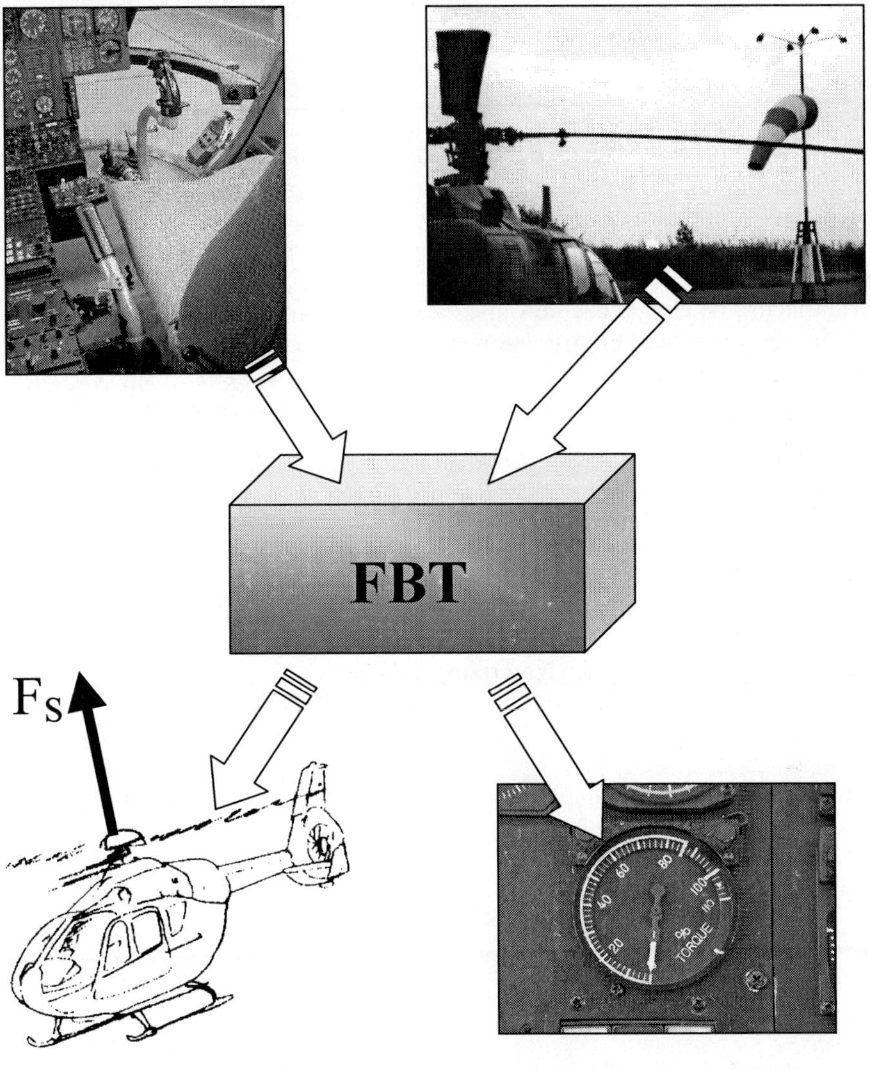

Bild 2.1: *Input / Output der Flügelblatt-Theorie*

Die Flügelblatt-Theorie, das werden Sie sehen, besteht aus einer Ansammlung von aerodynamischen Aussagen, die miteinander in Verbindung gebracht werden (z.B. der Auftrieb steht senkrecht auf der effektiven Anströmgeschwindigkeit).
Da das aber in der Regel zu trocken ist und auch die Phantasie teilweise überfordern kann, bedient man sich einer Zeichnung, um bestimmte Zusammenhänge auch grafisch darzustellen.

Im Folgenden wird diese Grafik in Verbindung mit den Ihnen schon teilweise bekannten aerodynamischen Grundlagen aufgebaut.

Zum Abschluss dieser Einführung wollen wir Ihnen die **wichtigsten Bezeichnungen** zum Hubschrauberrotor anhand der rechts stehenden Grafik kurz und knapp erläutern:

Der Unterschied des Hubschraubers zum Autogiro
Im Gegensatz zum Autogiro saugt der Hubschrauber „aktiv“ (außer in der Autorotation) Luft **oberhalb** des Rotors an und beschleunigt sie durch den Rotor hindurch. Der Autogiro ist auf eine von unten in den Rotor eintretende Luftströmung angewiesen.

Rotormastachse
Die Rotormastachse ist eine gedachte Linie durch den Rotormast, um die sich dieser dreht. Diese Achse ist in den meisten Flugsituationen nicht mit der Rotationsachse identisch, da die **Schlagbewegungen** der Blätter die Rotationsachse der BSE neigen.

Rotationsebene
Die Rotationsebene steht senkrecht auf der Rotormastachse (In dieser Ebene bewegen sich die Blätter, wenn der Hubschrauber am Boden steht, der Rotor in Leerlaufdrehzahl dreht und die Steuerorgane neutral gehalten werden (pitch unten, stick neutral).

Rotationsachse
Die Rotationsachse ist die Drehachse der Blattspitzenebene, steht also senkrecht zu dieser.

Blattspitzenebene – BSE (oder auch Rotornormalebene)
Diese Ebene wird durch die rotierenden Blattspitzen gebildet.

Rotorfläche A_R
Die Rotorfläche A_R ist die vom drehenden Rotor gebildete kreisförmige Fläche.

und zusätzlich:

Rotorflächenbelastung F_G/A_R
Das ist das Verhältnis von Hubschraubergewichtskraft F_G zur Rotorfläche A_R.

Blattbelastung
Das ist das Verhältnis von Hubschraubergewichtskraft F_G zur Fläche, die nur von den Rotorblättern in der Summe gebildet wird.

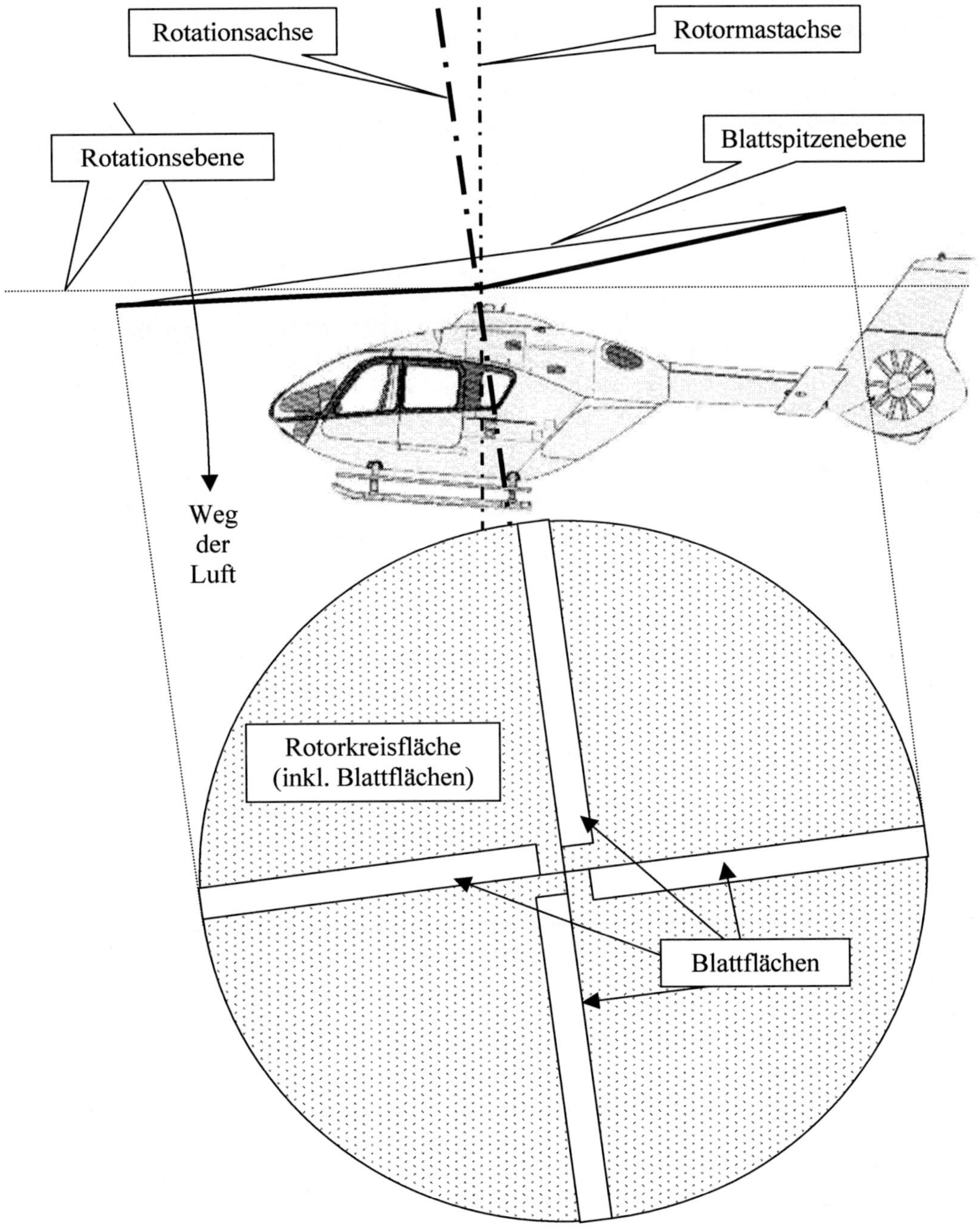

Bild 2.2: *Wichtige Begriffe der Hubschrauberaerodynamik*

2.2. Strahltheorie und induzierte Geschwindigkeit

Nehmen wir nochmals unsere Erkenntnisse aus dem Kapitel „Auftrieb“ auf:

Stellen Sie sich vor: Sie stehen an einem Fenster, schauen hinaus und sehen ein Verkehrsflugzeug vorbei fliegen. Jetzt stellen Sie sich noch vor: Sie können die Luft sehen.
Frage: Was passiert mit der Luft, die irgendwie vom Flügel des Jets beeinflusst wird?

Antwort: Sehen Sie sich Bild 2.2 an. Die Luft wird **umgelenkt**, erhält eine neue Geschwindigkeit und damit auch eine **Beschleunigung nach unten**.
Der Jet führt (über seine TL-Triebwerke und der damit erreichten Geschwindigkeit) der **ruhenden**[18] Luft Energie und damit Beschleunigung[19] zu. Nach dem Prinzip **actio = reactio**[20] entsteht eine gleichgroße, entgegengesetzte Kraft: Der Auftrieb!
Halten wir nochmals fest: Die Luft wird nach unten umgelenkt!

Übertragen wir diese Erkenntnis auf die Rotorblätter eines Hubschrauberrotors. Sie schauen wieder aus dem Fenster und sehen, wie sich die Rotorblätter (in Zeitlupe) vorbei bewegen.
Sie können erkennen: Das erste Blatt lenkt die ruhige Luft wie der Jet-Flügel nach schräg unten um. Das zweite Blatt trifft also schon nicht mehr auf ruhende Luft. Es überträgt seine Energie auf eine sich nach unten bewegende Luftmasse: Die Umlenkung ist noch stärker. Und beim dritten Blatt folglich noch ein bisschen mehr.
Das Ergebnis: Der Rotor lenkt die Luft fast senkrecht nach unten (durch seine Blattspitzenebene - BSE - hindurch) um. Und das Prinzip kennen Sie schon von Ventilatoren, Schiffsschrauben, Flugzeugpropellern und auch von Verdichterschaufeln!

Sie erinnern sich noch: Das angestellte Rotorblatt lenkt nicht nur die Luft um, auf seiner Oberseite erzeugt es ein starkes **Unterdruckgebiet**, in das Luft hineinbeschleunigt, ja **angesaugt** wird. Und die Luft wird nicht nur von vorne eingesaugt, auch von oben, wie sie an der Bildfolge in Bild 2.4 vereinfacht gesehen haben.

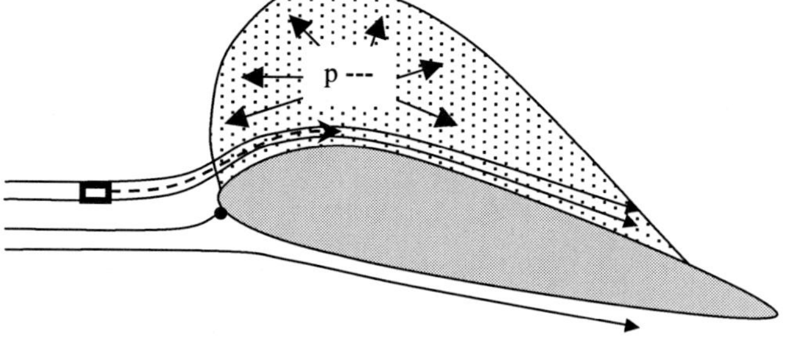

Bild 2.3: *Einsaugen der Luft in ein Unterdruckgebiet*

[18] 1. Newton'sche Axiom: Das Trägheitsgesetz
[19] 2. Newton'sche Axiom: Das Beschleunigungsgesetz
[20] 3. Newton'sche Axiom: actio = reactio

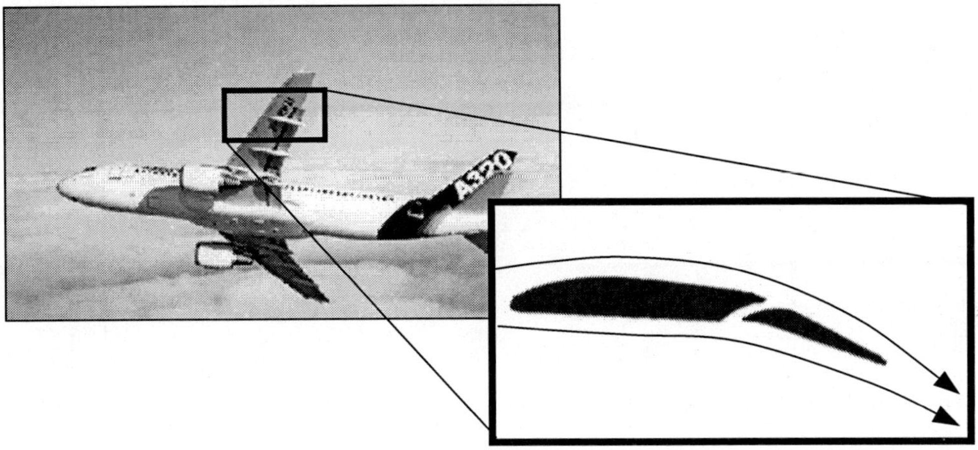

Bild 2.4: *Umlenkung der Luft an der Tragfläche*

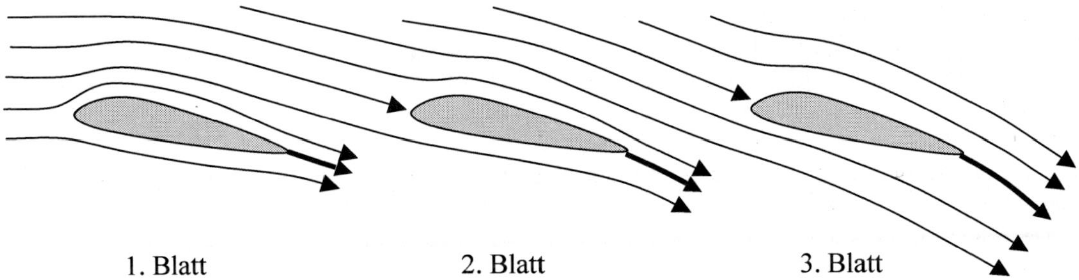

Bild 2.5: *Umlenkung der Luft am Rotorblatt*

Dieser Vorgang lässt sich auch grafisch darstellen:

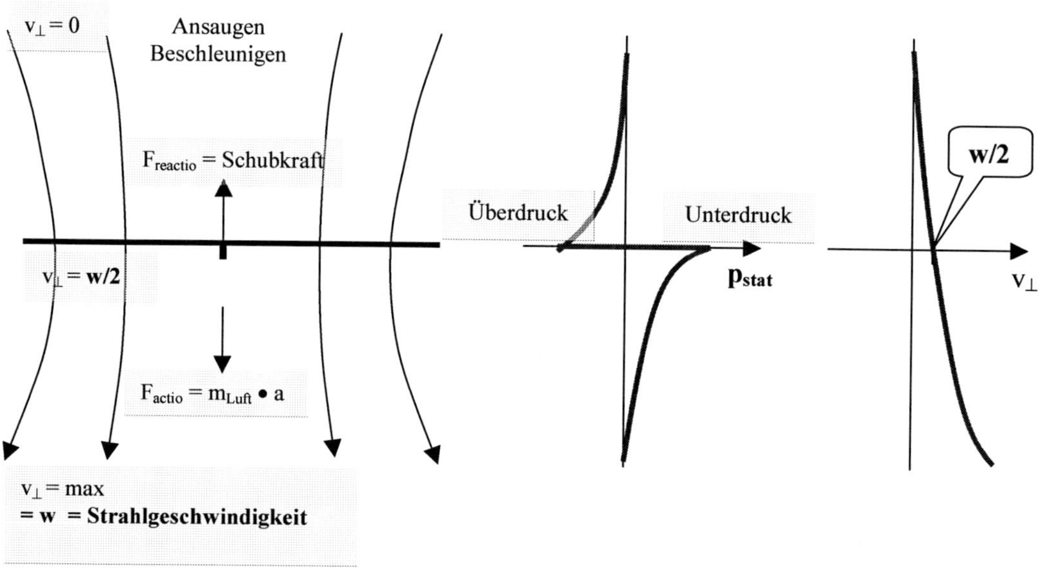

Die Luft wird also strahlförmig durch die Rotorebene hindurchgeführt: Erst angesaugt und dann immer mehr beschleunigt.
Die Theorie, die dieses beschreibt, heißt **Strahltheorie**. Die maximale Geschwindigkeit der Luft unterhalb des Rotors ist die sogenannte **Strahlgeschwindigkeit *w***. Und weil der Rotor ungefähr auf der Hälfte des Weges liegt, herrscht dort, also **in der Blattspitzenebene,** die sogenannte **induzierte Geschwindigkeit *w/2***. Diese wird für die Flügelblatt-Theorie eine sehr wichtige Rolle spielen.

Die Strahlgeschwindigkeit ist auch deutlich spürbar: Als **Rotorabwind (Downwash)**, der bei der Bell UH-1D einen Rotordurchmesser unterhalb des Hubschraubers ca. 20 m/s oder 72 km/h (• 3,6, Sie wissen noch?) beträgt (CH 53G: 24 m/s, BO 105: 23 m/s).

Die Strahltheorie erfüllt aber nicht unsere Anforderungen an eine Theorie, die z.B. auch Aussagen zu Steuerbewegungen und ihren Auswirkungen machen kann.
Dafür lässt sich mit ihr der Betrag der Strahlgeschwindigkeit (**w**), der induzierten Geschwindigkeit (**w/2**) und der Rotorleistung (***P_{Rotor}***) für den Schwebe- und Kurvenflug berechnen.

Sehen Sie die auf der rechten Seite dargestellte Herleitung der erforderlichen Rotorleistung als Bereicherung Ihres mathematischen Allgemeinwissens an, wesentlich ist die fett gedruckte Konsequenz bei Gewichtskraftänderung!

Die Ausgangsformel: $F_S = m \bullet a = m \bullet \frac{v}{t} \underset{v=w \text{ und } \frac{m}{t}=\dot{m}}{=} \dot{m} \bullet w$

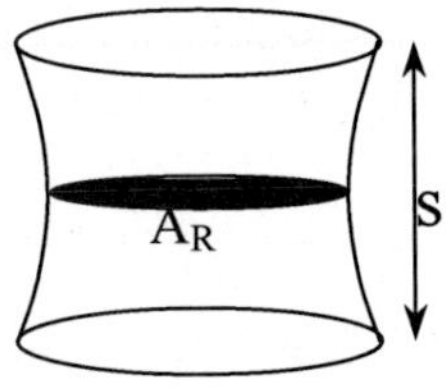

Die beiden Komponenten werden so berechnet ...

$\dot{m}$: $\rho = \frac{m}{V} \Rightarrow m = \rho \bullet V = \rho \bullet A_R \bullet s$

$\Rightarrow \dot{m} = \frac{m}{t} = \rho \bullet A_R \bullet \frac{s}{t} = \rho \bullet A_R \bullet w/2$

und ...

w: $F_S = \rho \bullet A_R \bullet w/2 \bullet w = \frac{1}{2} \bullet \rho \bullet A_R \bullet w^2$

$\Rightarrow w = \sqrt{\frac{2}{\rho} \bullet \frac{F_S}{A_R}} \underset{F_S \overset{!}{=} F_G}{\Rightarrow} w = \sqrt{\frac{2}{\rho} \bullet \frac{F_G}{A_R}}$

... dann kommt man zur Rotorleistung über ...

$$P_{Rotor} = \frac{Kraft \bullet Weg\ (= Arbeit\,!)}{Zeit} = Kraft \bullet Geschwindigkeit = F_S \bullet w/2$$

$$\ldots oder: \frac{E_{kin}}{Zeit} = \frac{1/2 \bullet m \bullet w^2}{t} \underset{\frac{m}{t}=\dot{m}}{=} \frac{1}{2} \bullet \underbrace{\left(\rho \bullet A_R \bullet w/2\right)}_{\dot{m}} \bullet w^2 \underset{F_S=\ldots(s.o.)}{=} F_S \bullet w/2$$

Setzen wir die Ergebnisse von oben für F_S und w ein, dann erhalten wir ...

$$P_{Rotor} \underset{da F_S \overset{!}{=} F_G}{=} \frac{F_G}{2} \underbrace{\sqrt{\frac{2}{\rho} \bullet \frac{F_G}{A_R}}}_{w}$$

mit bekannten oder leicht zu erhaltenen Größen.

Wird z.B. die Gewichtskraft F_G verdoppelt ($F_G \rightarrow 2\ F_G$), so wird das Ergebnis, nämlich die erforderliche Rotorleistung - und damit auch die Triebwerksleistung - nicht nur verdoppelt, sondern um den Faktor 2.8 (Wurzel aus 2 ist ungefähr 1,4) erhöht!!

Praktisch heißt das: Im Kurvenflug bei hohen Lastvielfachen wirkt die Gewichtskraft stärker, wie im Beispiel rechts, und der Hubschrauber kann mit seiner Triebwerks- und Rotorleistung an eine Grenze kommen, bei der ein Sinken nicht mehr zu verhindern ist! Aber dazu mehr im Kapitel „Horizontaler Kurvenflug".

2.3. Die Flügelblatt-Theorie

Ausgangspunkt ist das **Rotorblattelement** eines **symmetrischen** Profils, irgendwo am Rotorblatt „herausgeschnitten" (man nennt die Theorie auch „Blattelementen-Theorie").

Wir legen jetzt folgende Bezeichnungen fest:

BSE: Blattspitzenebene
Bewegungsebene der Blattspitzen, in dieser Ebene (und allen parallelen Ebenen) bewegt sich auch das Blattelement.

PS: Profilsehne
Verbindung von Profilnase und Profilhinterkante

DP: Druckpunkt
Angriffspunkt aller aerodynamischen Kräfte am Blattelement. Schnittpunkt von PS und BSE

Anströmgeschwindigkeiten:
Die effektive Anströmung ist für den Auftrieb zum großen Teil verantwortlich: $F_A \sim v_{eff}^2$!
Diese muss aber erst mit Hilfe aller am Profil feststellbaren Geschwindigkeiten ermittelt werden ...

u: Anströmung aus der Umdrehung bzw. aus der Umfangsgeschwindigkeit:
u erscheint allein durch die Rotation des Rotors, es ist eigentlich die Umdrehungsgeschwindigkeit des Blattelements (nach links). Wie aber schon gesagt: Die Aerodynamiker lassen lieber die Luft bewegen und das heißt: ***u*** wird auf den Druckpunkt gerichtet (also nach rechts) gezeichnet: Es ist die Anströmung des Blattelements aus der Umdrehung.

w/2: Induzierte Geschwindigkeit
Das ist die Geschwindigkeit, mit der die Luft senkrecht die BSE durchströmt. Sie wissen, sie ist der Strahltheorie entliehen. *w/2* entsteht nur, wenn Auftrieb am Blatt erzeugt wird, also der Rotor aktiv Luft ansaugt und nach unten beschleunigt.
Sie kann an allen Stellen der BSE eingezeichnet werden, um aber eine Gesamtgeschwindigkeit über die Vektoraddition zu erhalten (Summe der Einzelgeschwindigkeiten) wird sie an den Anfang von ***u*** gesetzt.

v_{eff}: effektive Anströmgeschwindigkeit
So wird das Blatt wirklich von der Luft angeströmt. Ein Betrachter auf dem Blattelement würde die Luft aus dieser Richtung kommen sehen (wenn sie sichtbar wäre!). Sie entsteht aus der Addition aller Einzelgeschwindigkeiten wie z.B. ***u*** und *w/2*. Andere Geschwindigkeiten werden noch hinzukommen.

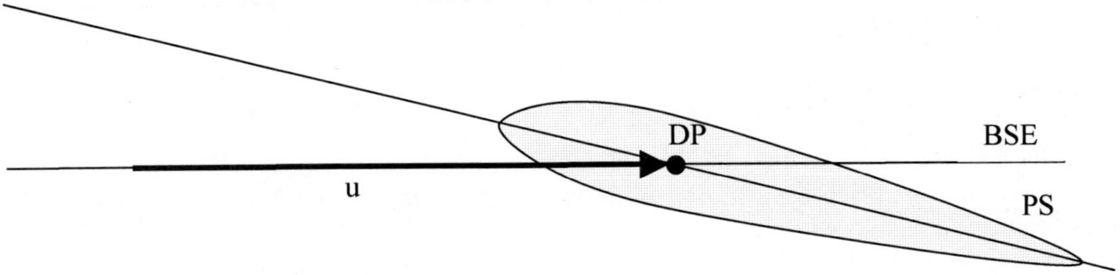
DP
BSE
u
PS

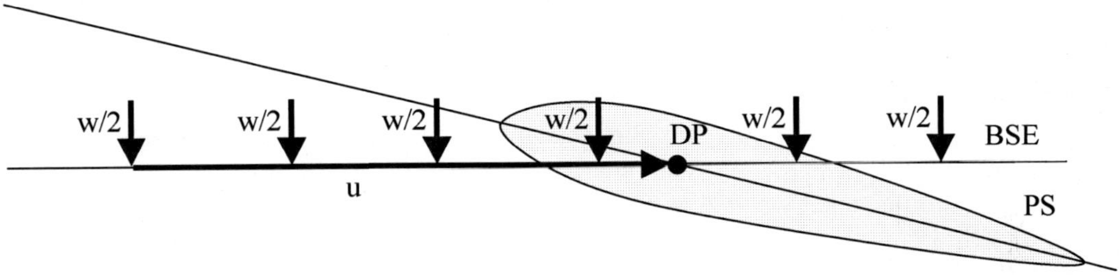
w/2
w/2
w/2
w/2
w/2
w/2
DP
BSE
u
PS

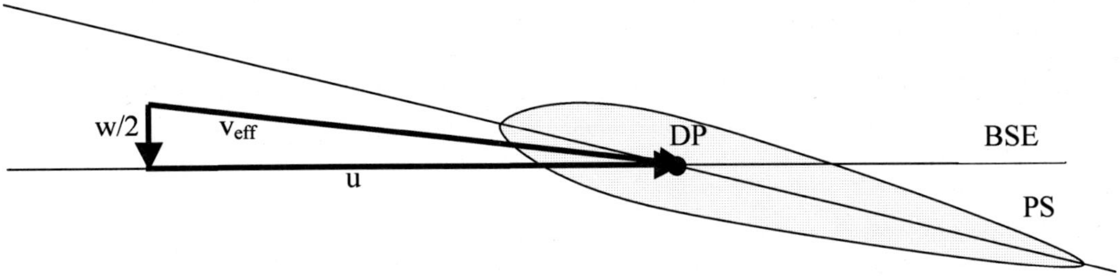
w/2
v_{eff}
DP
BSE
u
PS

ϑ: Einstellwinkel
Der Winkel zwischen Blattspitzenebene und Profilsehne. Diesen Winkel **stellt** der Pilot mechanisch **ein**, auch wenn der Hubschrauber am Boden steht und der Rotor nicht dreht!
Er ist aber die Voraussetzung, dass Luft nach unten umgelenkt wird, also Auftrieb entsteht (bei einem symmetrischen Profil).

α_{eff}: Effektiver Anstellwinkel
Winkel zwischen v_{eff} und ***PS***.
Das ist **der** aerodynamisch wirksame Winkel. Er geht über den Auftriebs- und Widerstandsbeiwert c_A bzw. c_W in den Auftrieb bzw. in den Widerstand ein. Ist α_{eff} gleich Null, d.h. v_{eff} liegt auf der ***PS***, so existiert auch kein Auftrieb.
Die Größe des Winkels beschreibt, wie stark die Luft durch das Profil umgelenkt wird.

α_i : Induzierter Anstellwinkel
Immer der Winkel zwischen ***BSE*** und v_{eff}.
Sie erinnern sich: Induzierter Widerstand (Wirbel an den Blattspitzen) entsteht nur, wenn Auftrieb produziert wird. Das gilt auch für α_i. Oder anders gesagt: Nur wenn der Rotor Luft durchsetzt (induziert), und die Rotorblätter Auftrieb erzeugen, entsteht *w/2*, die induzierte Geschwindigkeit. Ist diese Null (z.B. in der Autorotation), so existiert auch kein α_i.

F_A: Auftriebskraft ($F_A = 1/2 \cdot \rho \cdot v_{eff}^2 \cdot A \cdot c_A$)
Die entscheidende Kraft zum Fliegen. Sie entsteht, wenn Luft durch das Profil nach unten umgelenkt wird. Dafür muss $\alpha_{eff} > 0$ sein oder das Profil ist unsymmetrisch – und das Profil lenkt damit auch die Luft um, auch wenn $\vartheta = 0$ ist.
Diese Kraft steht immer senkrecht zur effektiven Anströmung v_{eff} und wächst mit steigendem α_{eff} bis zum ***stall***.

F_W: Widerstandskraft ($F_W = 1/2 \cdot \rho \cdot v_{eff}^2 \cdot A \cdot c_W$)
Diese Kraft ist der Luftwiderstand des Profils, daher auch **Profilwiderstand**. Dieser setzt sich aus Reibungs- und Formwiderstand zusammen.
F_W entsteht immer in Richtung der effektiven Anströmung v_{eff}, er existiert auch, wenn das Profil noch nicht angestellt ist, das heißt $\alpha_{eff} = 0$ ist (Rotor dreht, der Pilot hat den pitch noch nicht gezogen).
Dagegen: **$F_{W,i}$: Induzierter Widerstand**: Auftrieb erzeugt (Voraussetzung!) → Induzierte Geschwindigkeit w/2 → Induzierter Widerstand = das „Stück", um welches F_A durch w/2 nach hinten geneigt wird.

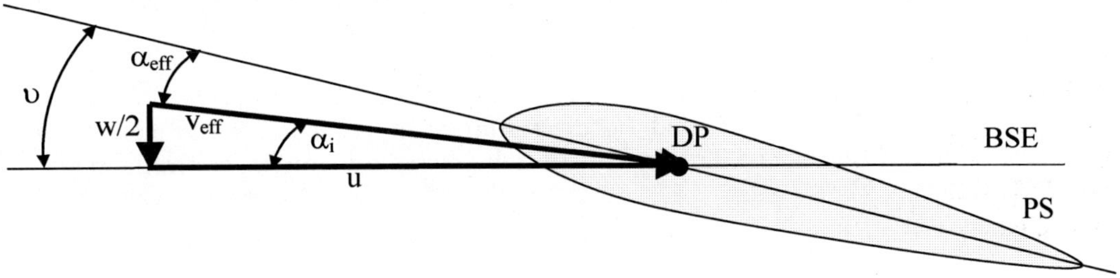
α_{eff}
υ
w/2
v_{eff}
α_i
DP
BSE
u
PS

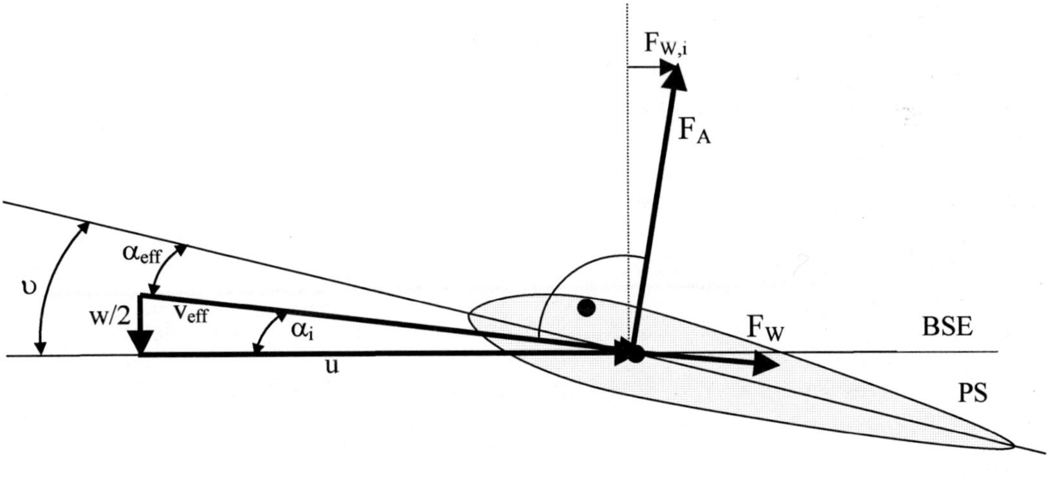
$F_{W,i}$
F_A
α_{eff}
υ
w/2
v_{eff}
α_i
F_W
BSE
u
PS

Ziel erreicht? - Leider noch nicht!
Die FBT hat u.a. das Ziel, Aussagen über Schubkraft F_S und Drehmoment (Torque, bzw. daraus zu fordernde Triebwerksleistung) zu machen.
Die Schubkraft wirkt senkrecht auf der BSE - F_A steht aber nicht immer senkrecht zur BSE!
Und der Torque wirkt immer in der BSE, und zwar entgegen der gewollten Blattdrehrichtung.
Folglich müssen wir noch einen Schritt mit einem kleinem Trick vollziehen!

Der Trick:
Wir bilden aus den Vektoren F_A und F_W die resultierende Kraft F_R. Wenn man das Rotorblatt nicht am Rotorkopf befestigen würde ... es wird sich durch die angreifenden Kräfte in die Richtung von F_R bewegen.
Anschließend ....

Zerlegung von F_R in

.... eine Kraft senkrecht zur BSE ...

... die sogenannte **Normalkraft, F_N**
Diese greift im Druckpunkt an und steht senkrecht zur BSE. Summiert man die Normalkräfte aller Blattelemente aller Blätter, so erhält man .....

... F_S, die **Schubkraft** des Rotors!!

$$\Rightarrow \Sigma F_N = F_S$$

... und eine Kraft parallel zur BSE ...

... die sogenannte **Tangentialkraft F_T**
Diese wirkt jetzt in der BSE und zwar - das ist sehr wichtig - entgegen der gewollten Bewegungsrichtung des Blattes! Es ist eine **bremsende** Kraft! Alle Tangentialkräfte wirken also dem Triebwerksdrehmoment entgegen, jede einzelne natürlich als einzelnes Drehmoment - der Hebelarm r ist der jeweilige Abstand des Blattelements vom Rotorkopfmittelpunkt. Es entsteht ein Bremsdrehmoment ...

... das Bremsmoment des Rotors!!

$$\Rightarrow \Sigma (F_T \bullet r) = M_{brems}$$

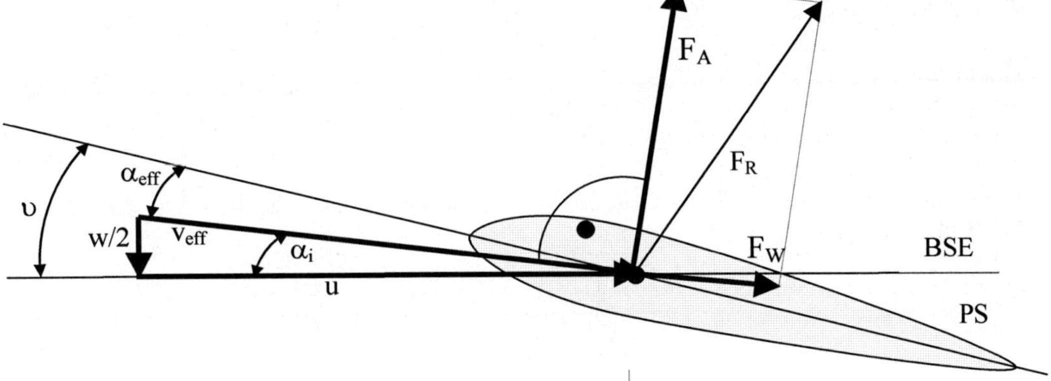

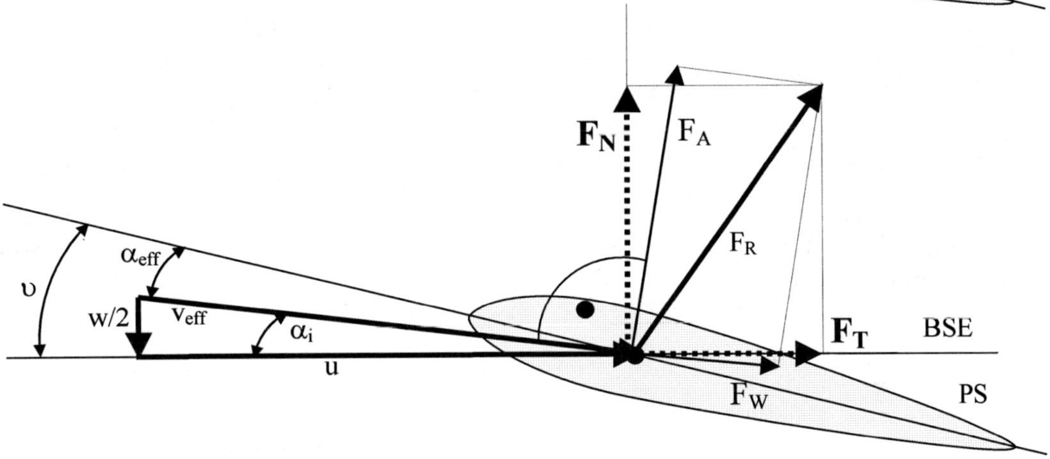

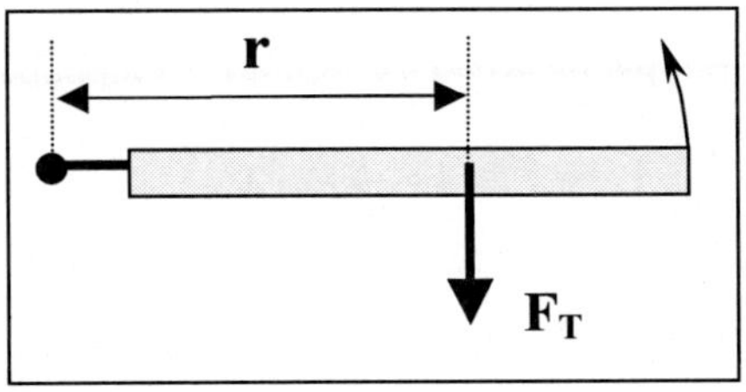

Hier nun das **Rezept zur Anwendung der Flügelblatt-Theorie**. Was heißt Anwendung? Bisher haben wir Ihnen nur die Herleitung gezeigt, und das genau genommen für den Fall des Schwebeflugs als Endbild der FBT.

Die FBT soll uns aber für **alle** Flugzustände, wie z.B. für Vorwärts- und Kurvenflug wie auch für die Autorotation qualitative Aussagen zum Verhalten des Hubschraubers liefern.

Damit muss die Ihnen jetzt bekannte Grafik der FBT noch um weitere Größen erweitert werden, die wir bisher noch nicht berücksichtigt haben:

- Vorwärtsgeschwindigkeit (v_t, v_n)[21],
- Sink- (v_d) und Steiggeschwindigkeit (v_c) sowie
- Strömungsgeschwindigkeiten durch Wirbelbildung (v_{Wirbel}, denken Sie an den induzierten Widerstand!).

"Das Rezept"

1. Strömungsverhältnisse am ganzen Rotor beobachten und festlegen

   → u, $w/2$, v_{Wirbel}, v_c, v_d, v_t, v_n

2. Strömungsverhältnisse auf das Rotor-Blattelement übertragen

   → v_{eff}, α_{eff}, α_i

3. Aerodynamische Auswirkungen am Rotor-Blattelement ableiten

   → F_A, F_W, F_N, F_T, F_R

4. Aerodynamische Auswirkungen für den gesamten Rotor ableiten

   → F_S, M_{Brems}

Sie werden an den verschiedenen Flugsituationen, die wir Ihnen aerodynamisch nahe bringen, erkennen, dass sich mit diesem Rezept die jeweilige Situation analysieren lässt.

[21] c: climb / d: descend / t: tangential / n: normal

Zusammenfassung zur Flügelblatt-Theorie:

Sie konnten an den drei einfachen Beispielen sehen, dass die FBT durchaus die Leistung vollbringt, die wir von ihr erwarten: **Aerodynamisch qualitative Beurteilung einer Flugsituation.**
Wichtig für Sie ist: Es geht nicht um Zahlen (Quantität), sondern um das generelle aerodynamische Verhalten des Systems „Hubschrauber“ (Qualität) mit seinen eventuell weitreichenden Konsequenzen!

In den folgenden Kapiteln werden wir immer wieder die FBT zur Analyse der jeweiligen Flugsituation heranziehen, und zwar so oft, dass Sie die Einzelheiten der Theorie im Schlaf anwenden und die aerodynamischen Zusammenhänge verstehen können.

2.4. Übungen zur Flügelblatt-Theorie

Versuchen Sie sich mal an den folgenden drei Beispielen, indem Sie die Zeichnungen auf der rechten Seite verändern (**Geschwindigkeiten, Winkel und Kräfte eintragen / einzeichnen**) und in die Kästen die wesentlichen „Schritte“ gemäß des FBT-Rezepts schreiben:

Beispiel 1:
Sie ändern als Pilot den **Einstellwinkel kollektiv**, indem Sie am pitch ziehen. Was passiert mit den Größen (Winkel, Kräfte) der FBT? Oder anders herum: Wie erklären Sie mit der FBT, dass der Hubschrauber dann steigt?

Beispiel 2:

Die Strömung am Hauptrotor ändert sich durch den Übergang in den **Steigflug** (Steiggeschwindigkeit v_c – c: climb). Was passiert mit den Größen (Geschwindigkeiten, Winkel, Kräfte) der FBT im ersten Moment des Steigens?

Beispiel 3:

Während des Vorwärtsflugs wird das vorlaufende Blatt schneller von der Luft umströmt als das rücklaufende Blatt (u + v_t, t: tangential). Was passiert mit den Größen (Geschwindigkeiten, Winkel, Kräfte) der FBT, bzw. wie erklären Sie mit der FBT, dass das vorlaufende Blatt nach oben schlagen will?

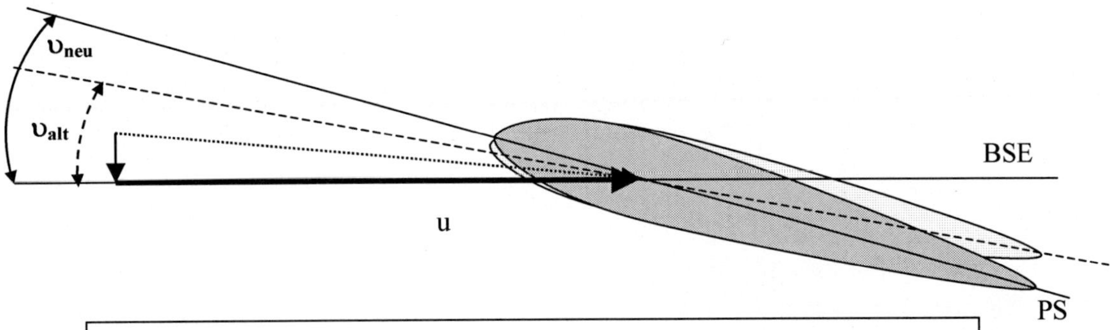

$\upsilon \uparrow \rightarrow$???

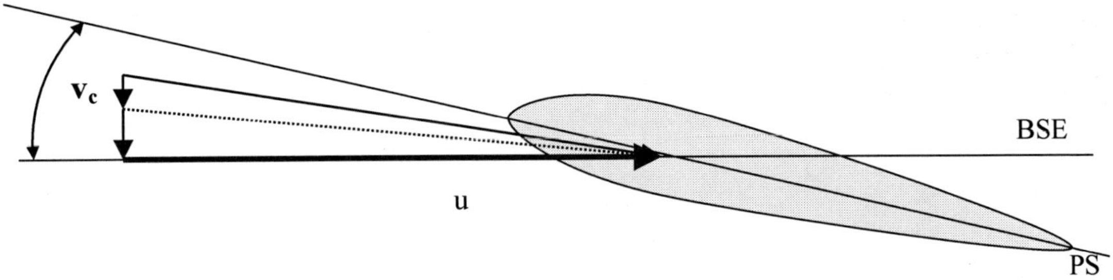

$(w/2 + v_c) \uparrow \rightarrow$ **???**

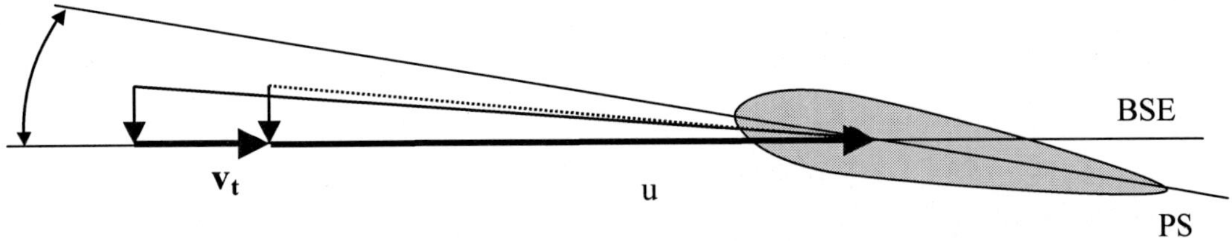

$(u + v_t) \uparrow \rightarrow$ **???**

Intentionally left blank!

KAPITEL 3

3. *Schwebe-, Steig- und Sinkflug*

3.1 Schwebeflug

3.1.1 HIGE / HOGE

Sie setzen gerade pflichtbewußt zur Landung an, der Landeplatz ist eine Waldlichtung, ca. 30 m x 30 m groß, zum Absetzen geeignet und frei von Hindernissen, und Sie nähern sich unwiderruflich dem Boden.
Wenn Sie nun gerade in dieser spannenden Phase Zeit zum Nachdenken hätten, was würden Sie aus aerodynamischer Sicht bezüglich des Flugverhaltens in Bodennähe erwarten?
Denken Sie an die durch den Rotor induzierte Geschwindigkeit!

Auflösung:
Die induzierte Geschwindigkeit der Luft ist über den ganzen Rotor betrachtet nichts anderes als der Ihnen schon bekannte Rotorabwind (downwash). Die Luft wird oberhalb des Rotors angesaugt, durch den Rotor nach unten beschleunigt, erreicht ca. einen Rotordurchmesser unterhalb des Rotors die maximale Geschwindigkeit (→ Strahlgeschwindigkeit!) und „beruhigt" sich dann wieder langsam. Vergleichen Sie dazu die beiden Abbildungen: Links die Theorie, rechts etwas mehr Realität (es fehlt natürlich die Hubschrauberzelle).

Frage:
Was passiert aber nun, wenn Sie bei der Landung mit dem Hubschrauber in Bodennähe gelangen?

Antwort:
Die Luft will weiterhin ungehindert nach unten abströmen, wird aber durch das „Hindernis" Boden abgebremst. Da sie nicht schnell genug nach außen abströmen kann, um nachfolgender Luft „Platz" zu machen, bildet sich ein **Luftstau** (mit höherer Luftdichte), das sogenannte „Bodenpolster".

Die Luft wird dabei so stark gestaut, dass sich die Verlangsamung bis in den Rotorbereich hinein bemerkbar macht.

Bemerkung:
Wenn Sie sich das Bild von der Windkanalaufnahme genau anschauen, so sehen Sie an den Blattspitzen ein Ihnen schon bekanntes Phänomen: die **Blattspitzenwirbel**, die den induzierten Widerstand erzeugen. Ihre Bedeutung in anderen Flugsituationen werden Sie noch kennen lernen.

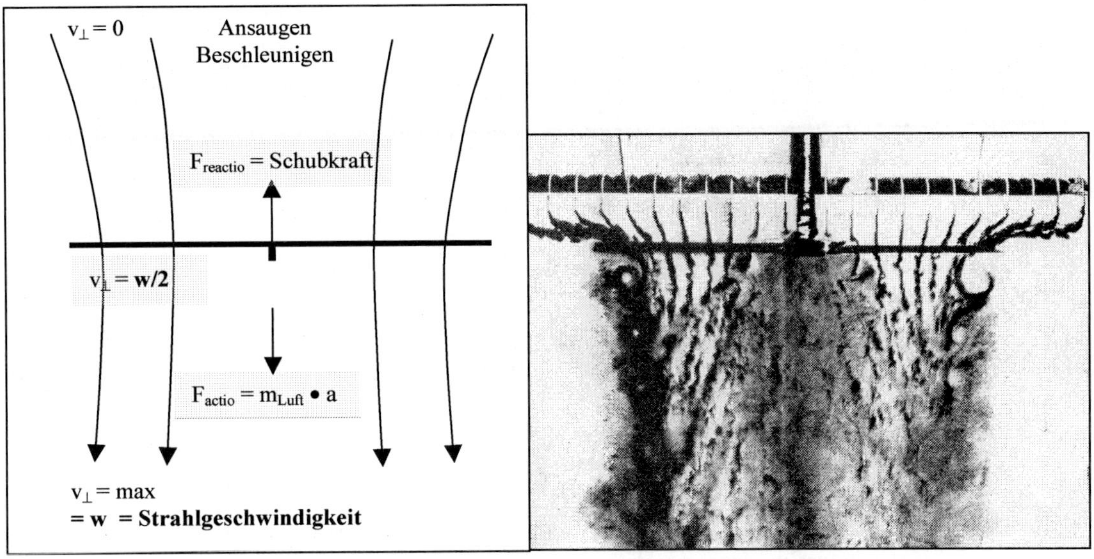

Bild 3.1.1: *HOGE – Grafisch und als Windkanalaufnahme*

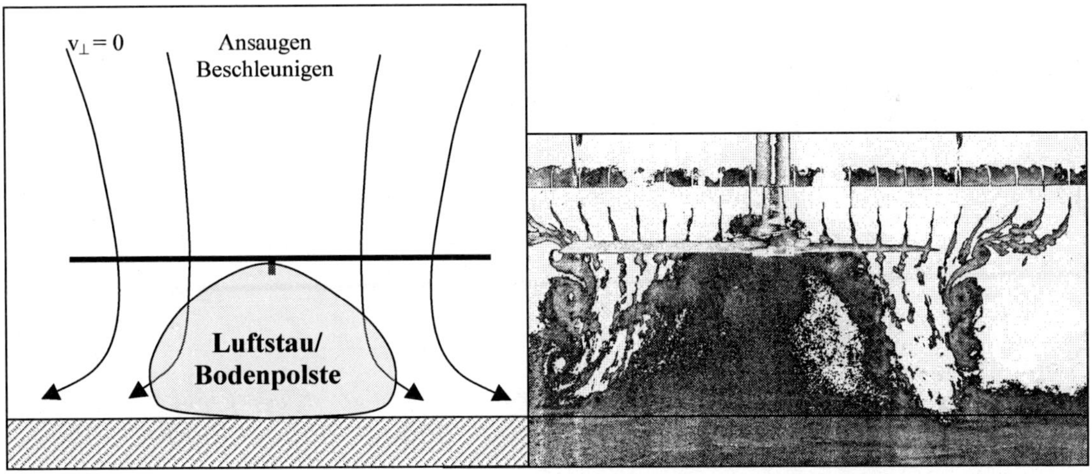

Bild 3.1.2: *HIGE und das Bodenpolster - – Grafisch und als Windkanalaufnahme*

Den Bodeneffekt wollen wir im Folgenden mit Hilfe des FBT-Rezepts herleiten und die aerodynamischen Auswirkungen beschreiben:

"Das Rezept"

1. Strömungsverhältnisse am ganzen Rotor beobachten und festlegen = **Ursache** ...

... w/2, induzierte Geschwindigkeit im <u>gesamten Rotorbereich</u> wird durch den <u>Luftstau</u> kleiner

2. Strömungsverhältnisse auf das Rotor-Blattelement übertragen ...

... 1. α_{eff} ↑, (α_i ↓), ohne dass am Einstellwinkel eine Änderung passiert!
... 2. v_{eff} flacher

3. Aerodynamische Auswirkungen am Rotor-Blattelement ableiten ...

... 1. c_A ↑ → F_A ↑ → F_R ↑ → F_N ↑
... 2. F_A steiler → F_R steiler → F_T ↓

Natürlich steigen auch c_W und damit F_W, doch ist das Verhältnis mit **<u>40: 1 (F_A : F_W)</u>** so überwiegend auftriebslastig, dass der Widerstandsanstieg nicht zur Last fällt (→ Polare), des weiteren sinkt der induzierte Widerstand!

4. Aerodynamische Auswirkungen für den gesamten Rotor ableiten ...

... ΣF_N ↑ → F_S ↑ (> F_G)
... $\Sigma (F_T \bullet r)$ → M_{Brems} ↓

Halten wir als Ergebnis fest:
Die Schubkraft steigt, während gleichzeitig das Bremsmoment abnimmt, also die geforderte Triebwerksleistung zur Aufrechterhaltung der Rotordrehzahl ist geringer!

<u>Ihre Reaktion als Luftfahrzeugführer</u>: **Pitch senken, aber in angemessener Art und Weise!** ***→ ϑ ↓, α_{eff} ↓... bis F_S wie vorher***

Dadurch wird der Einstellwinkel verringert (dieser war bis jetzt unverändert!), über den effektiven Anstellwinkel wird der Auftrieb und damit der Schub geringer, der Hubschrauber kann weiter sinken.
Gleichzeitig „merkt" natürlich der Regler - wenn er ordnungsgemäß seinen Auftrag durchführt - dass er weniger Kraftstoff in das Triebwerk lassen muss.

Wenn Sie auf die Anzeichen des Bodenpolsters nicht reagieren, ist es bei geringer Sinkrate möglich, dass Sie den Boden heute nicht mehr erreichen (ausgenommen, der Kraftstoff geht zur Neige).

Jeglicher Schwebeflug unter Einfluß der gestauten Luft wird ***hover in groundeffect, HIGE*** genannt, wir sprechen auch vom ***Bodeneffekt***.

Das Hovern außerhalb des Bodeneffekts ohne positive Schubbeeinflussung ist demnach ***hover out of groundeffect, HOGE***. Hierbei kann die Luft ungehindert nach Passieren des Rotors nach unten abströmen.

Grundsätzlich lässt sich folgern: $\frac{w}{2}_{HOGE} > \frac{w}{2}_{HIGE}$

Bild 3.1.3 zeigt den Einfluss des Bodenabstands auf den Rotorschub. Ein Hovern mit dem halben Rotorabstand über dem Boden ($H/D_R = 0.5$) führt zu einem Schubverhältnis von 1.2. D.h. der Schub durch HIGE ist 20 % größer als der Schub durch HOGE.
Der Schubgewinn durch den Bodeneffekt kann bis zu 40 % betragen!

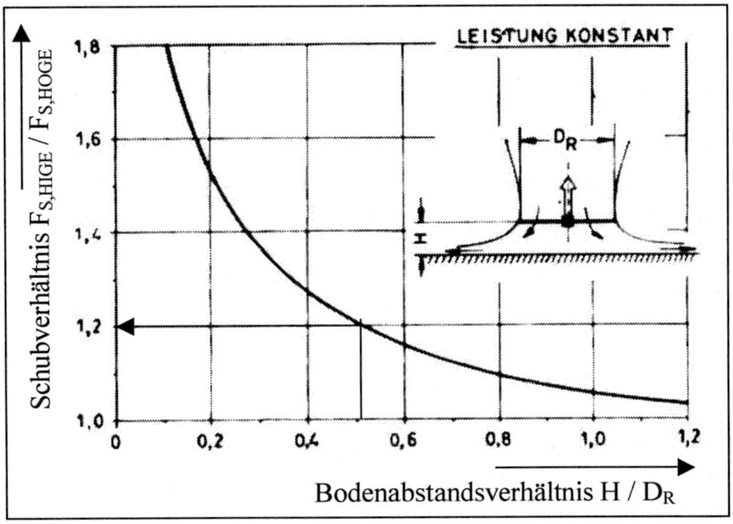

Bild 3.1.3 : *Einfluß der Bodennähe auf den Schub eines Rotors bei konstanter Leistung (Quelle: KNOBLING)*

Eine zusätzliche Bemerkung zum Schwebeflug:
Der Schwebeflug ist gekennzeichnet durch das Gleichgewicht zwischen Gewichtskraft F_G und Schubkraft F_S, denken Sie an die Strahltheorie! Diese Betrachtung ist genau genommen nur eine Vereinfachung, da sie nur für den allein schwebenden Rotor gültig ist – dieser kommt so in der freien Natur nicht vor. In Realität stellt die Hubschrauberzelle einen (schädlichen) Luftwiderstand für die induzierte Luft dar, der Hubschrauber steht sich zum Teil selbst auf dem Schnürsenkel! Dieser Luftwiderstand bedeutet einen Leistungsverlust von ca. 6% oder: Die Triebwerke müssen zum Ausgleich 6% mehr leisten.

3.1.2 Beeinträchtigter Bodeneffekt

Sie setzen nun im Wissen um das vorteilhafte Bodenpolster Ihren Anflug fort. Auf den letzten Metern beim fast senkrechten Landen in die Waldlichtung stellen Sie plötzlich ein schnelleres Sinken (!) des Hubschraubers fest. Sie befinden sich mit diesem schon unterhalb der Baumwipfel, noch ca. 20 ft vom Boden entfernt. Sie ziehen unbewußt am pitch, doch die Sinktendenz bleibt unverändert, ja sie vergrößert sich sogar durch Ihre Aktion!

Was ist passiert?

Die Luft wird durch den Rotor (Bild 3.1.4) angesaugt und nach unten durchgesetzt. Wie erwartet bildet sich am Boden das Bodenpolster, die Luft will nach außen abströmen.
Doch da fängt das Problem an: Dieses Abströmen geschieht nicht ungehindert: Die Bäume als Hindernis lenken die Luft wieder nach oben um. Nun gelangt sie wieder in den Einfluß das Rotors. Dieser saugt sie wieder an. Nur hat diese abgelenkte Luft schon eine höhere Geschwindigkeit, die die induzierte Geschwindigkeit in der Rotorebene nochmals erhöht! Und in dem Bereich der Blattspitzen des **gesamten Rotors** wiederholt sich dieses Ansaugen – Beschleunigen - Ablenken - erneutes Ansaugen immer wieder, so dass sich **Wirbel** bilden, die sogenannte **Rezirkulation.** Auf diese Weise werden die schon vorhandenen **Blattspitzenwirbel** beträchtlich vergrößert. Die Folgen der Erhöhung der senkrechten Durchströmung des Rotors spüren Sie aktuell:

... $(w/2 + v_{Wirbel}) \uparrow \rightarrow \alpha_{eff} \downarrow \rightarrow F_A \downarrow \rightarrow F_R \downarrow \rightarrow F_N \downarrow \rightarrow F_S \downarrow$

Der Schub wird geringer, der Hubschrauber sinkt folglich stärker. Die Rezirkulation kann zusätzlich zum **verstärkten Sinken** noch den **kompletten Verlust des Bodeneffekts** bedeuten. Eine harte Landung könnte folglich unausweichlich sein.

Wichtig:
Sind die Voraussetzungen der Rezirkulation gegeben (Hindernisse im Abstand von ca. 1 Rotordurchmesser um den Hubschrauber), so heißt es bei der Landung:
→ Langsam und kontrolliert Sinken.
Dann bilden sich die Wirbel geringer aus und das Bodenpolster hat Zeit, sich aufzubauen.

In den Abbildungen 3.1.5 – 3.1.8 sehen Sie noch weitere Möglichkeiten, den Bodeneffekt zu schwächen bzw. zu verlieren und/oder mit Rezirkulation zu „kämpfen“.

Merken:
Haben Sie (d.h. eigentlich die Triebwerke) wenig Leistungsreserven zur Verfügung (hohe Zuladung, hohe Außentemperaturen, große Flug- bzw. Landeplatzhöhe): Seien Sie immer besonders vorsichtig in Ihren fliegerischen Bemühungen, denn der Schubverlust durch Rezirkulation oder abgeschwächten Bodeneffekt kann dann sehr negative Folgen haben!

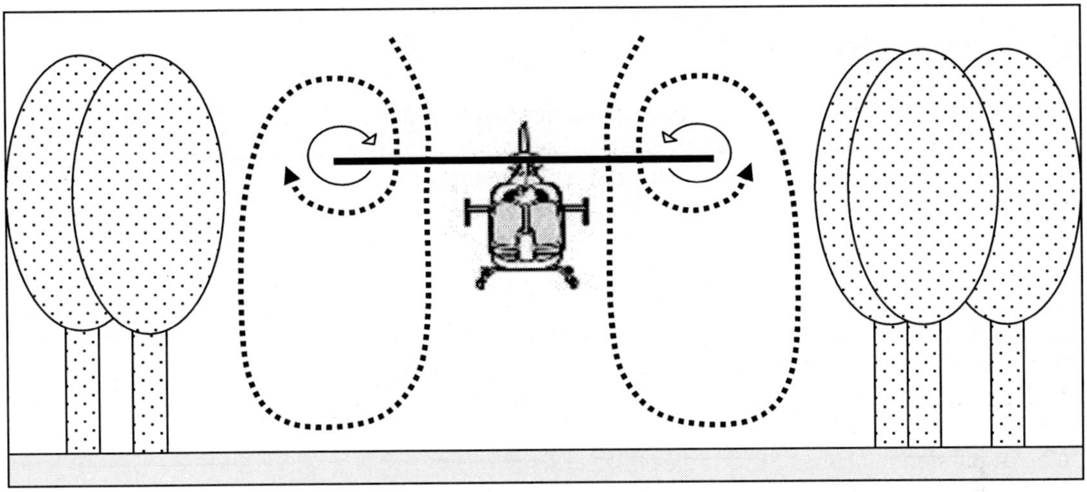

Bild 3.1.4: *Rezirkulation / Eingeschränkter Bodeneffekt*

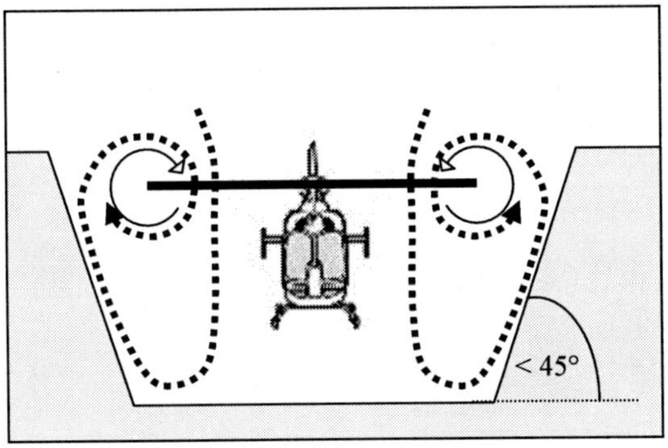

Bild 3.1.5: *Rezirkulation Mulde*

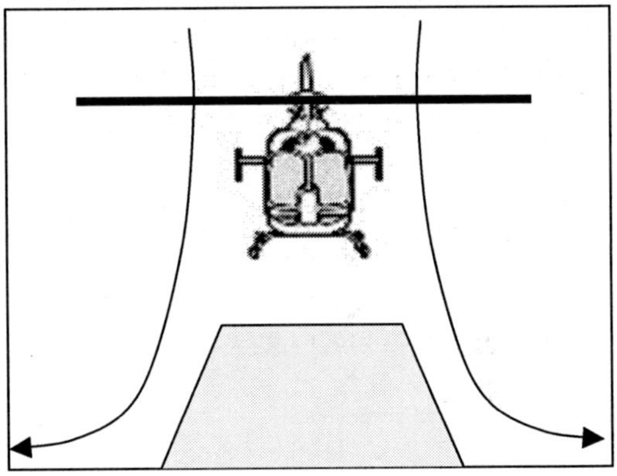

Bild 3.1.6: *Eingeschränkter Bodeneffekt (z.B. Kuppe)*

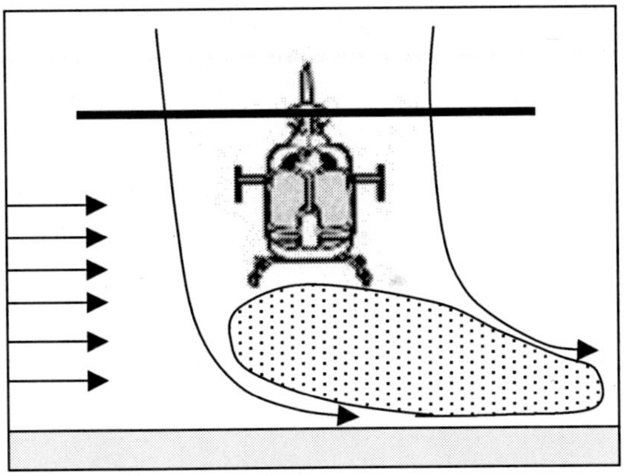

Bild 3.1.7: *Windeinfluss auf Bodenpolster*

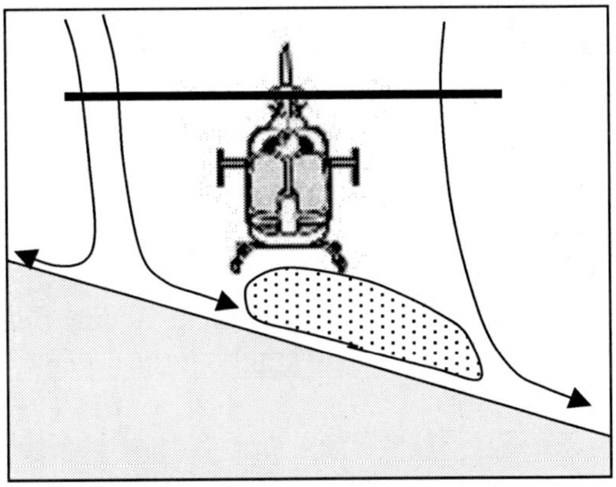

Bild 3.1.8: *Einfluss der Bodenneigung auf Bodenpolster*

Teilweise beeinträchtigter Bodeneffekt:

Sie werden in Ihrem Flugdienst wahrscheinlich auch den Fall des **„teilweise beeinträchtigten Bodeneffekts“** kennen lernen. „Teilweise“ bezieht sich hierbei darauf, dass der Rotor nicht gesamt von dem aerodynamischen Effekt betroffen ist, sondern nur in Teilbereichen.
Wir wollen Ihnen hier die möglichen Voraussetzungen dazu und die aerodynamischen Besonderheiten zeigen.

Sie sind also in der besagten Confined Area sicher bis in den Schwebeflug (3 ft GND) – HIGE! - gelangt und hovern jetzt zu einer der Seiten, um den Hubschrauber dort im Schatten abzustellen.
Wie Sie so schwungvoll Richtung Bäume schweben (**Abstand ≤ 1 Rotor-∅**, siehe Bild 3.1.9), nehmen Sie plötzlich eine nicht erwartete Bewegung des Hubschraubers wahr.

Was ist passiert? Schauen Sie auf die Skizze rechts:

Der Hubschrauber ist mit der linken Seite (Backbord!) dem Waldrand am nächsten. Wenden wir das bisher Gesagte an, so wird im markierten Bereich **Rezirkulation** und sonst am Rest des Rotors **Bodeneffekt** zu erwarten sein. Kommen die Rotorblätter auf ihrer Kreisbewegung in den Bereich der Bäume, so erfahren sie dort weniger Auftrieb!

Was ist die Folge?
1. Der Hubschrauber neigt sich nach rechts
2. Der Hubschrauber neigt sich nach vorne
3. Der Hubschrauber neigt sich nach links
4. Der Hubschrauber neigt sich nach hinten

Auflösung:
Hier kommt das gleiche Prinzip wie bei der periodischen Hubschraubersteuerung zum Tragen: Eine Kraft, die in ein sich drehendes System eingeleitet wird (Auftrieb durch Steuerimpuls), kommt erst ca. 90° später zur Auswirkung (Blattschlagen). Man nennt dies **Phasenverschiebung**. In der Hubschraubertechnik kommen diese 90° am Rotorblatt nur selten vor (bei UH 1D, aber BO 105: 72°, Al II: ca. 80°).

Nach diesem Prinzip erfährt das Blatt am Waldrand einen geringeren Auftrieb, es **schlägt tief** und hat über dem Heckausleger (360°) seine tiefste Stelle erreicht. Die Blattspitzenebene **BSE neigt sich** nach hinten, der Hubschrauber **nickt** nach hinten.

Merke:
Bei teilweise beeinträchtigtem Bodeneffekt neigt sich der Hubschrauber immer vom Hindernis aus ca. 90° (**Phasenverschiebung**) später in Rotordrehrichtung!

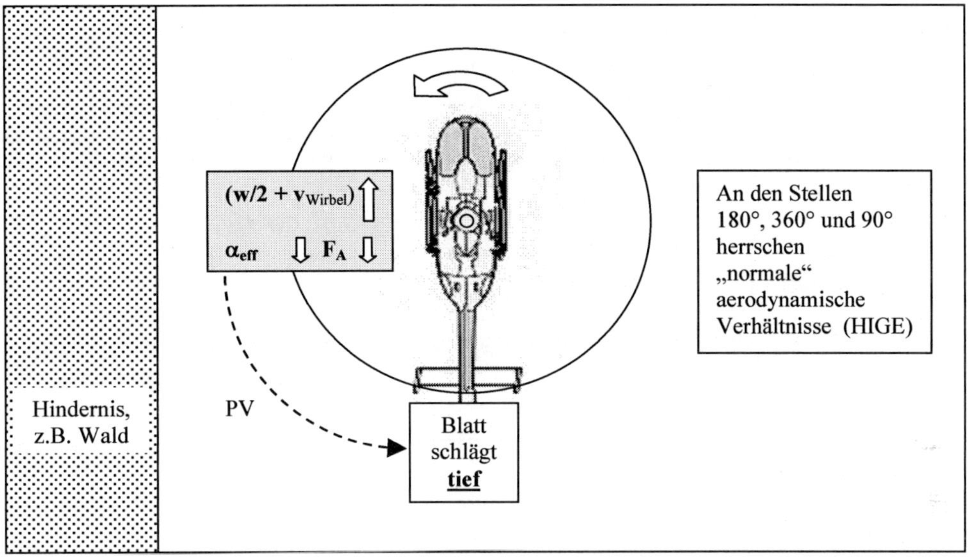

Bild 3.1.9: *Teilweise beeinträchtigter Bodeneffekt*

Folgende mögliche Situationen können ähnliche Bewegungen des Hubschraubers auslösen, egal ob der Bodeneffekt verloren geht oder die Rezirkulation auftriebsvernichtend auftritt:

- *Hovern direkt über einem Fluß mit hoher, steiler Uferböschung* (Rezirkulation in der Nähe der Böschung)
- *Hovern an Waldrändern* (Taktisches Fliegen: Abstellen des Hubschraubers im Schatten der Bäume, Beispiel s.o.)
- *Landung auf Hausdach / Ölplattform / Fregattendeck*, wobei der Rotor zu einem bestimmten Zeitpunkt nur teilweise den Landeplatz bedeckt. Dieser Teil des Rotors kommt in den Genuß des Bodeneffekts, auch hier ist ein Rollen oder Nicken die Folge

Bild 3.1.10: *Verschiedene Flugsituationen mit Rezirkulation und / oder beeinträchtigter Bodeneffe*

3.2 Steig- und Sinkflug

3.2.1 Vertikaler Steig- und Sinkflug

Sie wollen jetzt wieder aus der Waldlichtung starten, und zwar senkrecht nach oben. Das könnte ein vertikaler Steigflug werden!
Sie schweben in der Mitte der Lichtung, der Luftraum oberhalb der Hubschraubers ist frei und die Triebwerke haben ausreichend Leistungsreserve: Sie ziehen am pitch, um kollektiv über Steuerstangen, Blatthebel den Einstellwinkel zu vergrößern.

$$\ldots\ \vartheta \uparrow \rightarrow \alpha_{eff} \uparrow \rightarrow c_A \uparrow \rightarrow F_A \uparrow \rightarrow F_N \uparrow \rightarrow \Sigma F_N \uparrow \rightarrow F_S \uparrow \ldots > F_G\,!$$

Der Hubschrauber wird steigen, denn das Kräftegleichgewicht $F_S = F_G$ ist gestört. Da hier eine Kraft auf eine Masse wirkt, muss nach dem zweiten Newtonschen Axiom eine **beschleunigte Bewegung** stattfinden. Das bedeutet, dass der Hubschrauber beschleunigt steigt. Dies ist am Variometer abzulesen: Mit zunehmender Höhe nimmt die Steiggeschwindigkeit zu.

Da der Hubschrauber nun steigt, erfährt der Rotor eine **zusätzliche Anströmkomponente** durch die Steiggeschwindigkeit $\mathbf{v_c}$ und die senkrechte Durchströmung durch die Rotorebene vergrößert sich. Die Folge ist Ihnen schon aus dem durch Rezirkulation beeinflußten Schwebeflug bekannt.

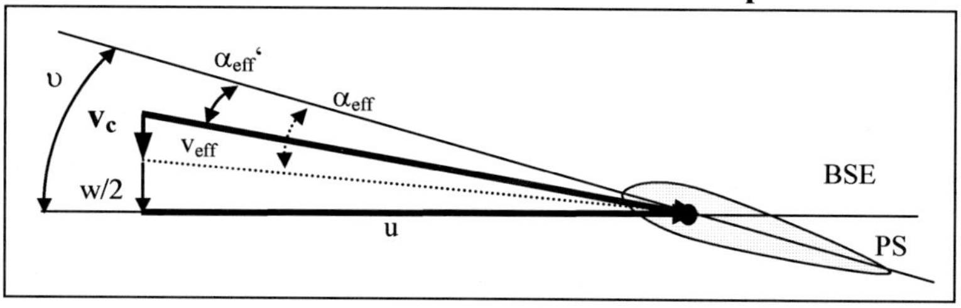

Bild 3.2.1: *Steigflug - FBT*

Der Schub wird solange geringer, bis es zu einem erneuten **Gleichgewicht zwischen Gewichtskraft und Schubkraft** kommt.

$$\ldots\ (w/2 + v_c) \uparrow \rightarrow \alpha_{eff} \downarrow \rightarrow F_A \downarrow \rightarrow F_N \downarrow \rightarrow \Sigma F_N \downarrow \rightarrow F_S \downarrow \quad \text{bis } F_S = F_G$$

Der Hubschrauber kommt nun aber nicht zum Schweben! Da ein Kräftegleichgewicht hergestellt ist, wirkt keine äußere Kraft mehr und der Hubschrauber „will" seinen Zustand – das Steigen – nicht verlassen (1. Newtonschen Axiom) und wird **gleichförmig steigen**. Das Variometer zeigt keine Änderung der Steiggeschwindigkeit mehr an.

Lagefortsetzung:
Nachdem Sie sich also beim senkrechten Verlassen der Waldlichtung diesen Sachverhalt nochmals vor Augen geführt haben, stellen Sie plötzlich fest, dass ein Militärjet direkt auf Sie zukommt. Ihre Reaktion: pitch runter, Sinken einleiten!

Was passiert aerodynamisch: Grundsätzlich das Gleiche wie beim vertikalen Steigflug. Über

... $\vartheta \downarrow \rightarrow \alpha_{eff} \downarrow \rightarrow c_A \downarrow \rightarrow F_A \downarrow \rightarrow F_N \downarrow \rightarrow \Sigma F_N \downarrow \rightarrow F_S \downarrow ... < F_G$!

kommt es zum **beschleunigten Sinken** (→ Vario). Das wiederum läßt eine neue senkrechte Anströmkomponente aus der Sinkgeschwindigkeit - v_d - entstehen, die aufgrund ihrer umgekehrten Richtung von der induzierten Geschwindigkeit subtrahiert wird. Das Ergebnis:

... $(w/2 - v_d) \downarrow \alpha_{eff} \uparrow \rightarrow c_A \uparrow \rightarrow F_A \uparrow \rightarrow F_N \uparrow \rightarrow \Sigma F_N \uparrow \rightarrow F_S \uparrow$ ***bis*** $F_S = F_G$!

und damit sinkt der Hubschrauber **gleichförmig**!

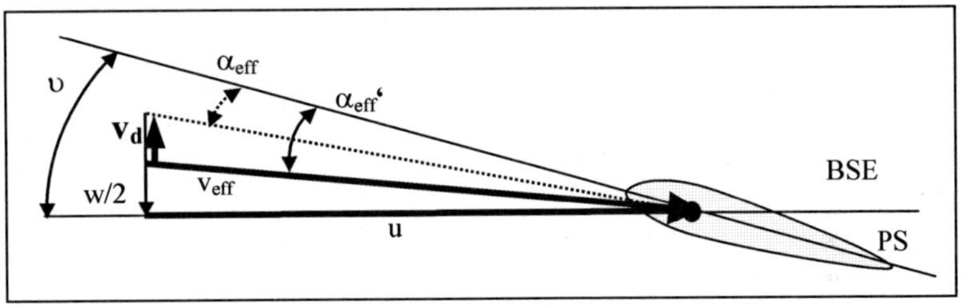

Bild 3.2.2: *Sinkflug - FBT*

Es gibt aber noch einen Unterschied zum vertikalen Steigflug:
Beim Steigflug gibt es zwei Vorteile, die den Leistungsbedarf reduzieren. Die Blattspitzenwirbel liegen beim Durchgang des nachfolgenden Blattes tiefer und stören so die Anströmung dieses Blattes weniger stark. Zum Zweiten wirkt sich der Heckrotor beim Steigflug weniger störend auf die Verteilung der induzierten Geschwindigkeit aus (Versuche der US-Army mit einer Black Hawk haben ergeben, dass diese störenden Einflüsse des Heckrotors ganz erheblich sind).

Für geringe Sinkgeschwindigkeiten gilt die gleiche Beziehung, nur umgekehrt. Die potentielle Energie kann nur zur Hälfte in eine Verminderung des Leistungsbedarfs umgesetzt werden. Die beiden Vorteile beim Steigflug (Blattspitzenwirbel und Heckrotoreinfluss) erweisen sich natürlich beim Sinkflug als Nachteil, so dass der Leistungsbedarf in der Theorie etwas größer ist als beim Steigflug.

Bemerkung:
Beim Start aus einer confined area kann es auch dunkel werden! Auflösung: Rotor saugt (Strahltheorie) Äste oberhalb des Hubschraubers nach unten, so dass sie sich in die confined area hinein biegen und über den Rotor (im schlimmsten Fall in den Rotor) schlagen.

Bild 3.2.3: *„Saugen, bis es dunkel wird!"*

3.2.2 Wirbelringstadium am Hauptrotor

Die folgende Flugsituation ist ein typisches Beispiel für die Unberechenbarkeit der Aerodynamik. Will man (mit viel Flugerfahrung ausgestattet!) diese Situation herbeiführen, so gelingt es nicht (immer). Und denkt man mal (als Anfänger aber auch als „alter Fuchs") nicht an sie, so ist es gar nicht so unwahrscheinlich, unter bestimmten Voraussetzungen Bekanntschaft mit ihr zu machen. Gemeint ist das **Wirbelringstadium am Hauptrotor** bei nahezu senkrechtem Sinkflug!
Bevor wir zur aerodynamischen Erklärung dieser äußerst unangenehmen Erscheinung kommen, hier sind die grundsätzlichen Voraussetzungen, diesen aerodynamischen „Zustand" am Rotor herzustellen:

- Der Rotor muss angetrieben sein → Dadurch wird erst induzierte Geschwindigkeit erzeugt
- keine oder sehr geringe Vorwärtsfahrt (gegenüber der Luft, also wenig/keine IAS) und
- zu hohe Sinkgeschwindigkeit

Lagefortsetzung:
Sie haben den pitch für den senkrechten Sinkflug zum Ausweichen des Jets zu heftig gesenkt. Zwei der oben genannten Voraussetzungen für das Wirbelringstadium waren schon vorher erfüllt: Angetriebener Rotor und keine Vorwärtsgeschwindigkeit gegenüber der Luft. Wenn Sie den pitch zu stark gesenkt haben, ist die dritte Voraussetzung „zu hohe Sinkgeschwindigkeit" schnell erreicht!

Was passiert dann?
Wir schauen uns zur Entwicklung des Wirbelringstadiums ein Rotorblatt (von vorne gesehen), den gesamten Hubschrauber und die FBT an (Bild 3.2.4 – 3.2.6).

Phase 1 (Sinkflug eingeleitet, v_d ca. 500 ft/min):
innen: Die normale Sinkgeschwindigkeit v_d wirkt der induzierten Geschwindigkeit w/2 (angetriebener Rotor!) entgegen. Auftriebskräfte steigen hier
außen: Blattspitzenwirbel leicht vergrößert, Auftrieb hier etwas geringer

Phase 2 (zu starkes Sinken eingeleitet, v_d ca. 1000 ft/min):
innen: v_d so groß, dass teilweise mehr Auftrieb entsteht, aber der Rotor wird in der Nähe der Blattwurzel auch von unten durchströmt, es kommt zum **stall**!
außen: Die Wirbel vergrößern sich, der Auftrieb wird dort immer geringer.
→ **unkontrollierte Zunahme der Sinkgeschwindigkeit**
Spätestens jetzt sollten Sie aufwachen!!!

*Phase „**richtige** Gegenmaßnahme":*
1. Vorwärtsgeschwindigkeit aufnehmen → senkrechte Anströmung von unten beenden und / oder
2. Übergang zur Autorotation → Rotor antriebslos machen

*Phase „**falsche** Gegenmaßnahme":*
pitch ziehen, um Sinkrate zu brechen
→ **innen**: Strömungsabriß $\alpha_{eff} > \alpha_{krit}$
→ **außen**: Wirbel über große Teile der Rotorblätter, starker Auftriebsverlust!
$v_d > 2000$ *ft/min !!*

Bild 3.2.4: *Phase 1 (Sinkflug eingeleitet)*

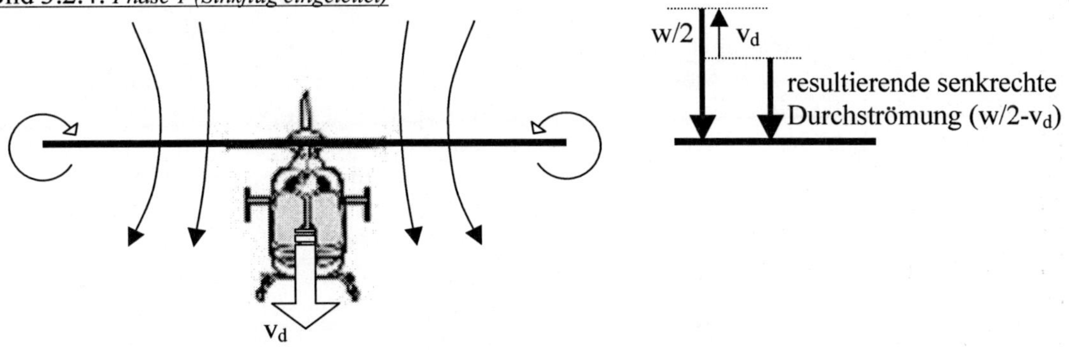

Bild 3.2.5: *Phase 2 (zu starkes Sinken eingeleitet)*

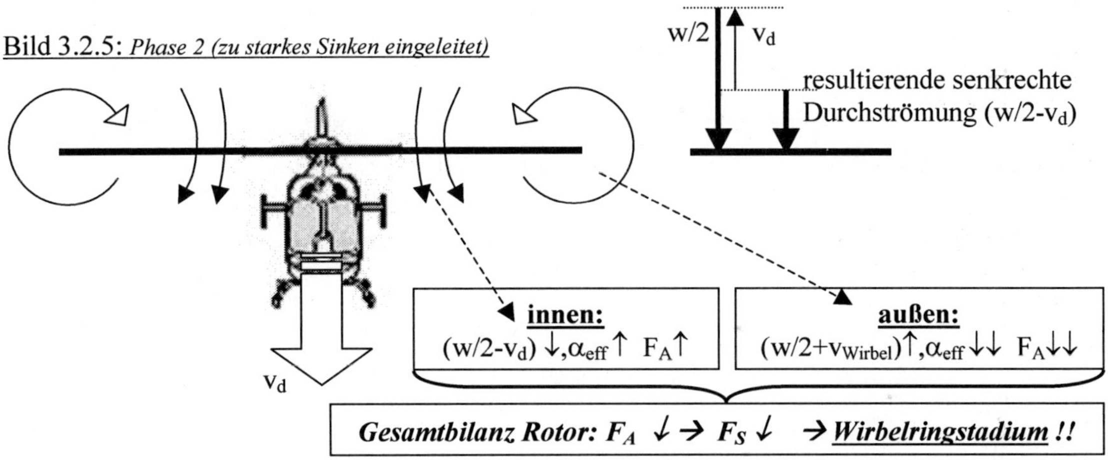

Bild 3.2.6: *Phase „**falsche** Gegenmaßnahme"*

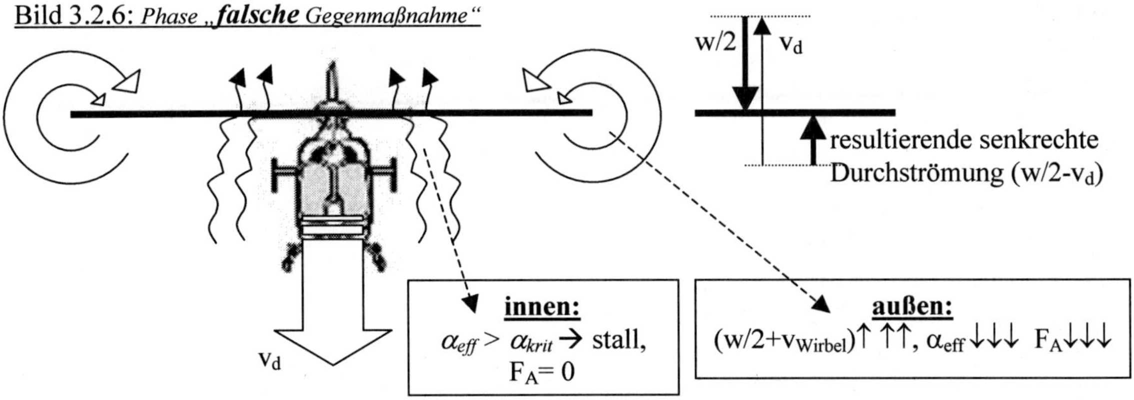

Bemerkung: Führt der Hubschrauber einen Schwebeflug in ruhender Luft in großer Entfernung vom Boden durch, dann setzt sich die effektive Anströmung aus induzierter Geschwindigkeit und Umfangsgeschwindigkeit zusammen. Man kann nun näherungsweise annehmen, dass das Verhältnis von Umfangsgeschwindigkeit und induzierter Geschwindigkeit längs des Blattes konstant ist. Wegen der Blattverwindung ist dann der effektive Anstellwinkel an den Blattwurzeln größer als an den Blattspitzen.

Anzeichen und Auswirkungen des Wirbelringstadiums

	Anzeichen / Auswirkungen	Ursache
1	unkontrollierte Zunahme der Sinkgeschwindigkeit	Auftriebszusammenbruch im stall-Bereich, Auftriebsverlust im Wirbelbereich
2	starke Abnahme Steuerfolgsamkeit	chaotische Strömungsvorgänge am Rotor, Folge des Auftriebsverlusts und Wirbel
3	zunehmende Schwingungen von Rotor, Zelle und Steuerorganen	chaotische Strömungsvorgänge am Rotor, weitere Erklärung siehe unten (Mod.)
4	unregelmäßige und starke Roll-, Nick- und Gierbewegungen	chaotische Strömungsvorgänge am Rotor, weitere Erklärung siehe unten
5	Nickbewegung nach vorne	Anströmung des Heckauslegers von unten
6	fluktuierende Torque-Anzeige bzw. Aufleuchten der Warnleuchte "Leistungsgrenze"	Schwankungen von M_{Brems} und F_S

Bemerkung zur Theorie (Chaotische Strömungsverhältnisse am Rotor):
Wegen des ungleichmäßigen und ungleichförmigen Verlaufs der Rotoranströmung im Wirbelringstadium ist dabei die Herausforderung für den Theoretiker größer als bei den anderen, einfacheren Flugzuständen, denn ein großer Teil unserer Kenntnisse über dieses Stadium stammt aus Flug- und Windkanalversuchen. Die Ungleichförmigkeit der Strömung wurde bei Windkanalversuchen mit Modellrotoren durch eingeleiteten Rauch sichtbar gemacht. Dabei pumpt der Rotor ständig Luft in eine große Blase unter sich. Alle ein bis zwei Sekunden ist die Blase voll gefüllt und platzt, wobei starke Störungen im umgebenden Strömungsfeld erzeugt werden. Die Blase beginnt anscheinend erst an der einen und dann an der anderen Seite zu platzen, so dass am Rotor nicht nur Schubschwankungen auftreten, sondern auch unregelmäßige Schlagbewegungen um die Quer- und Längsachse.

Zusätzliche Faktoren und Situationen, die das Auftreten des Wirbelringstadiums noch begünstigen:

Grundsätzlich müssen die drei anfänglich genannten Voraussetzungen erfüllt sein, um „erfolgreich" ein Wirbelringstadium am Hauptrotor zu erzeugen.
Doch wann genau der Übergang stattfindet ist ungeklärt. Es gibt aber noch weitere Faktoren und Situationen, die die Herbeiführung „begünstigen":

Alle Situationen, die bei
- **hoher Density Altitude** und / oder
- **hohem Abfluggewicht**

} Faktoren

einen hohen effektiven Einstellwinkel erfordern.

Zum Beispiel:
- Quickstops (= waagerechter „Sink"-Flug mit hoher „Sink"-Geschwindigkeit)
- Schwebeflug ohne Bodeneffekt (z.B. Montierarbeiten im Gebirge)
- Stellungsarbeit mit einem Panzerabwehrhubschrauber
- etc.

Folgende Werte sind nicht nur Empfehlungen! Dass sie im Handbuch stehen, hat seinen guten, material- und lebenserhaltenden Grund!
Ihre <u>vorgeschriebene Einhaltung</u> minimiert das Risiko des Wirbelringstadiums am Hauptrotor erheblich!

Hubschrauber	max. Sinkgeschwindigkeit	Vorwärtsfahrt
S.A. Alouette II	< 300 ft/min	>25 KIAS
Eurocopter Bo 105	< 300 ft/min	> 20 KIAS
Bell UH-1D	< 500 ft/min	> 30 KIAS
Sikorsky CH 53	< 800 ft/min	> 35 KIAS

<u>Lagefortsetzung:</u>
Durch geistesgegenwärtiges Nachvornedrücken des sticks und Senken des pitches schaffen Sie es (einundzwanzig, zweiundzwanzig, dreiundzwanzig, ...), aus dem Wirbelringstadium herauszukommen. An den Rotorblättern liegt wieder „normale" Strömung an und mit Vorwärtstendenz können Sie noch geradeso auf einer Wiese in der Nähe des eigentlichen Landepunktes aufsetzen. Durchatmen! Und dann das Durchgemachte zum Erfahrungsschatz dazupacken!

3.3 Übungen zu Schwebe-, Steig- und Sinkflug

1. Was beschreibt der Begriff „Bodenpolster"?

2. Was ist die aerodynamische Ursache für den Bodeneffekt?

3. Beschreiben Sie die aerodynamischen Auswirkungen des Bodeneffekts (FBT!)

4. Sie fliegen auf eine Waldlichtung **flach** über die dichten Baumwipfel an.

   4.1. Mit welchen Hubschrauberbewegungen müssen Sie rechnen, wenn Sie beim Reduzieren der Fluggeschwindigkeit langsam über die Lichtung schweben?

   4.2. Was könnten die Ursachen für dieses Hubschrauberbewegungen sein?

5. Sie befinden sich jetzt mit dem Hubschrauber **in** der engen Waldlichtung und wollen senkrecht landen. Plötzlich bemerken Sie ein stärkeres Sinken, obwohl Sie nicht den pitch gesenkt haben.

   5.1. Was ist die aerodynamische Ursache für dieses Sinken?

   5.2. Erläutern Sie die aerodynamischen Verhältnisse am Rotor in dieser Situation!

6. Nennen Sie weitere Situationen, in denen durch Rezirkulation der Bodeneffekt ganz oder teilweise beeinträchtigt wird.

7. Warum kann aus dem beschleunigten Steigen bzw. Sinken ein gleichförmiges Steigen bzw. Sinken werden?

8. Sie fliegen in einer Höhe von 1000 ft/GND – im Schwebeflug!

   8.1. Nennen Sie die Voraussetzungen, unter denen es zum Wirbelringstadium kommen kann!

   8.2. Welche Anzeichen bzw. Auswirkungen können dabei auftreten?

   8.3. Welche Gegenmaßnahmen führen Sie sinnvollerweise durch?

   8.4. Stellen Sie die aerodynamischen Verhältnisse im Wirbelringstadium an einem Rotorblatt dar (innen und außen) und folgern Sie das Ergebnis für den ganzen Rotor!

   8.5. Welche Faktoren können das Herbeiführen des Wirbelringstadiums begünstigen?

KAPITEL 4

4. Übergang in den Vorwärtsflug

4.1 Einleiten des Vorwärtsfluges

Der Schwebe-, Steig- und Sinkflug inklusive Wirbelringstadium am Hauptrotor ist Ihnen nun gut bekannt. Und da Sie Ihren Flug mit dem Hubschrauber fortsetzen müssen, wollen Sie jetzt von der Wiese[22] *ganz „normal“ – also mit Vorwärts- und Steigtendenz - starten. Sie gehen dazu wieder in den Schwebeflug über, drücken den stick leicht nach vorne und dann ...*

Schauen Sie sich die aerodynamischen Vorgänge an der Rotorebene von oben betrachtet an: Ihr stick-Drücken bedeutet:

Über die Taumelscheibensteuerung wird der Blatteinstellwinkel ϑ periodisch so verändert,

- dass am vorlaufenden Blatt α_{eff} verkleinert und damit auch
- der Auftrieb F_A verkleinert wird.

Durch die Phasenverschiebung kommt diese Kraftänderung erst später zur Auswirkung, nämlich wenn das Blatt über dem Hubschrauberbug ist:

- Das vorlaufende Blatt schlägt dann vorne (180°)[23] tief.

Dementsprechend wird das rücklaufende Blatt hinten, über dem Heckausleger seinen höchsten Punkt erreichen.

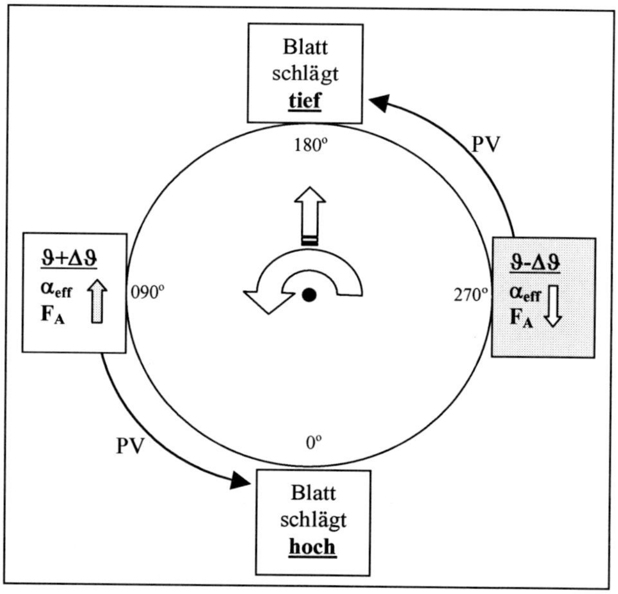

Bild 4.1.1: *Übergang in den Vorwärtsflug - Steuerauswirkung*

Das Ergebnis ist die **Neigung der Blattspitzenebene nach vorne** in die gewünschte Flugrichtung. Der Hubschrauber wird dem wohl folgen.

Soweit zum Einleiten.

[22] Hier landeten Sie glücklich und sicher nach der Erfahrung „Wirbelringstadium“

[23] Sie fliegen nach der in der Aerodynamik üblichen Einteilung des Vollkreises in 360° immer nach Süden!

Was werden Sie aber merken, wenn Sie bei diesem Einleitvorgang nicht den pitch betätigen?

1. **Durchsacken des Hubschraubers**

2. **Rollbewegung des Hubschraubers nach ... ???**

3. **Nickbewegung nach ... ???**

4. **Deutliche Steigbewegung, obwohl Sie nicht den pitch gezogen haben!**

Und dazu bekommen Sie vom Fluglehrer zu hören: „Sie müssen doch den 1. Gang einlegen!“

Gehen wir im Folgenden die Ursachen dieser vier Hubschrauberreaktionen an. Damit erklärt sich dann auch der wohlgemeinte Hinweis des Fluglehrers.

Bild 4.1.2: *Blackhawk (UH-60) der US Army beim Übergang in den Vorwärtsflug (Rettungsflüge nach dem Lawinenunglück in Österreich 1999)*

4.1. Übergang in den Vorwärtsflug - Durchsacken

Zu diesem Ergebnis kommt man über eine vereinfachte Kräftebetrachtung am Hubschrauber:

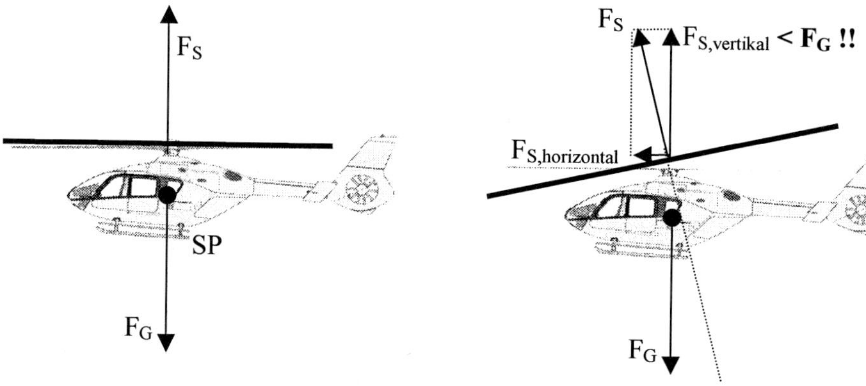

Bild 4.2.1: *Neigen des Schubvektors F_S*

Durch das Neigen des ursprünglichen Schubvektors F_S ohne Zuführung von Leistung (Pitch) wird der neue vertikale Kraftanteil ($F_{S,vertikal}$), der die Gewichtskraft ausgleichen soll, kleiner sein.

Folglich muss der Hubschrauber Höhe verlieren, er sackt durch.

Der horizontale Schubanteil ($F_{S,horizontal}$) beschleunigt den Hubschrauber dabei in die gewünschte Flugrichtung (denken Sie mal wieder an Newton!).

Die Hubschrauberzelle folgt - in ihrem Bestreben, den Schwerpunkt wieder auf die Wirkungslinie des Schubes zu bringen - anschließend in ihrer Neigung dem Rotor (Bild 4.2.2).

Bei dem Hubschrauber EC 135 geht das bedingt durch den lager- und gelenklosen Rotor unmerkbar schnell, bei der Bell UH-1D ist die Verzögerung durch das halbstarre Rotorsystem feststellbar größer.

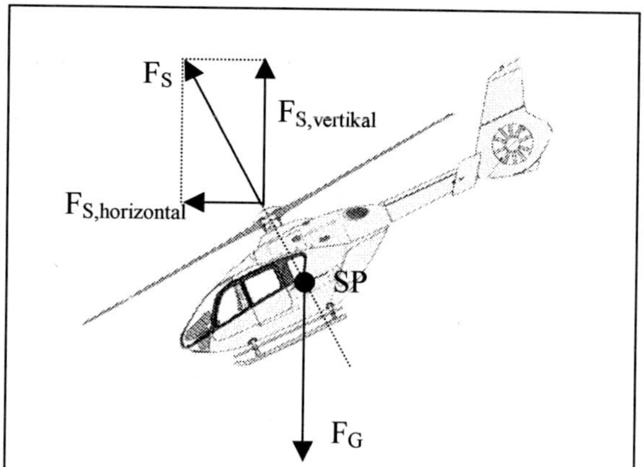

Bild 4.2.2: *Zelle folgt in ihrer Neigung dem Rotor*

Es gibt aber noch einen weiteren Grund für das **Durchsacken**!

Führen Sie nur soviel Leistung über den pitch zu, dass das Durchsacken verhindert wird, so wird sich der Hubschrauber horizontal über den Boden nach vorne bewegen (Flachstart!).

Dabei nimmt er Geschwindigkeit auf, die BSE ist nach vorne geneigt.

Und jetzt denken Sie an das Bodenpolster! Solange Sie im Schwebeflug sind, nutzen Sie dieses zur „Schubausbeute“ (HIGE), Sie brauchen weniger Leistung als im HOGE-Zustand.

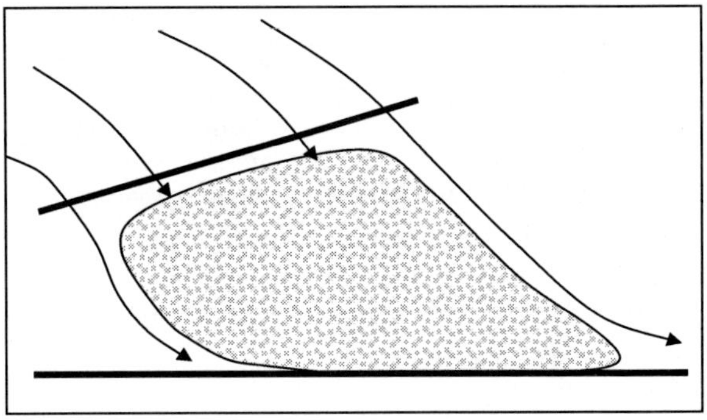

Bild 4.2.3: *Hubschrauber „rutscht“ vom Bodenpolster*

Mit zunehmender Vorwärtsfahrt – bedingt durch die Neigung der BSE - ändern sich die Bodenpolster-Verhältnisse unter dem Rotor. Dieser schiebt das Bodenpolster nach hinten weg, der Hubschrauber **„rutscht“ vom Bodenpolster ab** und „verliert“ dadurch einen Beitrag zum gewichtsausgleichenden Schub.

Ihre Maßnahme zur Einleitung des Vorwärtsfluges ist also grundsätzlich:

→ Dosiert Leistung über den pitch zuführen

Bemerkung: Es wird Situationen geben, in denen Sie ein Durchsacken im erträglichen Maß nicht verhindern können. Dazu gehört ein Start, bei dem die Leistungsgrenze des Hubschraubers fast erreicht ist und Sie nicht ausreichend „pitch“ zusätzlich ziehen können. Bei dem sogenannten Flachstart werden Sie den Höhenverlust in Vorwärtsgeschwindigkeit umsetzen und das bringt dann ...

Neugierig? In 4.3 gibt es den Rest!

4.2. Übergang in den Vorwärtsflug - Übergangsauftrieb

Sie haben also das Durchsacken erfolgreich verhindert und merken plötzlich: „Bei schon etwas höherer Geschwindigkeit beginnt der Hubschrauber schneller zu steigen, ohne dass der pitch von mir betätigt werden musste".

Bild 4.3.1 soll dieses Hubschrauberverhalten veranschaulichen.
Es stellt sich die Frage, welche Ursache das merkliche Steigen hat. Die erste Folgerung ist, dass die Schubkraft (als unabdingbare Voraussetzung) ebenfalls gestiegen sein muss.
Da Sie als der steuerführende Pilot aber den pitch nicht betätigt haben, muss ein Einfluss äußerer Art vorliegen.

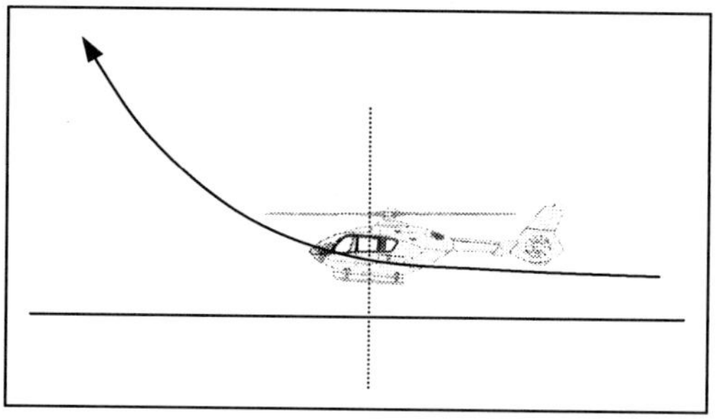

Bild 4.3.1: *Plötzliches Steigen*

Erarbeitung der Lösung:

$$\alpha_{eff} \rightarrow c_A \bullet \rho \bullet v_{eff}^2 \bullet A \bullet \tfrac{1}{2} = \mathbf{F_A} \rightarrow \mathbf{F_S}$$

Wie aus der FBT bekannt ist, hängen Schub (F_S) und damit auch Auftrieb (F_A) direkt vom effektiven Anstellwinkel α_{eff} ab. Dieser wiederum wird durch die Größe der senkrechten Durchströmung, die wir als induzierte Geschwindigkeit w/2 kennen, beeinflusst.

Erinnern Sie sich noch an die Regel: **Erhöhung der senkrechten Durchströmung (w/2 + ...) verkleinert α_{eff}** ? Das sollten Sie!

Sehen Sie auf Bild 4.6: Die Anströmung aus der Fluggeschwindigkeit v_{Flug} lässt sich in einen

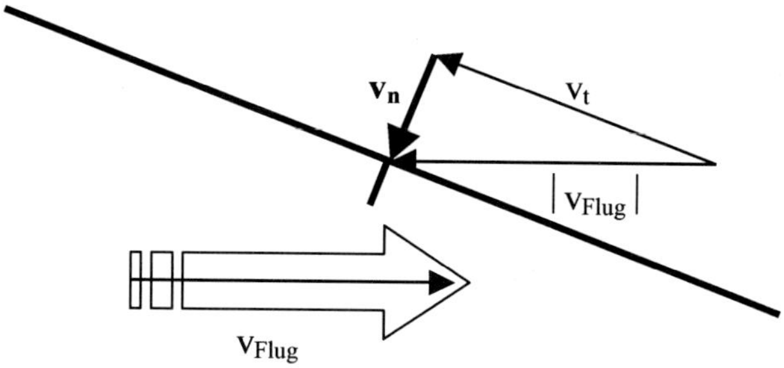

Bild 4.3.2: *Vektorielle Aufteilung der Fluggeschwindigkeit v_{Flug} in v_n und v_t*

senkrecht/normal (v_n) und einen tangential (v_t) zur BSE stehenden Anteil aufteilen. Und genau hier hat sich gegenüber dem Schwebeflug eine Änderung ergeben. Zu der induzierten Geschwindigkeit w/2 kommt eine Komponente aus der jetzt vorhandenen Vorwärtsfahrt dazu. Diese nennen wir $\mathbf{v_n}$.

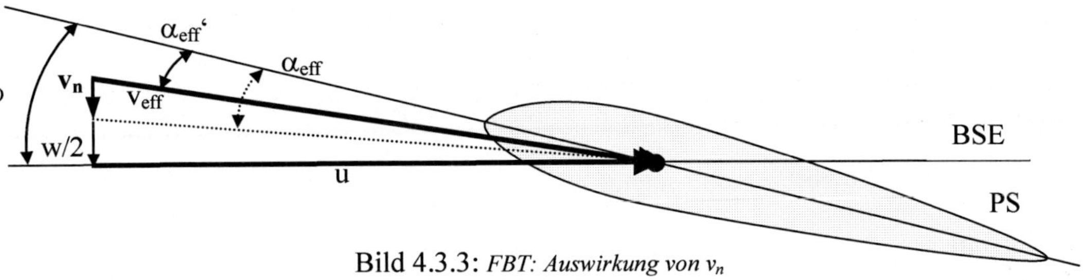

Bild 4.3.3: *FBT: Auswirkung von v_n*

Da aber mit steigender senkrechten Durchströmung α_{eff} → $\boldsymbol{\alpha_{eff}}$‘ und damit auch F_A kleiner wird, scheint der Einfluss von v_n eine Schubminderung zu bedeuten!

Doch woher kommt der feststellbare Schub**gewinn**?

Wir haben den Einfluss der Vorwärtsfahrt auf die induzierte Geschwindigkeit w/2 vergessen.
Stellen Sie sich die Situation vor, in der Sie nur soviel Leistung ziehen, dass der Hubschrauber horizontal beschleunigt.
Bei zunehmender Vorwärtsfahrt beeinflusst der Rotor nicht mehr nur die Luftmassen oberhalb des Hubschraubers (Bild 4.3.4), sondern immer wieder neue Luftmassen (Bild 4.3.5). Dadurch beeinflusst er bei **vergleichbarer Leistung** (und Schub) insgesamt **mehr Luftmasse** durch Ansaugen und Beschleunigen. Nach $F = m_{Luft} \cdot a_{Luft}$ wird folglich die Beschleunigung der Luftmassen durch den Rotor hindurch mit zunehmender Vorwärtsgeschwindigkeit geringer → die induzierte Geschwindigkeit w/2 nimmt also ab!

Man kann es auch anders formulieren: Durch die Vorwärtsgeschwindigkeit strömt soviel Luftmasse durch den Rotor (v_n steigt), dass er weniger arbeiten muss (durch Überwindung des induzierten Widerstands, w/2 sinkt) um den Rotorschub F_S konstant zu halten.

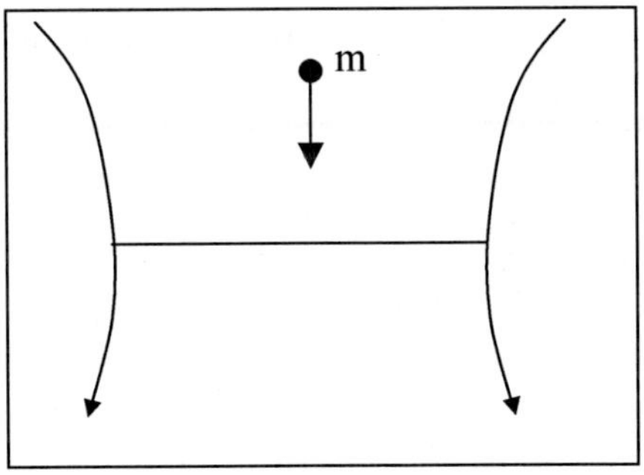

Bild 4.3.4: *„Massenbeeinflussung“ Schwebeflug*

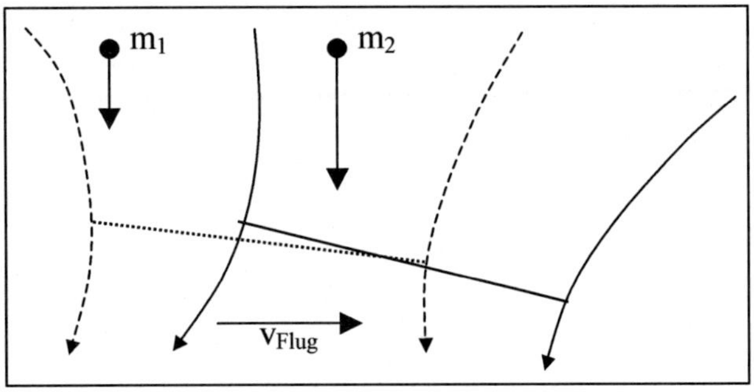

Bild 4.3.5: *„Massenbeeinflussung“ Vorwärtsflug*

Also: Der Rotor beschleunigt mehr Luftmasse in gleicher Zeit. Die Masse m_1 würde im Schwebeflug auch die Rotorebene passieren. Im Vorwärtsflug wird sie aber nur anfänglich angesaugt, der Rotor beeinflusst kurze Zeit später schon wieder ganz andere Luftmassenteilchen (m_2) und somit tritt m_1 nicht mehr durch die Rotorebene!

Wir stellen also fest: Im Vergleich zum Schwebeflug verändern sich die Anströmgeschwindigkeiten am Rotorblattelement. Sehen Sie dazu auch auf die Grafik...

➔ $\mathbf{v_n}$ als weitere senkrechte Komponente wird mit steigender Vorwärtsgeschwindigkeit immer größer
➔ **w/2** wird mit steigender Vorwärtsgeschwindigkeit immer kleiner

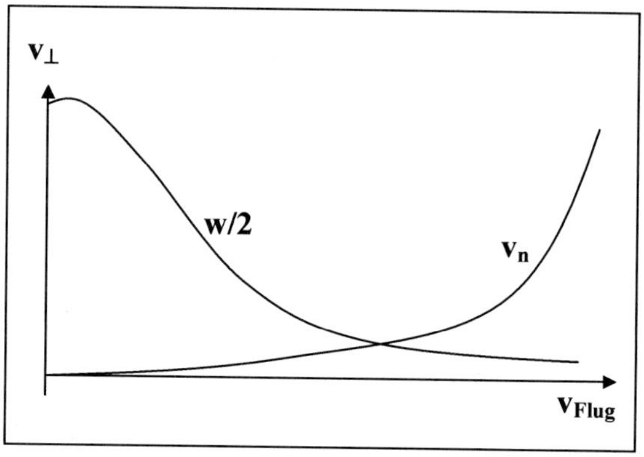

Bild 4.3.6: *Zwei senkrechte Durchströmungen*

Frage: Warum steigt v_n so stark?
Wenn die Fluggeschwindigkeit linear zunimmt (entlang einer Geraden), so müsste auch v_n so ansteigen. Da aber zur Steigerung der Vorwärtsfahrt die BSE immer mehr geneigt wird, muss v_n stärker als linear steigen (nämlich exponential)!

In dem Bild 4.3.6 sind nun zwei zur BSE senkrecht wirkende Strömungsgeschwindigkeiten gezeichnet. Gemäß der Flügelblatt-Theorie brauchen wir zur Bestimmung von α_{eff} die **gesamte senkrechte Durchströmung $v_\perp$**! Also addieren wir an allen Stellen entlang der Achse der Vorwärtsgeschwindigkeit v_n und w/2: In dem Bild 4.3.7 sehen Sie das Ergebnis.

Gemäß der Regel. „**Jede Veränderung der senkrechten Durchströmung führt zur Veränderung des α_{eff} und damit des Auftriebs**“ (Schritt Nr. 1. bis 3. des FBT-Rezepts) wird die Gesamtkurve jetzt analysiert:

Bereich I:
Bei niedrigen Vorwärtsgeschwindigkeiten ist die senkrechte Durchströmung groß. Dadurch sinkt α_{eff} , F_A und auch F_S, da **der gesamte Rotor** betroffen ist! In diesem Bereich (Schwebeflug und anfänglicher Übergang in Vorwärtsflug) ist die Leistungsanforderung an Rotor und auch Triebwerk sehr groß!
Im Bereich $v_{Flug} = 0$ ist die Kurve natürlich etwas tiefer, da hier (bei HIGE) der Bodeneffekt zum Tragen kommt!

Bereich II:
Dann beginnt die Kurve mit zunehmender Vorwärtsfahrt zu sinken, d.h. die gesamte senkrechte Durchströmung nimmt ab und im Gegenzug **steigt die Schubkraft** immer mehr! Das ist der **Schubgewinn**, den Sie beim Übergang in den Vorwärtsflug verspüren, ohne dass Sie in diesem Moment am pitch gezogen haben! Hier beginnt der Bereich des **Übergangsauftriebs**[24]!

[24] Eigentlich müßte es Übergangsschub heißen, doch wir wollen nicht zu genau sein!

Bereich III:
Die Kurve wird allmählich wieder flacher, durchläuft einen **Tiefpunkt (Minimum)**, um dann wieder kontinuierlich anzusteigen. Der Hubschrauber befindet sich aber immer noch im Übergangsauftrieb! Das Minimum beschreibt die Vorwärtsgeschwindigkeit, bei der die senkrechte Durchströmung minimal und dazu die **Schubkraft maximal** ist!

Sie wird mit $\mathbf{v_{BROC}}$ gekennzeichnet → **v**elocity with **b**est **r**ate **o**f **c**limb (= Fluggeschwindigkeit mit der besten/maximalen Steigrate). Bei dieser Geschwindigkeit entwickelt der Rotor den größten Schub (im Vergleich zum Schwebeflug), ohne dass die Leistung der Triebwerke verändert werden muss!

Mit ansteigender Kurve ($v_{Flug} > v_{BROC}$) verringert sich dann der Schubgewinn wieder.

$v < v_{BROC}$:

$$(w/2 + v_n) \downarrow \rightarrow \alpha_{eff} \uparrow \rightarrow \underbrace{F_A \uparrow \rightarrow F_N \uparrow}_{} \rightarrow F_S \uparrow$$

1. 2. 3. 4. (→ FBT - Rezept)
(Ursache) **(aerodynamische Auswirkung)**

$v > v_{BROC}$:

$$(w/2 + v_n) \uparrow \rightarrow \alpha_{eff} \downarrow \rightarrow \underbrace{F_A \downarrow \rightarrow F_N \downarrow}_{} \rightarrow F_S \downarrow$$

1. 2. 3. 4. (→ FBT - Rezept)
(Ursache) **(aerodynamische Auswirkung)**

Welche Bedeutung der Verlauf dieser Geschwindigkeiten für den **Leistungsbedarf** haben, werden Sie im Kapitel „Aerodynamische Besonderheiten des Vorwärtsflugs“ sehen.

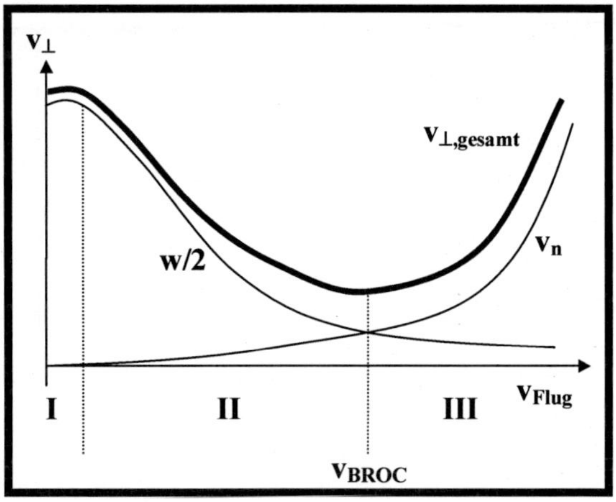

Bild 4.3.7: *Gesamte senkrechte Durchströmung*

In der **Praxis** werden Sie noch oft mit dem Nutzen des Übergangsauftriebs konfrontiert werden.

Denken Sie nochmals an die Landung in der Waldlichtung. Die letzten Meter bis zum Boden müssen Sie fast senkrecht überwinden. Davor aber mussten Sie ja oberhalb der Baumwipfel bis direkt oberhalb der Lichtung die Fluggeschwindigkeit kontinuierlich reduzieren. Dabei bewegt sich der Hubschrauber auf der Kurve wieder rückwärts gegen Null (Bild 4.3.9). Und irgendwo im unteren Geschwindigkeitsbereich, abhängig von Windverhältnissen, Zuladung, Beeinflussung durch Hindernisse etc. verlassen Sie den Bereich des Übergangsauftriebs, also den Bereich des Schubgewinns! Und das merken Sie! In unserem speziellen Fall werden Sie in dem Moment, in dem Sie sich stark auf den letzten, anspruchsvollen Teil des Anflugs konzentrieren, ein plötzliches Sinken des Hubschraubers feststellen. Sie befinden sich an der gekennzeichneten Stelle der Geschwindigkeitskurve ohne Übergangsauftrieb. **Seien Sie darauf vorbereitet!**

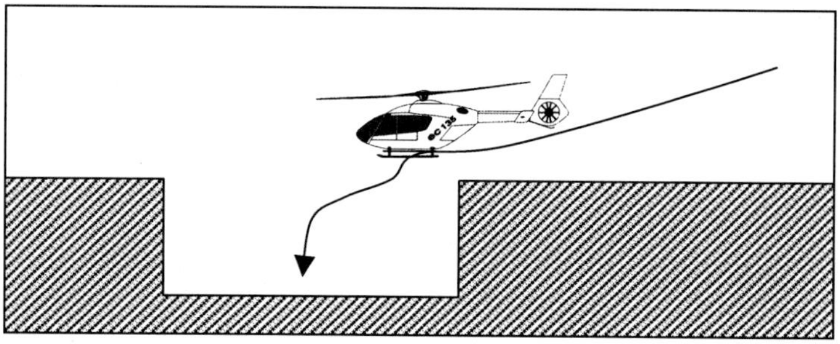

Bild 4.3.8: *Übergangsauftrieb und Confined Area*

Insbesondere bei Starts mit hoher Zuladung (und/oder Density altitude) - d.h. der Hubschrauber ist fast an seiner Leistungsgrenze - können Sie sich den Übergangsauftrieb und die v_{BROC} zu Nutze machen (Sie werden dazu z.B. den Flachstart kennen lernen). Ohne viel Leistung zusätzlich über den pitch abzufordern, nutzen Sie den Bodeneffekt, um Geschwindigkeit aufzunehmen. Dabei müssen Sie das erwähnte Durchsacken in Kauf nehmen (Feinkoordination!). Über kurz oder lang wird sich der Übergangsauftrieb deutlich durch heftiges Steigen bemerkbar machen. Dann peilen Sie die v_{BROC} an, um mit der besten Schubausbeute bei geringstem Leistungsbedarf in den Steigflug überzugehen.

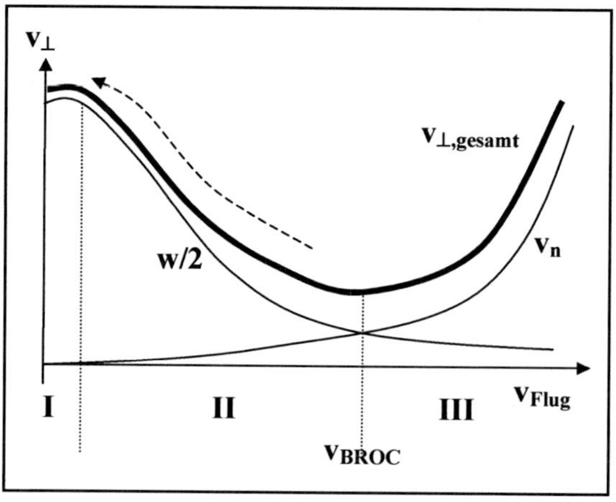

Bild 4.3.9: *Senkrechte Durchströmung und Übergangsauftrieb bei Landung*

Und bitte merken:
v_{BROC} ist nicht der Übergangsauftrieb! Dieser erstreckt sich über einen größeren Geschwindigkeitsbereich, während v_{BROC} eine Geschwindigkeit darstellt.

Hier die Geschwindigkeit für maximale Steigrate einiger Hubschrauber:

Hubschrauber	**v_{BROC} in KIAS[25]**
EC 135	65
Al II	50
BO 105	55
UH 1D	60
CH 53G	80

[25] KNOTS, INDICATED AIRSPEED

4.3. Übergang in den Vorwärtsflug - Rollen

Tatsächlich konnten Sie die Rolltendenz des Hubschraubers beim Übergang in den Vorwärtsflug deutlich ausmachen ... und waren nicht wenig überrascht.

Zwei Fragen stellen sich daher:

1. **Woher kommt das Rollen, und**
2. **zu welcher Seite rollt der Hubschrauber?**

Zur Frage 1.:
Sie erinnern sich noch an die folgende Zeichnung:
Sie diente der Aufteilung der Anströmung aus der Fluggeschwindigkeit in einen zur BSE parallelen (v_t) und zur BSE senkrecht stehenden Anteil (v_n).

Wir haben aber dazu eine Vereinfachung hingenommen, die wir nun nicht mehr gelten lassen können: Der **Konuswinkel** wurde nicht berücksichtigt!

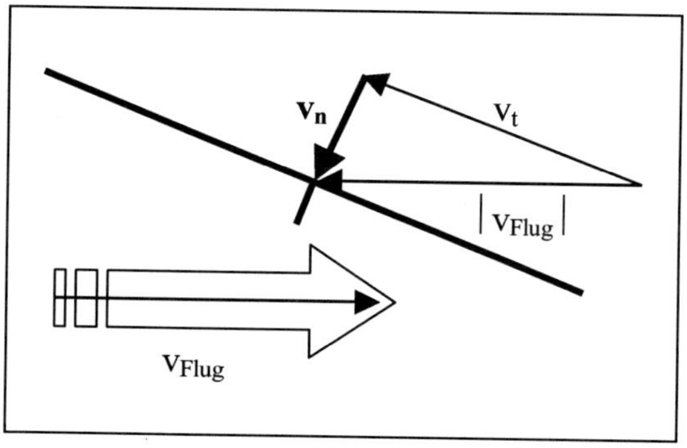

Bild 4.4.1: *Anströmung Hauptrotor*

Mit Konuswinkel verändert sich die Zeichnung natürlich:

Durch den Konuswinkel entstehen unterschiedliche Winkel zwischen Blatt und Fluggeschwindigkeit.
Deutlich ist der resultierende Längenunterschied zwischen den senkrechten Durchströmungen an den Positionen des hinteren (**$v_{n,groß}$**) und des vorderen (**$v_{n,klein}$**) Blattes zu erkennen.

Im Vergleich zum Schwebeflug ist der Konuswinkel sogar noch etwas größer, denn ... der Übergangsauftrieb produziert an allen Blättern mehr Auftrieb, die Zentrifugalkräfte ändern sich aber nicht. Folglich steigt der Konuswinkel.

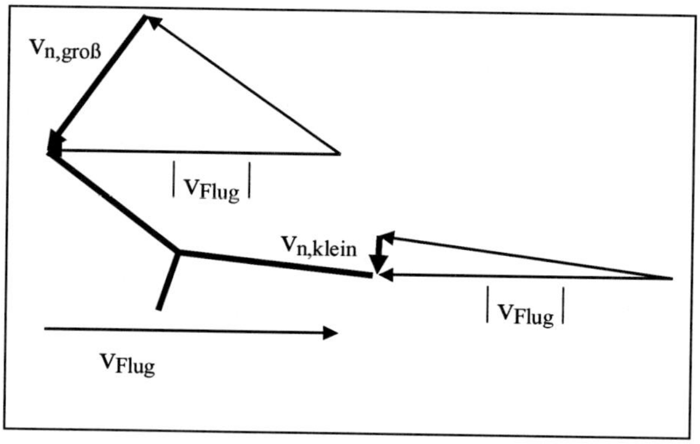

Bild 4.3.2: *Anströmung Hauptrotor mit Konuswinkel*

Und an den Seiten, also am vor- und am rücklaufenden Blatt? Da ist die senkrechte Durchströmung identisch, sie wirken daher symmetrisch und damit ohne entscheidenden Einfluss.

Betrachten wir also weiterhin nur das hintere und das vordere Blatt, und das mal wieder mit Hilfe der FBT!

Ursache und aerodynamische Auswirkung (FBT)

Das rücklaufende Blatt schlägt aufgrund der Phasenverschiebung hoch, das vorlaufende tief.

Das **Ergebnis** ist die Neigung der BSE zur Seite des vorlaufenden Blattes und damit

→ **Rollmoment zur Seite des vorlaufenden Blatts** im Augenblick des ***<u>Übergangs</u>*** vom Schwebe- in den Vorwärtsflug **(Antwort auf Frage 2.)**

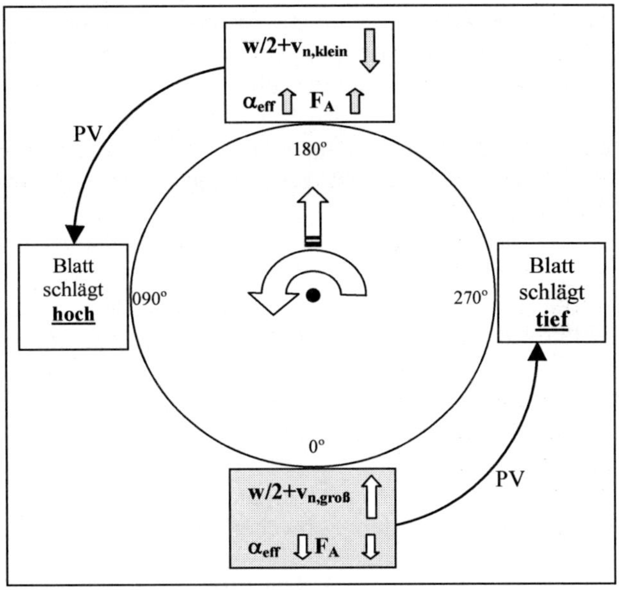

Bild 4.3.3: *Rollen, bedingt durch Konuswinkel*

Ihre **Reaktion** als Luftfahrzeugführer:

Stick zur Seite des rücklaufenden Blattes, um das Rollen zu neutralisieren.

(Das ist der 1. Teil von „1. Gang einlegen")

Was passiert?

→ Einstellwinkel periodisch vorne verkleinern, hinten vergrößern → PV
→ vorderes Blatt weniger Auftrieb → schlägt als rücklaufendes Blatt tief
→ hinteres Blatt mehr Auftrieb → schlägt als vorlaufendes Blatt hoch
→ BSE neigt sich wieder zur Seite des rücklaufenden Blattes
→ Zelle folgt

Sie werden die Rolltendenz beim Übergang in den Vorwärtsflug deutlich feststellen, wenn Sie nur auf die Anzeichen **reagieren**!

Wenn Sie aber nach dem Motto „**Still be ahead**" dem Hubschrauber „voraus" sind, wird der Abflug ruhiger werden (da Sie den stick rechtzeitig zur rücklaufenden Blattseite nehmen = **agieren**).

4.4. Übergang in den Vorwärtsflug - Nicken

Nicht nur, dass das Rollen während des Übergangs in den Vorwärtsflug durchaus überraschend war, das ***Nicken nach oben*** *(nose up) hat es auch in sich.*

Um wieder festzustellen, wo die Nickbewegung ihre Ursache hat, bedienen wir uns zum einen der Erkenntnisse aus der Hubschraubertechnik (Steuerung) und zum anderen mal wieder der FBT!
Und dieses mal gehen wir rückwärts vor: Wir nehmen die Auswirkung am Hubschrauber (Nicken nach oben; Rezept-Pkt. 4.) und schließen über die Rezeptpunkte 3. – 1. auf die Ursache.

Sie betrachten die BSE von oben. Wenn der Hubschrauber aufnickt (= Nicken nach oben), so muss vorher die **BSE** auch **nach hinten geneigt** ① worden sein!

Dazu muss das **vordere Blatt nach oben schlagen**, das **hintere nach unten** ②.

Mit dem Wissen um das Vorhandensein der Phasenverschiebung schließen wir auf eine Einwirkung an den Positionen des vor- und rücklaufenden Blattes zurück.

→ Das **vorlaufende Blatt** hat anscheinend **mehr Auftrieb** ③,
→ das **rücklaufende Blatt weniger Auftrieb** erfahren ③.

<u>Frage</u>: Was erzeugt beim Übergang in den Vorwärtsflug diese unsymmetrische Auftriebsänderungen gegenüber dem Schwebeflug (als Ausgangspunkt)?

Wir wenden ein Ausschlussverfahren an:

w/2:	wird nur kollektiv verändert, kein unsymmetrischer Einfluss	→ nicht schuldig!
v_n:	Verursacht das Rollen in Verbindung mit dem Konuswinkel und wirkt in 90°- und 270° -Position neutral	→ nicht schuldig!
u:	jederzeit konstant, führt keine Änderung herbei	→ nicht schuldig!

v_{eff}: hier ändert sich etwas: Auf der Vorlaufseite addiert sich zu **u** eine Komponente aus der Vorwärtsgeschwindigkeit, auf der Rücklaufseite muss diese Komponente subtrahiert werden!

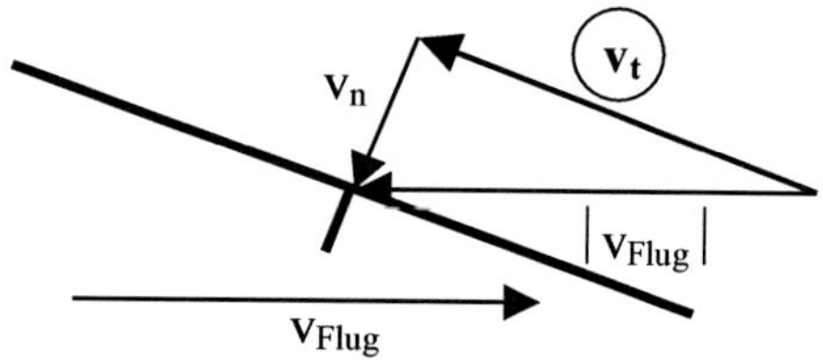

Und das kennen Sie schon als ...

... **<u>Unsymmetrie der Anströmung</u>**, die im Schwebeflug noch nicht existiert!

④ *vorlaufendes Blatt:* $(u + v_t) \uparrow \rightarrow v_{eff} \uparrow \rightarrow \alpha_{eff} \uparrow \rightarrow F_A \uparrow$

④ *rücklaufendes Blatt:* $(u - v_t) \downarrow \rightarrow v_{eff} \downarrow \rightarrow \alpha_{eff} \downarrow \rightarrow F_A \downarrow$

① BSE neigt sich nach hinten

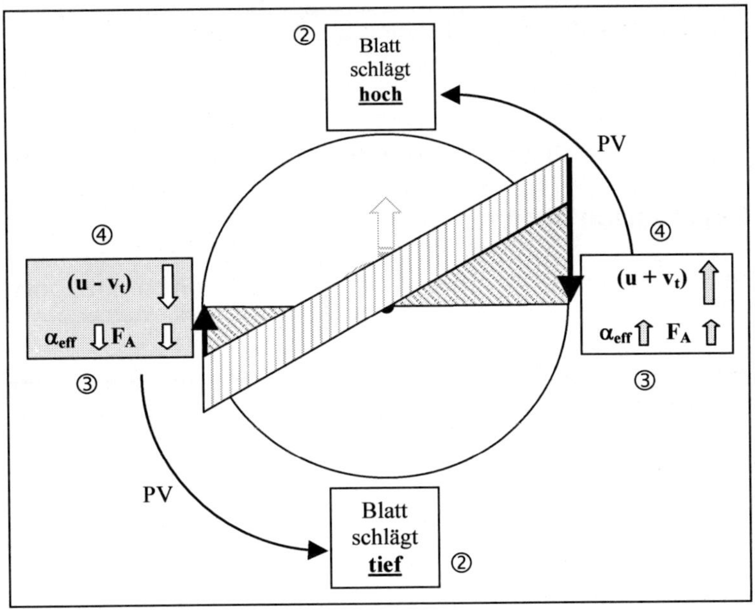

Bild 4.14: *Nicken, bedingt durch die Unsymmetrie der Anströmung*

Warum wirkt $\mathbf{v_t}$ nur seitlich? Weil diese Geschwindigkeitskomponente entlang des vorderen und hinteren Blattes „streicht" und damit keine aerodynamischen Effekte erzeugt.

Ihre **Reaktion** als Luftfahrzeugführer:

Stick nach vorne,
um die BSE wieder für den beabsichtigten Geradeausflug zu neigen
(Das ist der 2. Teil von „1. Gang einlegen")

Was passiert?
→ Einstellwinkel periodisch am vorlaufenden Blatt verkleinern, am rücklaufenden Blatt vergrößern → PV
→ vorlaufendes Blatt wieder weniger Auftrieb → schlägt vorne tief
→ rücklaufendes Blatt wieder mehr Auftrieb → schlägt hinten hoch
→ BSE neigt sich wieder nach vorne
→ Zelle folgt

4.5. Übergang in den Vorwärtsflug - Zusammenfassung

Wie reagiert der Hubschrauber beim Übergang vom Schwebeflug in den Vorwärtsflug:

1. **Durchsacken des Hubschraubers**
2. **Rollbewegung des Hubschraubers zur Seite des vorlaufenden Blattes**
3. **Nickbewegung nach oben**
4. **Deutliche Steigbewegung, obwohl Sie nicht den pitch gezogen haben!**

Der geübte Pilot weiß, was auf ihn zukommt, reagiert „vor“ dem Hubschrauber und kann folglich die vier Ereignisse nicht in ihrer schönsten Ausprägung genießen.

Bei allen „linksdrehenden“ Rotorsystemen müssen Sie als Reaktion nach dem Einleiten des Vorwärtsflugs („Rezept“: stick leicht nach vorn, eventuell etwas pitch dazu) den „1. Gang“ einlegen:

→ Stick nach links - vorne

Sollten Sie einmal auf einem Hubschrauber mit <u>rechtsdrehenden</u> Rotorsystem eingesetzt werden, ist Transferdenken gefordert (Tip: Stick nach vorne-rechts)

Intentionally left blank!

4.6. Übungen zu Übergang in den Vorwärtsflug

Sie leiten den Vorwärtsflug aus dem Schwebeflug nur mit dem stick ein. Mit welchen Hubschrauberbewegungen (linksdrehender Rotor) müssen Sie rechnen (und ausgleichen)?

Nennen Sie zwei Gründe, warum der Hubschrauber beim Übergang in den Vorwärtsflug durchsacken (= Sinken) kann!

Welche (aerodynamischen) Größen haben sich am Rotor verändert, wenn Sie beim Übergang in den Vorwärtsflug plötzlich ein Steigen des Hubschraubers feststellen?

Zeichnen Sie den Verlauf aller am Rotor feststellbaren senkrechten Durchströmung**en** (y-Achse) über der Vorwärtsgeschwindigkeit (x-Achse) in ein Diagramm. Vergessen Sie nicht die Gesamt-senkrechte Durchströmung (als Summe der einzelnen Geschwindigkeiten)!

Kennzeichnen Sie in dem Diagramm den Beginn bzw. das Ende des Übergangsauftriebs!

6. Welche Bedeutung hat der tiefste Punkt der Kurve der gesamten senkrechten Durchströmung und wie wird diese Geschwindigkeit an dieser Stelle genannt?

7. Wodurch kommt es beim Übergang in den Vorwärtsflug bzw. im Vorwärtsflug zu unterschiedlichen senkrechten Durchströmungen am vorderen und hinteren Blatt?

8. Zeichnen Sie die BSE eines linksdrehenden Rotors von oben und stellen Sie die aerodynamischen Ursachen und Auswirkungen für das Rollen dar.

9. Was ist die Ursache für das Nicken beim Übergang in den Vorwärtsflug?

10. Zeichnen Sie die BSE eines linksdrehenden Rotors von oben und stellen Sie die aerodynamischen Ursachen und Auswirkungen für das Nicken dar.

KAPITEL 5

5. *Aerodynamische Besonderheiten des Vorwärtsfluges*

5.1 Leistung im Vorwärtsflug

5.1.1 Kräfte- und Momentengleichgewicht im Vorwärtsflug

Es ist nun mal unbestreitbar, dass der Hubschrauber am leichtesten zu fliegen ist, wenn alle Kräfte und Momente an ihm im Gleichgewicht sind. Im Folgenden wollen wir dieses Gleichgewicht theoretisch herstellen (siehe Bild 5.1.1 auf der rechten Seite):

1. **Horizontale Widerstandskraft $F_{W,\,horizontal}$ des Rotors**
   = Widerstandskraft aus
   - induzierten Widerstand[1] und
   - Profilwiderstand der Rotorblätter
2. **schädlichen Widerstand** aller nichtauftriebserzeugenden Körper

} *horizontale Kraft, gegen die der Rotor mit $F_{S,horizontal}$ für den Vorwärtsflug arbeiten muss*

Um gegen diese Faktoren "anzukämpfen" muss z.B. für den Vorwärtsflug die Blattspitzenebene bis zu ca. 10° geneigt werden.

3. Der **Schlagwinkel** zwischen BSE und Drehebene im Vorwärtsflug (Ebene senkrecht zum Rotormast, siehe Bild 5.1.1) ist abhängig von:
   - aerodynamischen Kräften des Rumpfes (schädlicher Luftwiderstand)
   - aerodynamischen Kräften des Höhenleitwerks
   - Wirkungsrichtung des Rotorschubs bezüglich des HS-Schwerpunkts

   } *dadurch werden* ***Nickmomente um den Schwerpunkt***

   Die **Summe der Nickmomente** ergibt, ob der Rumpf des Hubschraubers kopf- oder schwanzlastig relativ zur BSE ist (siehe Bild 5.1.2).

4. Sind alle **Nickmomente im Gleichgewicht**, so ist der Hubschrauber bezüglich der Querachse **ausgetrimmt**. Eine Störung von außen, z.B. eine Böe, kann ein neues, „überzähliges" Nickmoment erzeugen. Dieses muss der Pilot mit der Steuerung (periodisch) über die **Schlagbewegung** (= Neigung BSE) der Blätter ausgleichen. Dazu mehr im Rest dieses Kapitels.
   Das Maß, um das der Schlagwinkel verändert werden muss, ist abhängig vom Rotorsystem. Je „steifer" das System ist, desto kleiner kann die erforderliche Schlagbewegung ausfallen: Die Schlagbewegung fallen bei EC 135 und BO 105 gering, bei Alouette II und CH 53G etwas größer und bei UH 1D sehr stark aus.

[1] nur bei Auftriebserzeugung!

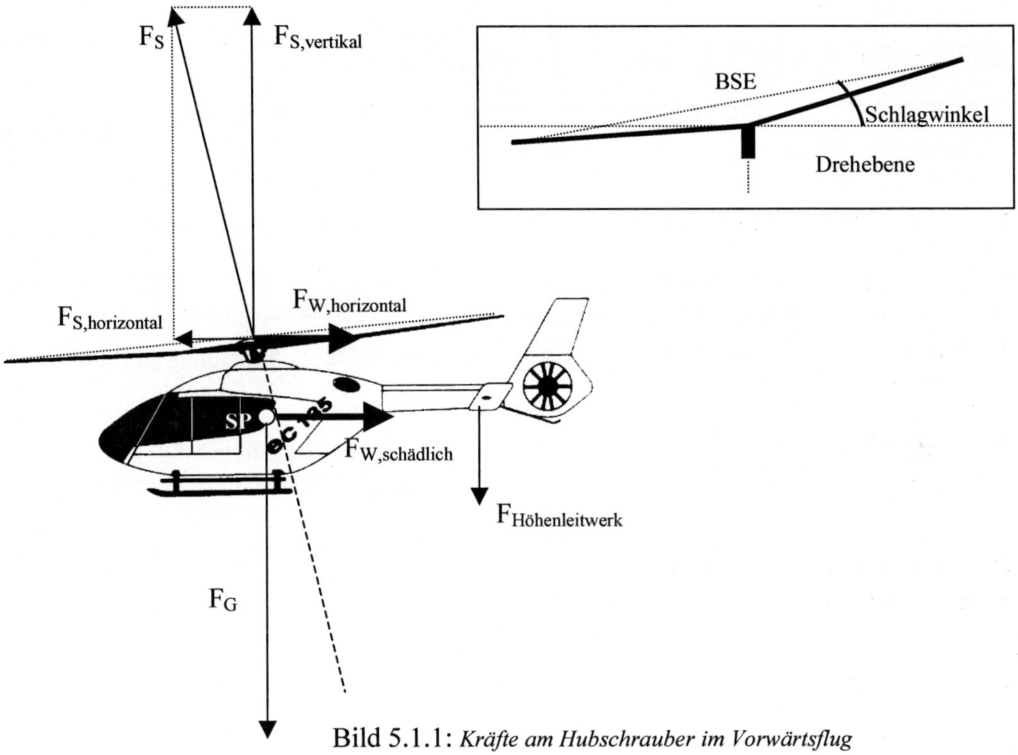

Bild 5.1.1: *Kräfte am Hubschrauber im Vorwärtsflug*

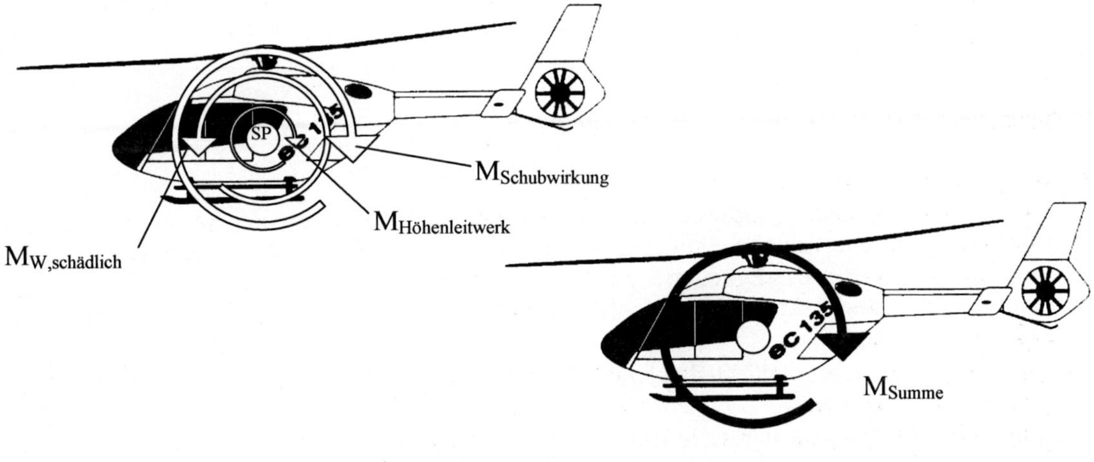

Bild 5.1.2: *Momente am Hubschrauber im Vorwärtsflug (hier: Aufnickmoment)*

5.1.2 Leistungsbedarf im Vorwärtsflug

Eine wichtige **Voraussetzung** für die Beantwortung der Frage *„Wieviel Leistung wird grundsätzlich benötigt?“* ist: Der Hubschrauber ist **ausgetrimmt**!

Aus dem Kapitel „Schwebeflug“ und „Übergang in den Vorwärtsflug“ kennen Sie schon Leistungsbetrachtungen:

So ist die **Schwebeflugleistung** grundsätzlich von der Überwindung folgender drei „Widerstände“ abhängig:

- Induzierter Widerstand Rotorblätter (FBT-Grafik: $F_{W,i}$),
- Profilwiderstand Rotorblätter (FBT-Grafik: F_W) und
- Schädlicher Widerstand Rumpf (Sie kennen noch das Schnürsenkelproblem?) als vertikal wirkende Kraft!

Für die Vorwärtsflugleistung müssen wir zusätzlich den **schädlichen Widerstand des Rumpfes** entgegen der Flugrichtung berücksichtigen. Und dessen Einfluss ist nicht unerheblich!

Betrachten wir die leistungsfordernden Faktoren im Einzelnen und erinnern Sie sich dabei bitte auch an die aerodynamischen Geschehnisse beim Übergang in den Vorwärtsflug!
Ausgangspunkt ist die zur Verfügung stehende Triebwerksleistung (siehe Bild 5.1.3).

Leistung zur Überwindung des Induzierter Widerstands:

Sie erinnern sich? Die **induzierte Geschwindigkeit w/2** des Rotors nimmt mit dem Übergang in den Vorwärtsflug immer mehr ab. Der Rotor wird in gleichen Zeitintervallen von einer größer werdenden (zur Schubentwicklung) nutzbaren Luftmasse durchströmt. Der Rotor selbst braucht die Luft dann weniger stark beschleunigen (siehe Kapitel „Übergang in den Vorwärtsflug“).

Leistung zur Überwindung des Profilwiderstands:

- **Reibungswiderstand**:
  Im Schwebeflug beträgt dieser ca. 15-40% und bleibt beim Übergang in den Vorwärtsflug annähernd konstant (Zunahme am vorlaufenden Blatt, aber Abnahme am rücklaufenden Blatt). Bei **hohen** Geschwindigkeiten steigt er stark an, da am vorlaufenden Blatt **Kompressibilitätseffekte** und am rücklaufenden Blatt **Strömungsabriss** (siehe 5.3) auftreten.
- **Formwiderstand**:
  Am vorlaufenden Blatt wirkt die Kraft dieses Widerstands gegen die Flugrichtung → Sie „bremst“ den Rotor ab.
  Am rücklaufenden Blatt wirkt die Kraft in Flugrichtung → Sie „bremst“ zwar auch den Rotor, aber sie „schiebt“ ebenso den Hubschrauber in Flugrichtung.

<u>Leistung zur Überwindung des schädlichen Widerstands:</u>

Der schädliche Widerstand **wächst quadratisch** mit der **Vorwärtsgeschwindigkeit**, abhängig von einer standardisierten Widerstandsfläche eines Körpers mit 0,0929 m^2 und einem Widerstandsbeiwert c_W von 1.

Aus der FBT und „Übergang in den Vorwärtsflug" kennen Sie den schädlichen Widerstand daher, dass alle **nichtauftriebserzeugenden Bauteile** des Hubschraubers – insbesondere die Zelle – für dessen Anstieg sorgen.

Dieser Widerstand lässt sich reduzieren (einziehbares Fahrgestell, Verwendung von Senknieten, etc.), doch führen die meisten Maßnahmen gleichzeitig zur Gewichtserhöhung und sind somit kontraproduktiv.
Auch das Verkleiden des Rotorkopfes (Taumelscheibe, Steuerstangen) lässt den Hubschrauber (wind-) schnittiger aussehen, doch durch die Erhöhung der Querschnittswiderstandsfläche wird damit der Leistungsbedarf erhöht. Ganz zu schweigen von Kosten, Gewicht und dem Problem, Vor- und Nachflugkontrolle dadurch zu behindern.

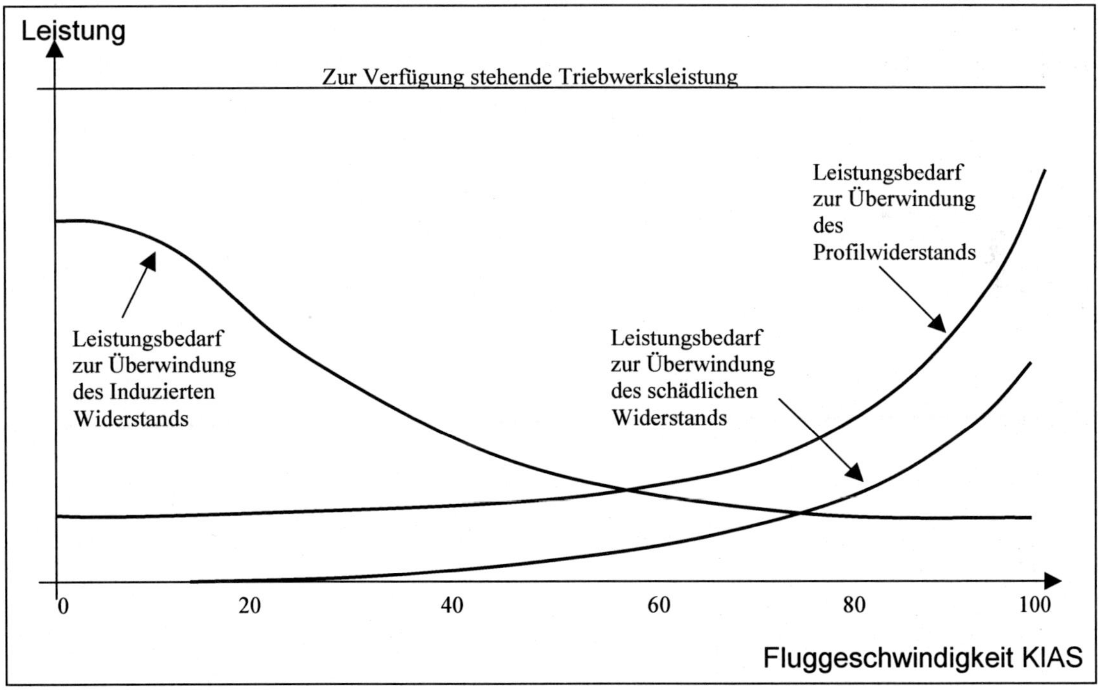

Bild 5.1.3: *Leistungsbedarf (Beispiel)*

Benötigte Gesamtleistung

Sie setzt sich zusammen aus allen Leistungsanteilen zur Überwindung der Summe aus

- induzierter Widerstand Rotorblätter,
- Profilwiderstand Rotorblätter (Form und Reibung)
- Schädlicher Widerstand Rumpf
- Sonstige „Widerstände“ (Heckrotorantrieb, Getriebeverluste, Aggregateantrieb wie Pumpen, Generatoren, etc.).

Schwebeflug → Vorwärtsflug 130 KIAS

→ 75%, abnehmend auf 20%
→ 15%, ansteigend auf 50%

→ 5%, ansteigend auf 25%
→ immer Rest, konstant

Nach Abzug dieser Leistungen von der Triebwerksleistung bleibt die zur **Verfügung stehende Rotorleistung** (siehe dazu auch Kapitel „Flügelblatt- und Strahltheorie“) übrig!

Wichtige Aussagen, die aus der Grafik abzulesen sind:

- Im normalen Vorwärtsflug ist weniger Triebwerksleistung nötig als im Schwebeflug (siehe auch: „Schneller Vorwärtsflug“, Kapitel 5.3)
- Die Vorwärtsgeschwindigkeit, bei der **keine weitere Leistungsabforderung möglich** ist (Schnittpunkt von „Zur Verfügung stehende Rotorleistung“ und „Leistungsbedarf zur Überwindung der Summe aller Widerstände“)
- Die Vorwärtsgeschwindigkeit, bei der die **größte Leistungsreserve** für den Steigflug zur Verfügung steht
  → v_{BROC}, siehe Kapitel „Übergang in den Vorwärtsflug“; größter Abstand von benötigter Rotorleistung und zur Verfügung stehender Triebwerksleistung, wird durch den Scheitelpunkt der Kurve bezeichnet

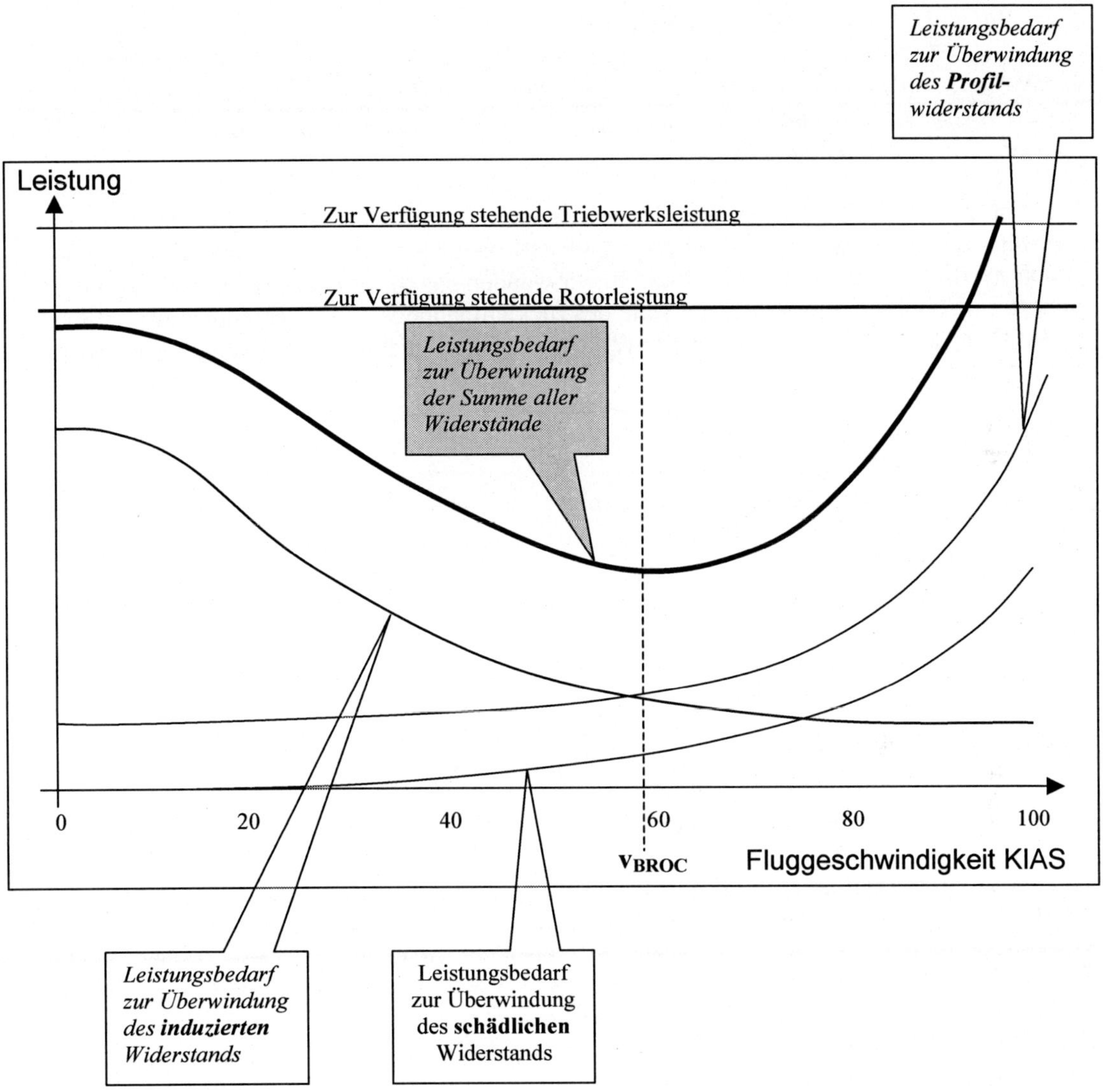

Bild 5.1.4: *Gesamtleistungsbedarf (Beispiel)*

5.2 Pitchabhängiges Rollen und Nicken im Vorwärtsflug

5.2.1. Pitchabhängiges Rollen im Vorwärtsflug

Lage: Sie sind also noch auf Ihrem Flug nach Bückeburg (level-flight) und müssen plötzlich einem Vogelschwarm ausweichen → Sie senken den pitch heftig ... und der Hubschrauber rollt nach links, also zur Seite des rücklaufenden Blatts.

Was ist passiert? Ein Rollen des Hubschraubers kennen Sie schon aus „Übergang in den Vorwärtsflug". Wir wollen das pitchabhängige Rollen im Vorwärtsflug näher betrachten. Dazu gehen wir dieses Mal „rückwärts" vor, d.h. wir wenden das Rezept der FBT beginnend mit Schritt 5 an (Hubschrauber rollt zur Seite des rücklaufenden Blattes) und enden mit Schritt 1 (was ist strömungstechnisch am Rotor passiert?). Und alles nach dem Muster „wenn X passiert ist, dann muss vorher Y passiert sein".

Schritt 5: HS rollt zum rücklaufenden Blatt = vorlaufendes Blatt schlägt hoch, rücklaufendes Blatt schlägt tief

↰ **Schritt 4:** vorderes Blatt erfährt also weniger Auftrieb, hinteres Blatt erfährt mehr Auftrieb

↰ **Schritt 3:** α_{eff} am vorderen Blatt also kleiner, α_{eff} am hinteren Blatt größer

↰ **Schritt 2:** senkrechte Durchströmung am vorderen Blatt größer $(w/2 + v_{n,vorne})$ ↑, am hinteren Blatt kleiner $(w/2 + v_{n,\,hinten})$ ↓

↰ **Schritt 1:** **Konuswinkel kleiner**

← Auftrieb an allen Blättern kleiner

← α_{eff} an allen Blättern kleiner

← kollektiver Einstellwinkel kleiner

← **pitch gesenkt** !!!

Das Gleiche gilt entsprechend für pitch-Ziehen!

Gelenklose und auch lager- und gelenklose Rotoren reagieren auf plötzliches pitch-Senken oder –Ziehen sofort und abhängig von der Stärke der Steuerbewegung sehr heftig. Insbesondere in Bodennähe ist das undosierte pitch-Senken eine nicht zu unterschätzende Gefahr. Sie werden dieses Hubschrauberverhalten nicht nur im Vorwärts- sondern auch im Kurvenflug berücksichtigen müssen. Darauf gehen wir nochmals im entsprechenden Kapitel ein.
Aber das Rollen bei pitch-Betätigung im Vorwärtsflug ist nicht die einzige Reaktion des Hubschraubers. Er wird, abhängig von der Stärke der Steuerbewegung, auch **nicken**. Diese beiden Bewegungen gehören beim Hubschrauber aufgrund der aerodynamischen Eigenheiten und Kreiseleffekte des Hauptrotors immer zusammen (sogenannte Kopplungseffekte). Wie und warum der Hubschrauber auch nickt, erfahren Sie im entsprechenden Kapitel.

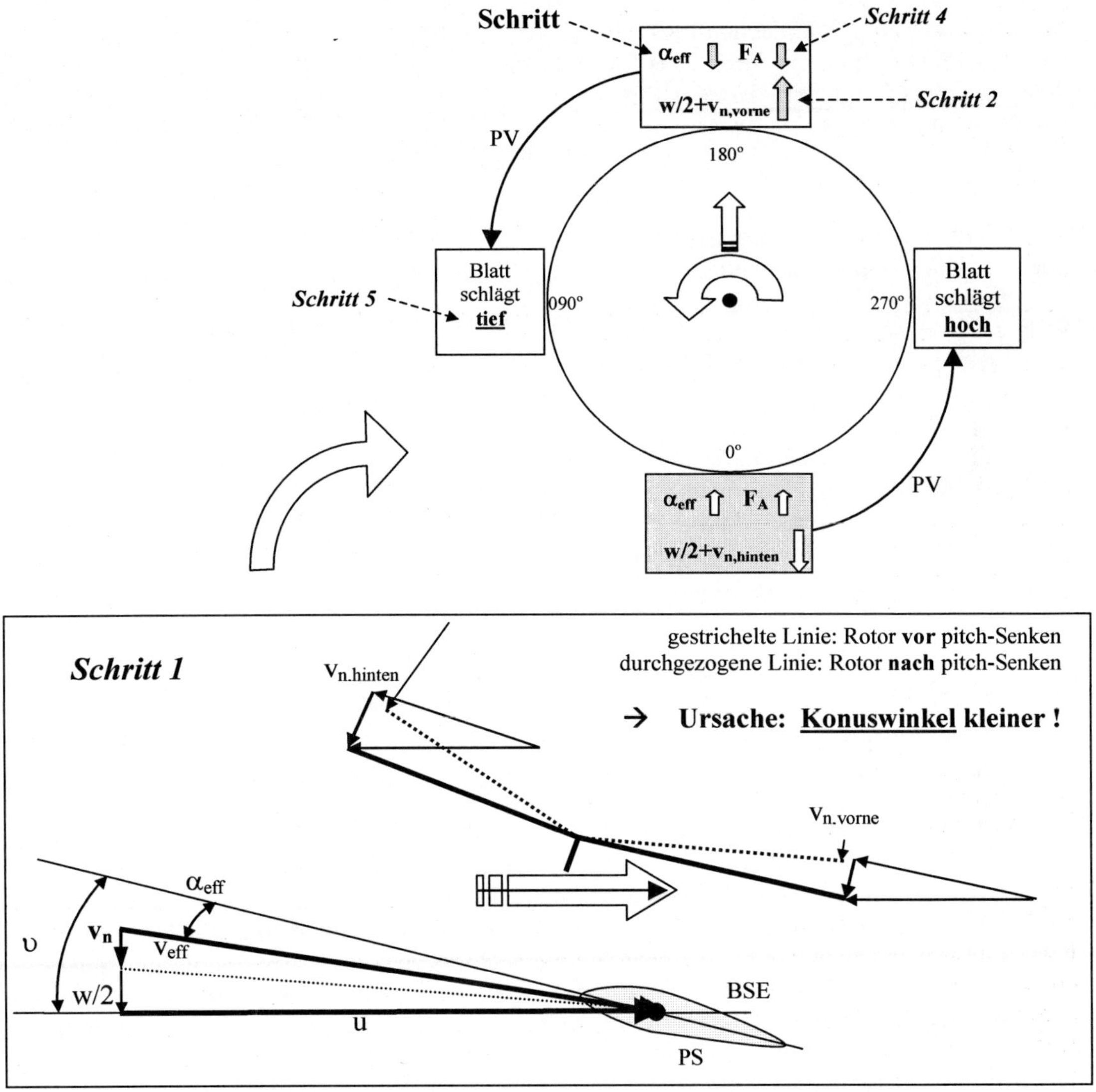

Bild 5.2.1: *Flügelblatt-Theorie zum Pitchabhängigen Rollen*

Es gilt (für ein linksdrehendes Rotorsystem) also:

- **pitch ziehen: HS rollt zum vorlaufenden Blatt bzw. zur rechten Seite** Reaktion → Pilot nimmt zum Ausgleich den stick nach links
- **pitch drücken: HS rollt zum rücklaufenden Blatt bzw. zur linken Seite** Reaktion → Pilot nimmt zum Ausgleich den stick nach rechts

Ursache: Änderung der Luftströmung am Rotor durch **Veränderung Konuswinkel**

5.2.2. Pitchabhängiges Nicken im Vorwärtsflug

Im Gegensatz zum Tragflächenflugzeug haben Hubschrauber die Eigenschaft, recht kompliziert auf Steuereingaben zu reagieren. Das folgende Verhalten kennen Sie in ähnlicher Ausprägung aus dem Bereich „Übergang in den Vorwärtsflug".

Denken Sie nochmals an den normalen Reiseflug auf den Weg zum Flugplatz Bückeburg. Sie wollten einem Vogelschwarm ausweichen und senkten in einer ersten Reaktion den pitch heftig. Das pichabhängige Rollen kennen Sie schon.

Betrachten wir die **Ausgangssituation vor** dem pitch-Senken: Im ausgetrimmten Geradeausflug ist die BSE nach vorne geneigt, damit der Schubvektor auch eine horizontale Komponente nach vorne aufweist. Die Blätter schlagen dafür vorne also tief und hinten hoch. Das heißt nach Berücksichtigung der Phasenverschiebung nichts anderes, dass das **vorlaufende Blatt einen kleineren Einstellwinkel** als das rücklaufende haben muss.

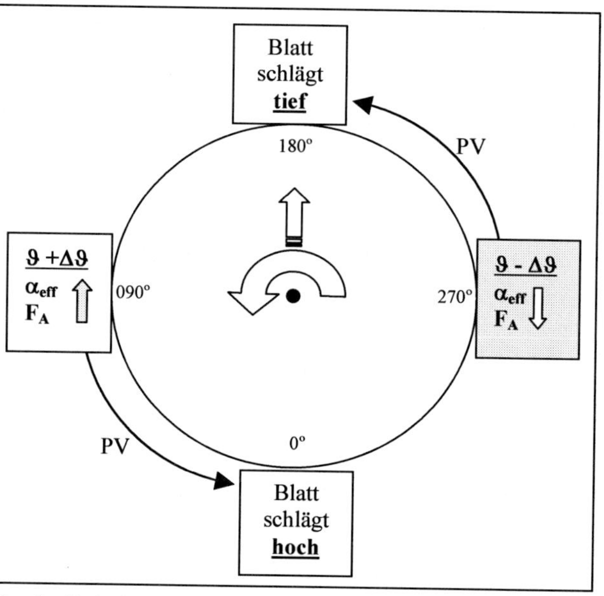

Bild 5.2.2: *Geradeausflug – Aerodynamische Verhältnisse*

Aber das ist noch nicht alles. Die Ihnen nicht unbekannte **UdA** sorgt bei jeder Geschwindigkeitsveränderung auch für eine ungleichmäßige Auftriebsverteilung zwischen vor- und rücklaufenden Blatt und in Verbindung mit der Phasenverschiebung für eine Nickbewegung der BSE. Je schneller Sie fliegen, desto größer wird im Rahmen der UdA auch das Rückanströmgebiet und auch die Aufnicktendenz. Da Sie aber horizontal weiterfliegen wollen, gleichen Sie die Nicktendenz durch die periodische Steuerung aus (stick nach vorne): **Der Einstellwinkel des vorlaufenden Blattes wird weiter verringert**, derjenige des rücklaufenden Blattes weiter erhöht und so neigt die BSE sich weiterhin nach vorne.

Das Ergebnis „Ausgangssituation vor pitch-Drücken" ist in Bild 5.2.3 grafisch dargestellt.
Der Auftrieb – hier vereinfacht als Rechtecke dargestellt – muss für den ausgetrimmten Geradeausflug am vorlaufenden Blatt genau so groß sein wie am rücklaufenden Blatt (Rechtecke haben den gleichen Flächeninhalt, der Flächeninhalt entspricht der Auftriebskraft F_A).

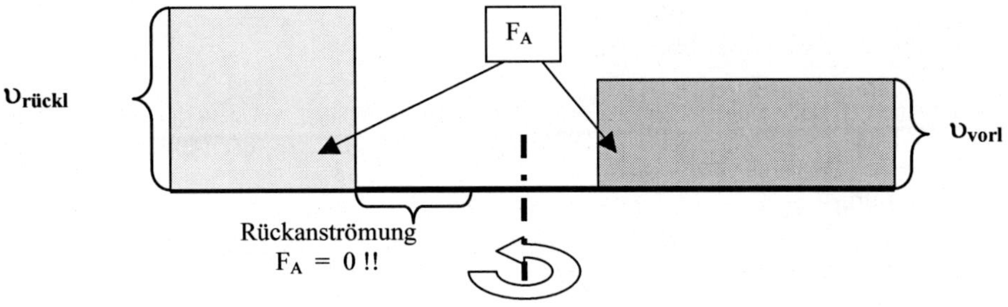

Bild 5.2.3: *Auftriebsverteilung **vor** pitch-Senken*

Und jetzt zurück zur Lage........ *was passiert bei pitch-Drücken?*
Richtig, der Einstellwinkel wird **kollektiv verkleinert**, also an jedem Blatt um das gleiche Maß. In unserer Zeichnung entspricht der Einstellwinkel der Rechteckhöhe. Beide Auftriebsanteile werden in ihrer Höhe (des Rechtecks) um den gleichen Betrag verkleinert, da aber der Auftrieb am vorlaufenden Blatt über mehr Fläche verteilt war, wird dort der Auftriebsverlust größer sein!

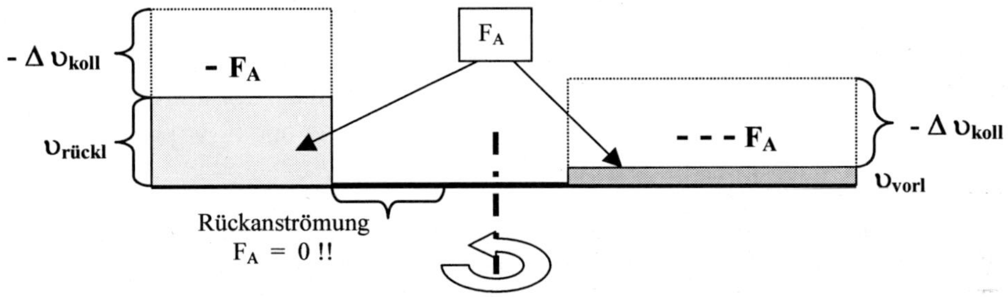

Bild 5.2.4: *Auftriebsverteilung **nach** pitch-Senken*

Am vorlaufenden Blatt wird der Auftrieb stärker als am rücklaufenden abgebaut. Über die Phasenverschiebung macht sich das im Schlagen der Blätter bemerkbar: Vorne schlagen die Blätter im Vergleich zur hinteren Position tiefer. Die BSE neigt sich nach vorne – der Hubschrauber nickt ab.
Und es gilt hier das gleiche wie beim pitchabhängigen Rollen:

- Das lager- und gelenklose Rotorsystem lässt eine sehr schnelle Abnickbewegung des Hubschraubers folgen
- Für den bodennahen Flug gilt: Dosierte pitch-Eingaben
- für pitch-Ziehen gilt das Entsprechende, der Hubschrauber nickt dann nur auf.

Es gilt also generell:

- pitch ziehen: HS nickt auf — Reaktion → Pilot drückt den stick nach vorne
- pitch drücken: HS nickt nach unten — Reaktion → Pilot zieht den stick nach hinten

Ursache: Veränderung des Trimmzustandes durch **Unsymmetrie der Auftriebsverteilung**

5.3. Strömungsabriss bei schneller Vorwärtsfahrt

5.3.1. Strömungsabriss bei schneller Vorwärtsfahrt

Lage: Da Sie jetzt schon viel Zeit auf dem Weg nach Bückeburg verloren haben, erhöhen Sie die Fluggeschwindigkeit mehr und mehr. Plötzlich schüttelt die ganze Zelle, die Steuerorgane vibrieren, der Hubschrauber nickt auf, rollt gleichzeitig nach links und Sie verlieren an Höhe.
- Übungsunterbrechung -
Bevor wir jetzt darauf kommen, **was** in so einer Situation am besten zu machen ist, wollen wir klären, **wie** es überhaupt dazu kommen konnte.

Die letzte Aktion vor dem sonderbaren Verhalten des Hubschraubers war die Geschwindigkeitserhöhung. Diese brachte anscheinend „das Fass zum Überlaufen".

Aber fangen wir vorne an:

Übergang in den Schwebeflug
Irgendwann sind Sie in den Schwebeflug übergegangen und haben dafür den Einstellwinkel und damit auch den effektiven Anstellwinkel **kollektiv** erhöht → $+ \Delta\vartheta_{koll}$

Übergang in den Vorwärtsflug
Für den Übergang in den Vorwärtsflug drücken Sie den stick nach vorne: Die BSE neigt sich, da am vorl. Blatt ϑ verkleinert, am rücklaufenden Blatt erhöht wird, und zwar **periodisch**

Kompensation UdA inkl. RA
Sie wissen inzwischen, dass bei Vergrößerung der Fluggeschwindigkeit (z.B. Übergang in den Vorwärtsflug) immer das Problem der **Unsymmetrie der Anströmung** inklusive der **Rückanströmung** entsteht. Das daraus resultierende Aufnicken müssen Sie durch stick-Drücken (= Neigung BSE nach vorne) ausgleichen. Das heißt nichts anderes als: wiederum Einstellwinkeländerung am vor- und rücklaufenden Blatt.

Eine kurze Zwischenbilanz:
Schauen Sie sich bitte in der Grafik die Änderung des Einstellwinkels am vor- und rücklaufenden Blatt an. Am vorlaufenden Blatt wurden sie kontinuierlich verringert (die hohe Strömungsgeschwindigkeit sorgt für ausreichenden Auftrieb). Am **rücklaufenden Blatt** musste der Einstellwinkel zu den genannten Zwecken oder Effekten **kontinuierlich periodisch vergrößert werden**!

Daraus können wir eine Einstell- bzw. **Anstellwinkelverteilung** über die gesamte BSE im Vorwärtsflug ableiten (Bild 5.3.2).

Wie sie aber wissen, kann man dieses Spiel nicht unendlich lang treiben. Irgendwann „sagt" die Strömung an einem stark angestellten Profil „das ist mir zu steil, ich kann der Oberfläche nicht mehr folgen" und verabschiedet sich aus dem Verein der Auftriebserzeuger! Dafür stellt sich der **Strömungsabriss** (stall) ein.

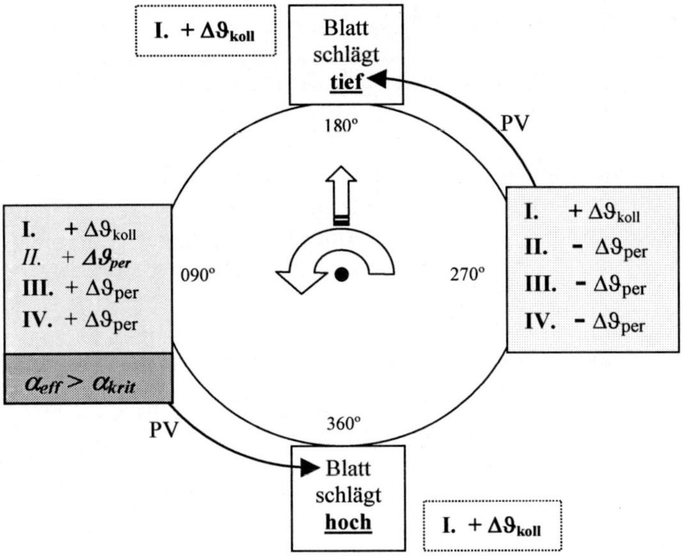

Bild 5.3.1: *Veränderung des kollektiven und periodischen Einstellwinkels*

Und genau den scheinen Sie mit der Geschwindigkeitserhöhung ausgelöst zu haben!

Erhöhung der Fluggeschwindigkeit (→ Ihre Lage!)
Periodische Einstellwinkeländerung zur stärkeren Neigung der BSE.
→ Der Einstellwinkel am rücklaufenden Blatt ist nun so hoch, dass der effektive Anstellwinkel den **kritischen Anstellwinkel** erreicht und überschreitet $\alpha_{eff} > \alpha_{krit}$
→ Die Strömung reißt am rücklaufenden Blatt ab!

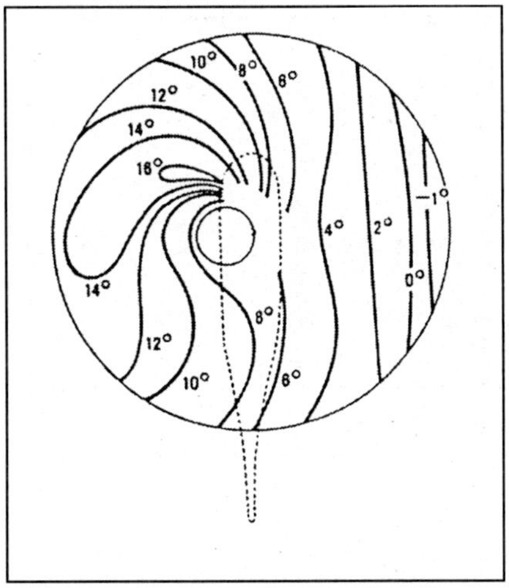

Bild 5.3.2: *Anstellwinkelverteilung im Vorwärtsflug*
(Quelle: Prouty)

Es gibt weitere Faktoren, die den Strömungsabriss am rücklaufenden Blatt bei hoher Vorwärtsfahrt begünstigen:
Hohes Abfluggewicht F_G → ϑ_{koll} **groß**
Hohe Density Altitude DA → ϑ_{koll} **groß**

Die nächste Frage stellt sich grundsätzlich nach dem genauen **Ort der Strömungsablösung** am rücklaufenden Blatt – innen, außen oder in der Mitte?

Bezüglich des **Blattinnenbereiches** ist die Frage schnell zu beantworten, da dort das **Rückanströmgebiet** liegt. Dieses wächst mit steigender Vorwärtsgeschwindigkeit nach außen, bei hohen Geschwindigkeiten bis ca. zur Blattmitte und hat naturgemäß **keinen Auftrieb** vorzuweisen!

Es bleiben die **Blattmitte** und der **Blattspitzenbereich** zu betrachten. Dazu bemühen wir die FBT. Der Blick auf die Strömungsverhältnisse (Bild 5.3.4) macht klar, warum der effektive Anstellwinkel α_{eff} an den Blattspitzen größer als in der Blattmitte ist, und damit dort eher α_{krit} erreicht ist

Der Grund ist bei ca. gleicher senkrechter Durchströmung ($w/2 + v_n$) in der unterschiedlichen Umfangsgeschwindigkeit zu finden. Auch die Schränkung des Blattes hebt diesen Effekt grundsätzlich nicht auf.

Folglich führt eine Einstellwinkelerhöhung grundsätzlich **erst an den Blattspitzen zur Strömungsablösung**.

Die Folge: Der Auftrieb bricht zusammen, das Blatt schlägt nach unten, dadurch wird der effektive Anstellwinkel auch in der Blattmitte vergrößert, übersteigt den kritischen Wert und führt auch dort zur Strömungsablösung (Bild 5.3.5). Auf dem Weg nach hinten „beruhigt" sich die Strömung wieder, da allein durch die periodische Einstellwinkeländerung der Anstellwinkel wieder abnimmt.

Bild 5.3.3: *Zwei Beispiele für die Anstellwinkelverteilung im Vorwärtsflug*

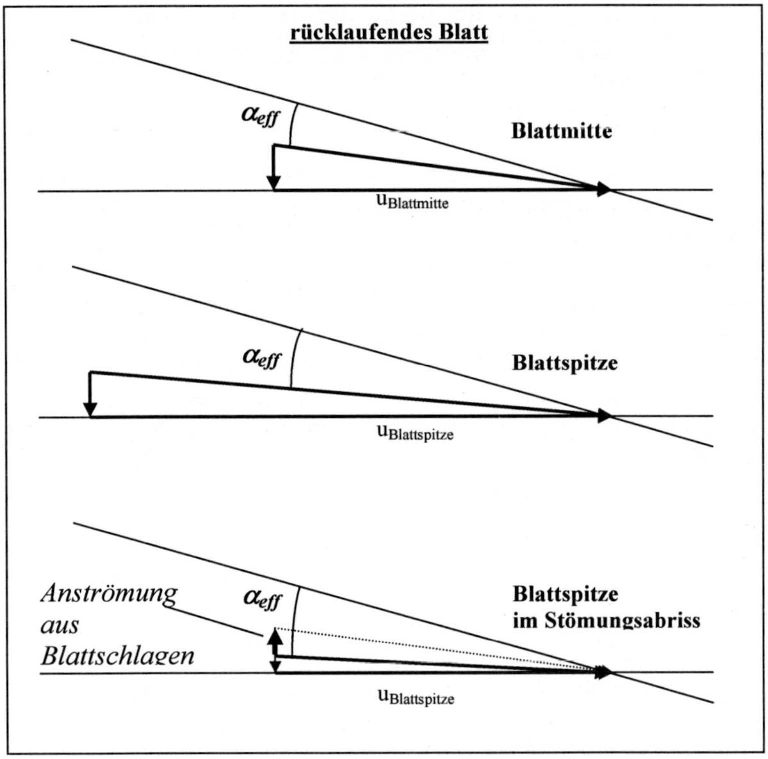

Bild 5.3.4: *Anströmverhältnisse am **rücklaufenden** Blatt*

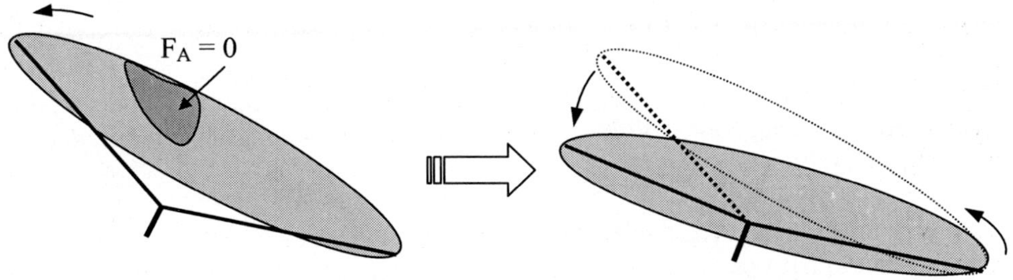

Bild 5.3.5: *Neigen BSE nach Auftriebsverlust am rücklaufenden Blatt*

Die weiteren **Auswirkungen** des Strömungsabriss in der schnellen Vorwärtsfahrt sind:

- **Schütteln / Vibrationen** des Rotors, der Zelle und der Steuerorgane aufgrund der sich einstellenden chaotischen Strömungsverhältnisse am rücklaufenden Blatt und aufgrund der daraus resultierenden Blatt-Torsionschwingungen (Verdrehen des Blattes durch wechselnde aerodynamische Kräfte)

- **Nicken**
  Das rücklaufende Blatt erfährt durch den *stall* weniger bis gar keinen Auftrieb und schlägt auf dem Weg zum Heckausleger nach unten. Damit neigt sich die BSE nach hinten, der Hubschrauber **nickt auf.**

- **Rollen**
  Als **Folge der Abwärts-Schlagbewegung** des hinteren Blattes (der Konuswinkel wird kleiner!) wird dort die senkrechte Durchströmung verkleinert (die Strömung hat sich wieder normalisiert und liegt an). Dadurch steigen wieder effektiver Anstellwinkel und Auftrieb an dem Blatt und es kommt durch die *Phasenverschiebung* zum Rollen. Der Hubschrauber rollt zum rücklaufenden Blatt.

- **Höhenverlust**
  Der Auftriebsverlust am rücklaufenden Blatt führt insgesamt zu erheblichem Schubverlust und damit zu starkem, plötzlichem Höhenverlust.
  Dieses kann beim bodennahen Flug sehr unangenehm werden!!

- **Verlust Steuerfolgsamkeit** (für Alouette II: siehe GAF T.O. 1H-SE-1 Teil VI)

Letztendlich sind hier mögliche **Auslösesituationen**, die zum Strömungsabriss am rücklaufenden Blatt führen können, dargestellt:

- **Zu hohe Geschwindigkeit**
  Diesen Fall haben wir bis hierhin behandelt. Damit Ihnen als Pilot die entsprechende Geschwindigkeitsgrenze bekannt ist, finden Sie bei vielen Hubschraubern im Cockpit, bei allen aber im Handbuch (GAF T.O. ...-1, Kapitel 5) eine Tabelle, die Geschwindigkeitsgrenzen angibt.
  Diese Grenze wird mit $\mathbf{v_{NE}}$ bezeichnet (**N**ever **E**xceed = niemals überschreiten) und ihr Überschreiten erzeugt eine Voraussetzung für den Strömungsabriss mit den dargestellten unangenehmen Folgen!

- **Manöver mit höheren Lastvielfache (n > 1; Kurve, Flare)**
  Da wir den Begriff Lastvielfaches (auch **n**) erst im Kapitel Kurvenflug ausführlicher behandeln folgt hier nur eine kurze, einfache Erklärung: Sie als Pilot fühlen im Vorwärtsflug nur ihr eigenes Gewicht, mit dem Sie in den Sitz gedrückt werden (n = 1). Leiten Sie eine Kurve oder ein Bremsmanöver (Flare) ein, so spüren Sie ihr Gewicht stärker, sie werden heftiger in den Sitz gepresst (n > 1). Die Belastung, die Sie spüren, kann bei extremen Manövern das Vielfache Ihres Körpergewichtes betragen. Ähnliches kennen Sie vom Autofahren, wenn Sie

beim Beschleunigen (vorausgesetzt, Ihr Wagen schafft das) in den Sitz gedrückt werden. Das Lastvielfache wirkt sich auch am Rotor aus. Egal, ob Sie aus dem Geradeausflug in eine scharfe Kurve fliegen oder ein Bremsmanöver durch Zurückneigen der BSE durchführen (ein sogenannter „flare“): Die Rotorebene wird insgesamt stärker von unten angeströmt und der **effektive Anstellwinkel erhöht sich.** Und das kann ebenfalls das „Fass“ zum Überlaufen bringen, indem am rücklaufenden Blatt der Strömungsabriss entsteht.

- **Böen**
  Eine Böe zur falschen Zeit und am falschen Ort, nämlich am rücklaufenden Blatt, dessen effektiver Anstellwinkel knapp unter dem kritischen Anstellwinkel ist, kann den Strömungsabriss dann letztendlich herbeiführen.

- **abrupte Steuereingaben**
  Diese beziehen sich auf die periodische und kollektive Steuerung. Befinden Sie sich gerade im schnellen Vorwärtsflug und drücken den stick abrupt nach vorne, so wird der Einstellwinkel des rücklaufenden Blattes noch mehr vergrößert. Das kann für einen ***stall*** reichen!

Gegenmaßnahmen

Angenommen, Sie haben sich erfolgreich in die Situation gebracht, dass am rücklaufenden Blatt die Strömung abgerissen ist, so stellt sich jetzt die Frage nach den Gegenmaßnahmen.

Abhängig von der Auslösesituation (zu hohe Geschwindigkeit, zu hohes Lastvielfaches, ...) können Sie Folgendes machen:

- pitch senken → ϑ_{koll} abbauen
- stick in Ausgangsposition / Neutralstellung zurück → ϑ_{per} „normalisieren“ (bei zu hoher Geschwindigkeit oder zu hohen Lastvielfachen: Kurve beenden)
- Flughöhe verringern (v_{NE} sinkt mit zunehmender Flughöhe, wird also eher erreicht)

Bemerkung: **Konstruktive Maßnahmen**, die den Strömungsabriss´am rücklaufenden Blatt verhindern bzw. hinauszögern kennen Sie schon aus dem Kapitel *„Konstruktive Maßnahmen zur Beeinflussung von Auftrieb und Widerstand“*: **BERP, gepfeilte Blattspitzen, Zirkulationskontrolle, etc.**

5.3.2. Kompressibilitätseffekte bei schneller Vorwärtsfahrt

Neben dem Strömungsabriss am rücklaufenden Blatt sind die **Kompressibilitätseffekte am vorlaufenden** Blatt ein weiterer Faktor zur Begrenzung der Vorwärtsgeschwindigkeit bei Hubschraubern: Ist die Strömung beim Auftreffen auf das vorlaufende Blatt noch im Bereich des Unterschalls ($Ma < 1$), so kann sie bei der Umströmung der Oberseite und einhergehender Beschleunigung in den Überschallbereich kommen. Die dabei auftretenden Dichteänderungen können sich als Schallwellen nicht mehr in alle Richtung ausbreiten, sondern „sammeln“ sich an der sogenannten **Stoßwelle**. Sie beschreibt den Übergang vom niedrigen Luftdruck (und – dichte) zu hohem Luftdruck (und –dichte). Bei dieser Änderung der Dichte steigt der **Widerstand** des Blattes sehr stark an und gleichzeitig löst sich die Strömung im hinteren Bereich des Blattes ab. Mögliche Auswirkungen sind : Erhöhter Triebwerk-**Leistungsbedarf**, vorlaufendes Blatt schlägt vorne tief → **BSE neigt sich nach vorne**.

5.4 Stabilität im Vorwärtsflug

Generell: Der Ausgangspunkt der folgenden Betrachtungen ist folgende Forderung: Das Luftfahrzeug muss **ausgetrimmt** sein (siehe auch Kap. 5.1).
Sie als Pilot wünschen sich bestimmt Steuerungs- und Stabilitätseigenschaften eines Hubschraubers, die den Regeln der **Flugsicherheit** entsprechen und bei Ihnen das subjektive Gefühl eines **leicht zu fliegenden und manövrierbaren** Luftfahrzeugs erwecken.

Was heißt eigentlich in diesem Zusammenhang **stabil, instabil** oder **neutral**?

Ein einfaches Beispiel soll die Wirkung von äußeren Kräften auf ein „System" klären (äußere Kräfte: Stoßkraft, Erdanziehungskraft, wir vernachlässigen mal die Reibung):
Die linke Kugel in Abb. 5.4.1 verhält sich bei Anstoßen **stabil**: Sie wird immer wieder in ihre Ausgangslage zurückkehren.
Stößt man dagegen die mittlere Kugel an, so wird diese sich immer mehr von ihrer Ausgangslage entfernen und nicht dorthin zurückkehren. Sie ist **instabil.**
Die rechte Kugel wird nach einem Stoß ihre Ausgangs-„Lage" im Augenblick des Stoßes beibehalten und (ohne Reibung) unendlich in der Richtung weiter rollen (bis der Tisch zu Ende ist!). Sie ist **neutral.**

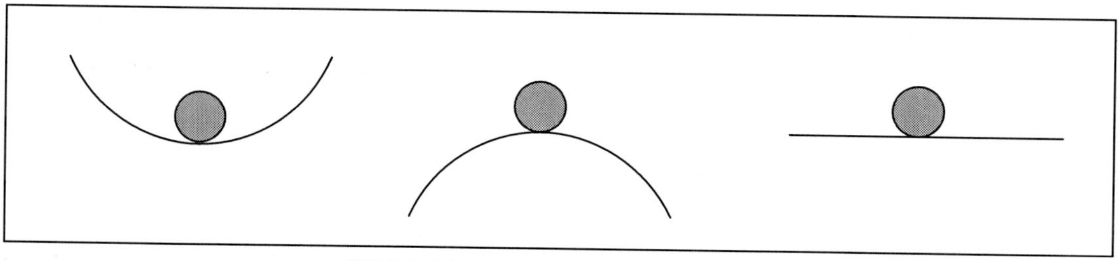

Bild 5.4.1: *Stabilität am Beispiel der Kugel*

Wir übertragen diese Gedanken auf den **Hubschrauberflug**:
Stellen Sie sich vor a) einen Schwebeflug durchzuführen oder b) im Vorwärtsflug zu sein. In beiden Fällen haben Sie das Gefühl, dass es gut läuft, d.h. Sie „arbeiten" wenig an den Steuerorganen, um den Hubschrauber in dem jeweiligen Zustand zu halten. Kurzum: Der Hubschrauber ist in seinem jeweiligen Flugzustand ausgetrimmt, d.h. alle Kräfte und Momente sind im **Gleichgewicht!**
Und jetzt bringt eine Böe eine gewisse Unruhe in Ihr beschauliches Dahinfliegen. Die Art, wie der Hubschrauber **kurzfristig** und **langfristig** auf eine Störung reagiert, wird mit dem Grad der Stabilität charakterisiert.

Wir unterscheiden grundsätzlich in statischer und dynamischer Stabilität eines Luftfahrzeugs.
Die **Statische Stabilität** sagt etwas über die **Anfangstendenz** des Hubschraubers nach einer Störung von außen aus. Er ist statisch stabil, wenn er bestrebt ist, bei jeder Einwirkung von außen in die Ausgangstrimmlage zurückzukehren. Damit hat der Hubschrauber aus subjektiver Pilotensicht gute Flugeigenschaften.

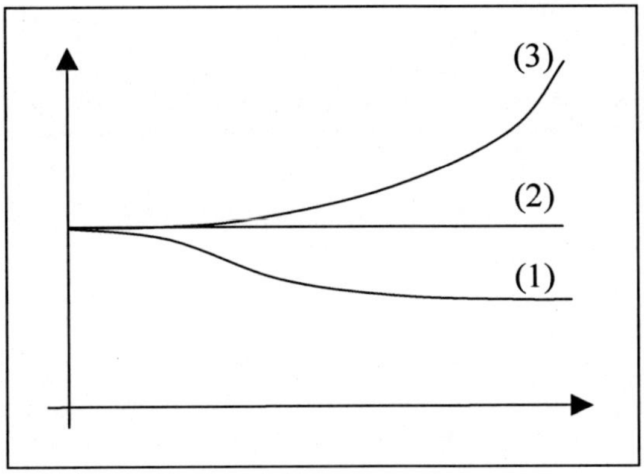

Bild 5.4.2:
Statisch stabil (1), neutral (2), instabil (3)

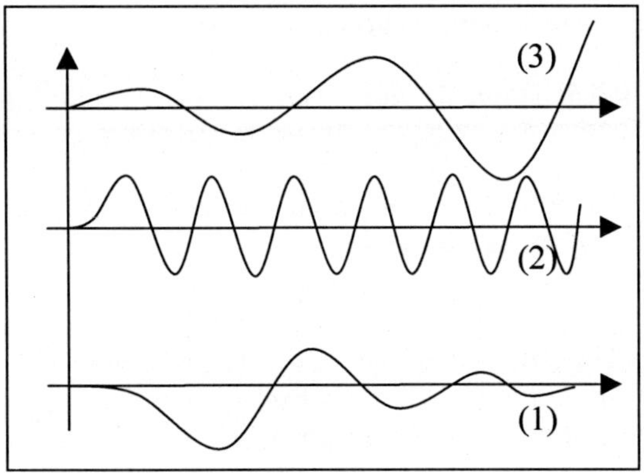

Bild 5.4.3:
Dynamisch stabil (1), neutral (2), instabil (3)

- **Statisch stabil**: Der Hubschrauber kehrt von alleine in seine Ausgangslage (Trimmlage) zurück.
- **Statisch neutral**: Der Hubschrauber behält den Zustand (Fluglage, Richtung und Geschwindigkeit) bei, in den er durch die Störung gebracht wurde.
- **Statisch instabil**: Der Hubschrauber bewegt sich nach der Störung immer weiter von der Trimmlage weg, Sie als Pilot haben mehr Arbeit

Die **dynamische Stabilität** (Bild 5.4.3) charakterisiert das **langfristige Verhalten** des Hubschraubers nach einer Störung. Beispiel: Schwingung um die Trimmlage: Aus der Anfangstendenz (statisch stabil) kommt er zurück in die Trimmlage („*schnelle Antwort*"), überschießt diese, kommt wieder aufgrund der statischen Stabilität zurück usw., d.h. er schaukelt sich vielleicht auf. Dieses Schwingungsverhaltens bezeichnen wir als „*lange Antwort*"[2].

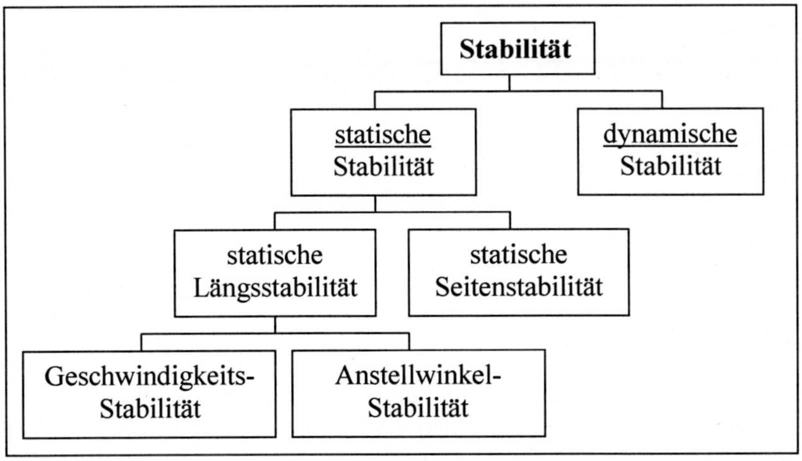

Bild 5.4.4:
Stabilitätsbegiffe, die in diesem Kapitel erläutert werden

[2] Hat der Hubschrauber keine statische Stabilität, so wird er auch keine dynamische Stabilität besitzen: Er kehrt ja nicht mehr zur Trimmlage zurück und kann also nicht um diese schwingen!

5.4.1 Statische Stabilität im Vorwärtsflug

Statische Längsstabilität ... bedeutet:

Erste ***Reaktion*** *(Anfangstendenz)* ***des Hubschraubers auf eine Störung in einer Ebene entlang der Längsachse und senkrecht zur Querachse.***

Wir unterscheiden innerhalb der statischen Längsstabilität die **Geschwindigkeitsstabilität** und die **Anstellwinkelstabilität.**

1. Geschwindigkeitsstabilität ... bedeutet:
→ Reaktionen des Hubschraubers auf Geschwindigkeitsänderungen (des Hubschraubers gegenüber der umgebenden Luft) in oder gegen Flugrichtung. Diese kann durch den Piloten über die periodische Steuerung oder durch eine Böe von vorne oder hinten verursacht werden.

Eine mögliche Reaktion des Hubschraubers kennen Sie schon: Das Aufnicken beim Übergang in den Vorwärtsflug, hervorgerufen durch **Änderung der Unsymmetrie der Anströmung**, bzw. Änderung im Gleichgewichtszustand des Hubschraubers.

Sie werden jetzt (gedanklich) die statische Stabilität eines Hubschraubers "testen":
Die Ausgangslage: Sie befinden sich Vorwärtsflug, der Hubschrauber ist ausgetrimmt.
Sie ***erhöhen*** *nun die* ***Vorwärtsgeschwindigkeit****, indem Sie den Stick so lange nach vorne drücken (und den Pitch dabei festhalten), bis der Hubschrauber eine Beschleunigung zeigt. Dann warten Sie ab.*
Wie reagiert der Hubschrauber?

1. Möglichkeit:
Der Hubschrauber nimmt leicht Fahrt auf, verliert etwas Höhe und nickt aber dann auf und bremst wieder ab. Sie müssten den Stick noch mehr nach vorne drücken, um die erhöhte Fahrt beizubehalten:
Der Hubschrauber ist **statisch stabil**, denn er versucht, in die Ausgangstrimmlage zurückzukehren.
Kennzeichen: Wenn Sie die neue Geschwindigkeit ausgetrimmt haben, ist der Stick weiter vorne als in der Ausgangslage.

Erklärung zu diesem Verhalten
Periodische Steuerung (Schlagen der Blätter = **Neigen BSE** = Neigung des Schubkraftvektors) oder **horizontale Böe** (Pilot hält Steuerorgane dann fest)
→ Beschleunigung Hubschrauber gegenüber Luft
→ Erhöhung Fluggeschwindigkeit

→ UdA bedeutet:

⊗ vorlaufendes Blatt: schnellere Luftströmung, damit steigt dort F_A,

⊗ rücklaufendes Blatt: langsamere Luftströmung und Rückanströmung, damit sinkt dort F_A und in Verbindung mit der Phasenverschiebung:

→ Blatt schlägt vorne hoch, hinten tief
→ BSE neigt sich nach hinten
→ Rotorschubkraft neigt sich nach hinten, Wirkung geht nicht mehr durch SP
→ bremsende Komponente und hecklastiges Nickmoment entstehen
→ Hubschrauberzelle nickt nachfolgend auch auf (Erhöhung schädlicher Widerstand Zelle)
→ Hubschrauber bremst dadurch wieder ab und kehrt zur Ausgangsfluglage (Trimmzustand) zurück.

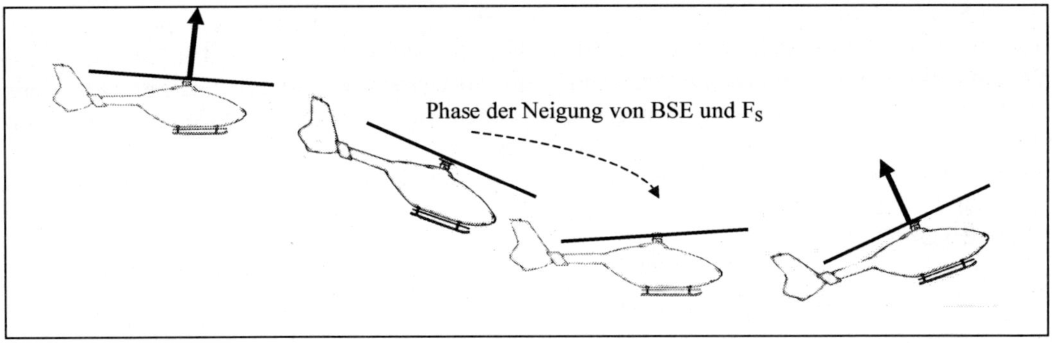

Bild 5.4.5: *Statische Geschwindigkeitsstabilität*

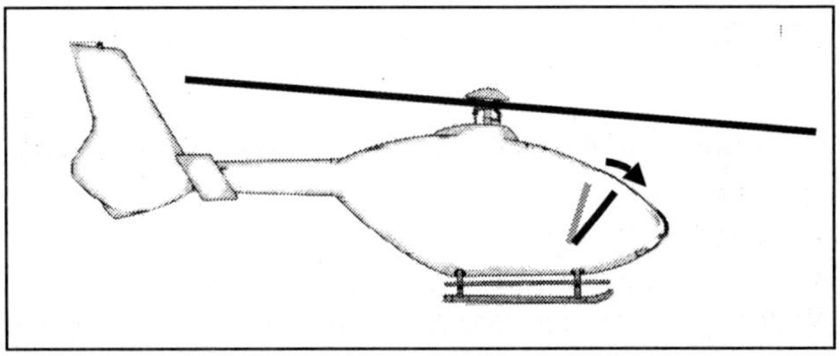

Bild 5.4.6: *Kennzeichen der statischen Geschwindigkeits**stabilität**: stick weiter vorne*

<u>2. Möglichkeit:</u>
Der Hubschrauber nimmt Fahrt auf, verliert dabei an Höhe und nickt ab (kopflastiges Nickmoment). Dadurch erhöht sich die Geschwindigkeit weiter (Schub mehr nach vorne).
Der Hubschrauber ist **<u>statisch instabil</u>**.

Kennzeichen: Wenn Sie die neue Geschwindigkeit ausgetrimmt haben, ist der Stick **weiter hinten** als in der Ausgangslage.

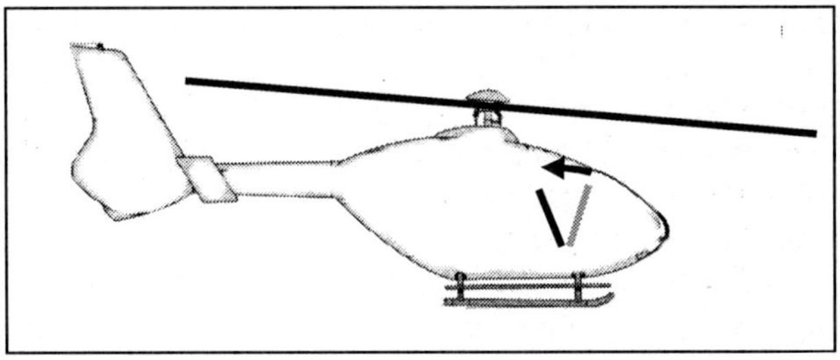

Bild 5.4.7: *Kennzeichen der statischen Geschwindigkeits-**Instabilität**: stick weiter hinten*

Wie kann es zu dem **unterschiedlichen** Verhalten kommen?
Zur Beantwortung der Frage müssen wir auf die Bedeutung des **Höhenleitwerks** eingehen: Die **Wirkung** des Höhenleitwerks aufgrund der Form und des Anbringungsortes kann in Verbindung mit der **Fluggeschwindigkeit** *stabilisierend* sowie *destabilisiernd* sein:
Erzeugt das Leitwerk Abtrieb (negativer Einstellwinkel oder Wölbung nach unten), so wird bei geringer Geschwindigkeitserhöhung der Abtrieb vergrößert. Das hecklastige Moment des Rotors wird durch dieses Zusatzmoment noch verstärkt, wir verzeichnen einen positiven – stabilisierenden – Einfluss bezüglich der statischen Geschwindigkeitsstabilität (Bild 5.4.8, links).

Bei **hohen Geschwindigkeiten** kann aber der stabilisierende Effekt aufgehoben werden: Der Downwash des Hauptrotors trifft unter einem flacheren Winkel auf das Höhenleitwerk und dessen Abtrieb sinkt dadurch oder kann sogar zum Auftrieb werden. Das stabilisierende Aufnickmoment durch das Höhenleitwerk wird **geringer** oder ändert sich – wenn es größer als das hecklastige Moment des Hauptrotors ist - **zum destabilisierenden Abnickmoment** (Bild 5.4.8, rechts).

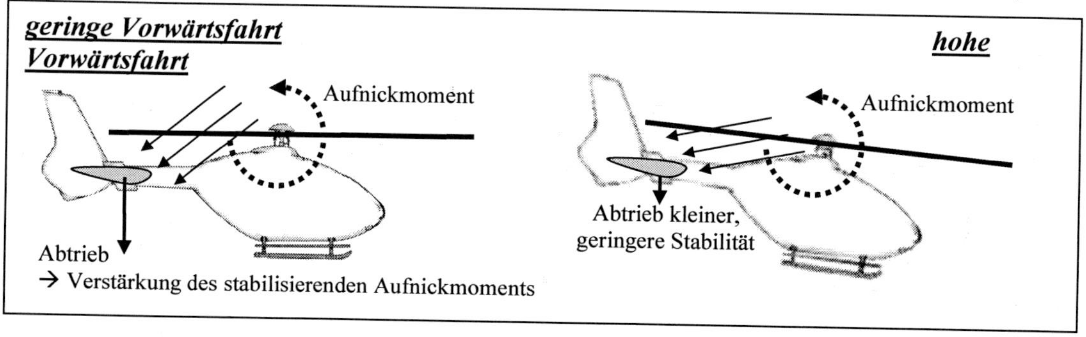

Bild 5.4.8: *Beispiel für den Einfluss der **Geschwindigkeit** auf den Stabilitätsbeitrag des **Höhenleitwerks***

Wichtig: Die Kombination aus Hauptrotormoment durch Geschwindigkeitsveränderung und Wirkung des Höhenleitwerks machen die Geschwindigkeitsstabilität eines Hubschraubers aus.

Piloten bevorzugen grundsätzlich eine leichte positive Geschwindigkeitsstabilität. Eine zu große positive Stabilität könnte den notwendigen Steuerweg des sticks nach vorne begrenzen bzw. der Geradeausflug würde sich bezüglich der Sitzhaltung aufgrund des sehr weit vorn befindlichen sticks etwas ungemütlich gestalten.
Eine negative Stabilität (instabiles Flugverhalten) führt zum stetigen Auswandern des Hubschraubers aus seiner Trimmposition – ständiges Korrigieren seitens des Piloten ist erforderlich.

Hinweis: Eine Veränderung der Vorwärtsgeschwindigkeit (Böe oder periodische Einstellwinkeländerung am vor- und rücklaufenden Blatt) bringt aber nicht nur Nicken, sondern durch das Nicken auch ein Rollen (sogenannte *Kopplungseffekte*), insbesondere bei Hubschraubern mit abgesetzten Schlaggelenken oder mit gelenklosem Rotor - mit sich. Denken Sie zum Beispiel an das Rollen und Nicken beim Übergang in den Vorwärtsflug!

INTENTIONALLY LEFT BLANK!

2. Anstellwinkelstabilität (Manövrierstabilität)

Den Anstellwinkeleinfluss kennen Sie schon als **pitchabhängiges Nicken** des Hubschraubers. Beispiel: Das pitch-Ziehen bedeutet eine kollektive Anstellwinkeländerung. Und diese Anstellwinkeländerung hat Auswirkungen auf die Stabilität. Am vorlaufenden Blatt wird im Vergleich zum rücklaufenden Blatt mehr Auftrieb erzeugt, das Blatt schlägt vorne höher. Der Anstellwinkel kann natürlich auch durch eine vertikale Böe kollektiv verändert werden.

Wiederholung: Pichabhängiges Nicken bedeutet:
- Pitch ziehen (Anstellwinkel kollektiv erhöhen): Hubschrauber nickt auf
- Pitch drücken (Anstellwinkel kollektiv verkleinern): Hubschrauber nickt ab

Ursache: unsymmetrische Veränderung des Auftriebs am vor- und rücklaufenden Blatt

Bild 5.4.9: *Beispiel für pitch-abhängiges **Aufnicken** bei pitch-Ziehen*

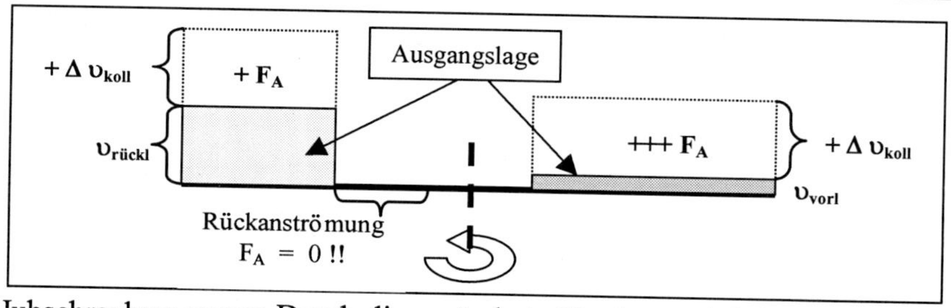

Das **Aufnicken** des Hubschraubers verschlimmert dieses **instabile** Verhalten des Hubschraubers sogar: Durch die veränderte Fluglage wird der Hauptrotor noch stärker von unten angeströmt, der Anstellwinkel vergrößert sich dadurch nochmals und das Aufnicken wird verstärkt: Der Hubschrauber ist bezüglich der Anstellwinkeländerung **instabil**. Das gleiche gilt natürlich auch für das anfängliche Abnicken (pitch senken oder Abwindböe).

Ein **Höhenleitwerk** kann **stabilisierend** wirken, wenn es bei der Nickbewegung des Hubschraubers – **im Gegensatz** zur Geschwindigkeitsstabilität - ein **entgegengesetztes** Nickmoment erzeugt.

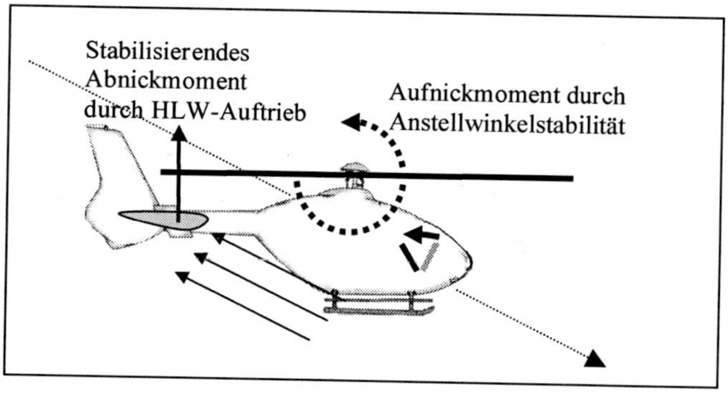

Bild 5.4.10: *Kurven-Sinkflug: Stabilisierendes Höhenleitwerk (HLW)*

„Testen“ Sie die Anstellwinkelstabilität:
Der Pilot kann wie schon bei der Geschwindigkeitsstabilität an der Stellung des sticks den Grad der Manöverstabilität im Flug erkennen.
Dazu leitet man eine gleichmäßige Kurve bei festgestellten pitch ein, wobei die Geschwindigkeit konstant bleiben soll. Der Hubschrauber sinkt, der Rotor wird stärker von unten angeströmt und dadurch wird der Anstellwinkel kollektiv erhöht.
Ist der Steuerknüppel nach dem Austrimmen des Kurvenflugs in der Kurve **hinter** der ursprünglichen Trimmstellung, so hat der Hubschrauber eine **positive Manövrierstabilität**: Das

Höhenleitwerk hat als „Stabilisator“ durch die Anströmung von unten ein kopflastiges Moment erzeugt, was der Anstellwinkelerhöhung (Aufnicken des Hubschraubers) entgegenwirkt und den Hubschrauber zurück in die Gleichgewichtslage oder darüber hinaus bringt. Der Pilot muss zum Ausgleich den stick mehr oder weniger stark nach hinten bewegen.

Dieser manöverstabile Hubschrauber würde bei einer Anstellwinkelvergrößerung durch eine Böe (von unten) nach einem anfänglichen Aufnicken durch die Höhenleitwerk-Wirkung wieder zu seiner Gleichgewichtslage zurückkehren wollen.

Auswirkung der <u>Schwerpunktlage</u> (SP) auf Anstellwinkelstabilität
(Die Schwerpunktlage wird generell in der Fluglehre – Performance - behandelt)

Vordere Schwerpunktlage: Erhöhung Rotorschub oder Aufwindböe (koll. Anstellwinkelerhöhung) bewirken erst ein Aufnickmoment, der vergrößerte Schub wirkt aber in Verbindung mit dem Hebelarm zum Schwerpunkt gleichzeitig kopflastig und damit **stabilisierend**. Der Hubschrauber kehrt zur Gleichgewichtslage zurück.

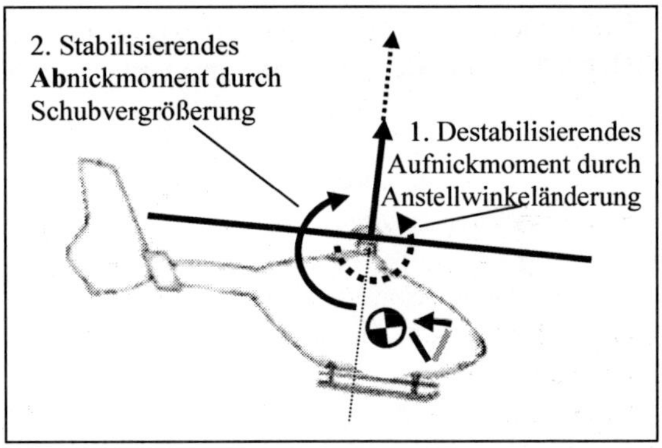

Bild 5.4.11: *Stabilisierende Schwerpunktlage bei Anstellwinkelerhöhung*

Hintere Schwerpunktlage: Erhöhung Rotorschub oder Aufwindböe bewirken erst ein Aufnickmoment, der vergrößerte Schub wirkt in Verbindung mit dem Hebelarm zum Schwerpunkt gleichzeitig schwanzlastig und damit **destabilisierend**. Der Hubschrauber nickt noch mehr auf. Wenn der SP zu weit hinten liegt, kann die Destabilisierung so groß sein, dass der Hubschrauber nicht mehr steuerbar ist, d.h. **der Steuerweg des sticks reicht nach vorne nicht mehr zum Ausgleich aus!**

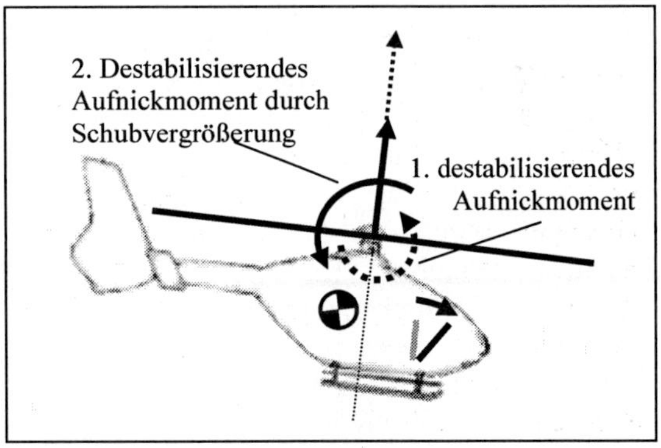

Bild 5.4.12: *Destabilisierende Schwerpunktlage bei Anstellwinkelerhöhung*

Daher ist im Flughandbuch (Kap. 5) eine **hintere Grenze für den Schwerpunkt** angegeben.
Die vordere Grenze muss unter den gleichen Aspekten festgelegt werden, so dass der Steuerweg nach hinten – z.B. beim Landeflare oder Rückwärtsflug – ausreichend ist.

Einfluss **Rumpf:**
Grundsätzlich haben Hubschrauberrümpfe im Vorwärtsflug bei einer Aufnickbewegung durch Anstellwinkelerhöhung **destabilisierende** Eigenschaften: Mit wachsendem Aufnicken erzeugen sie durch die Wirkung des schädlichen Widerstands ein schwanzlastiges Moment.
Dieses kann aber durch das **Höhenleitwerk ausgeglichen** werden: Ein Höhenleitwerk, welches im Vorwärtsflug Abtrieb erzeugt (erhöht die Geschwindigkeitsstabilität!) wird gegenüber der Luft bei der Aufnickbewegung des Hubschraubers weniger stark angeströmt (dessen Anstellwinkel nimmt ab) und erzeugt damit weniger Abtrieb oder sogar Auftrieb. Es entsteht ein stabilisierendes, kopflastiges Nickmoment.

Sie sehen, dass viele konstruktive und aerodynamische Faktoren mit ihrer gegenseitigen Beeinflussung die Stabilität eines Hubschraubers bestimmen.

Statische Seitenstabilität

Die statische Seitenstabilität eines Hubschraubers wird von drei verschiedenen Faktoren beeinflusst (auf die einzelnen Punkte wird im Kapitel „Heckrotorwirkung“ noch näher eingegangen).

V-Stellungseffekt:
Wenn Sie mal die BO 105 von hinten schweben sehen, so wird Ihnen auffallen, dass der Hubschrauber nach links hängt. Der Grund: Der Heckrotorschub erzeugt eine Abdrift nach rechts, der Pilot gleicht das mit Neigen des Hauptrotorschubs nach links aus (Genaueres im Kapitel „Heckrotorwirkung“). Dieses „Hängen“ ist im Vorwärtsflug recht „ungemütlich“ und wird durch den Piloten durch ein leichtes Schieben (Steuerung durch Pedale) ausgeglichen. Dadurch erfährt der Hauptrotor eine neue Anströmung von der Seite und reagiert wie bei der (statischen) Geschwindigkeitsstabilität: Nickt der Rotor auf, so ist der Hubschrauber seitenstabil. Sie erkennen das an der Stellung des sticks: Dieser ist nach dem Austrimmen leicht <u>rechts</u> vorne.

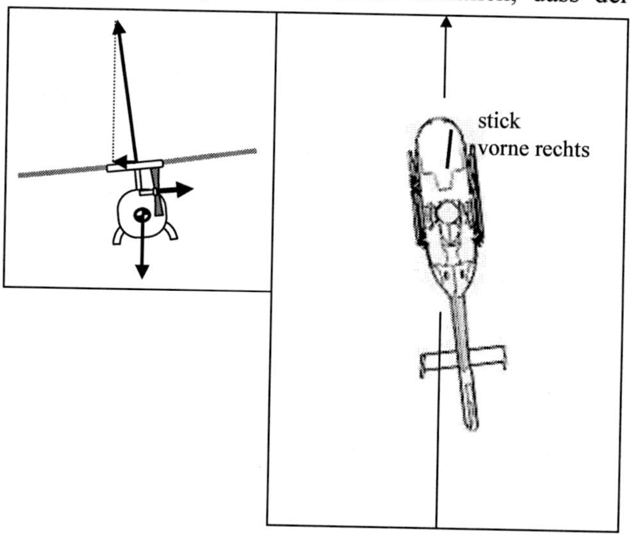

Bild 5.4.13: *Ausgleich des „Hängen“ durch „Schieben“*

Richtungsstabilität (Windfahnenverhalten):
Wird der HS im Vorwärtsflug aus der getrimmten Lage gebracht (z.B. durch eine Gierbewegung), so sorgt das **Seitenleitwerk** für eine stabilisierende Gierbewegung zurück, sozusagen „in den Wind hinein".

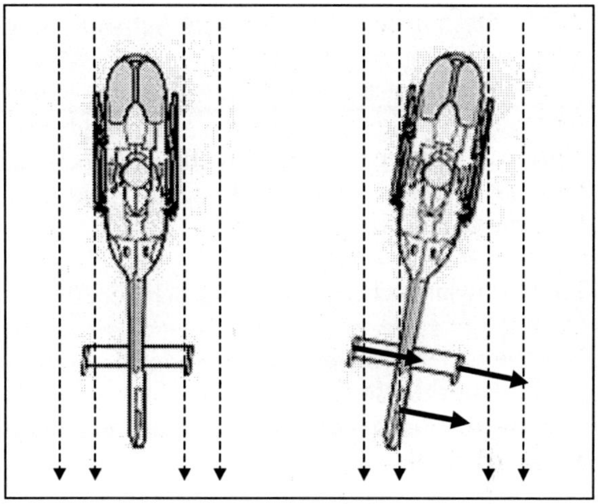

Bild 5.4.14: *Windfahnenverhalten*

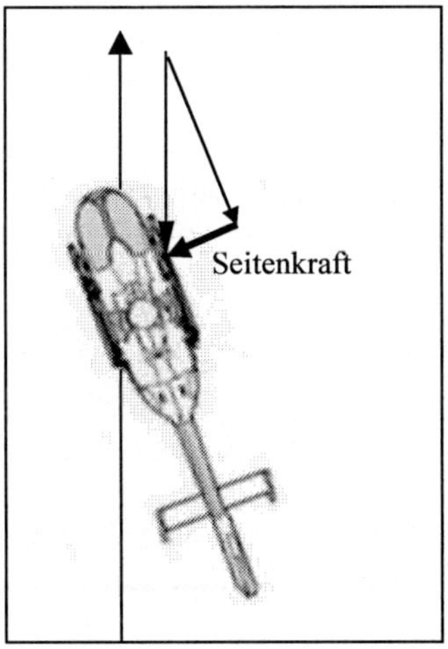

Seitenkräfte:
Diese beeinflussen die Richtungsstabilität: Geringe Seitenkräfte begünstigen das Windfahnenverhalten (s.o.) des Hubschraubers. Hohe Seitenkräfte aber beschränken die Fähigkeit zum Schieben im Vorwärtsflug, machen den Hubschrauber auch weniger manövrierbarer. Z.B. kann der erforderliche Schiebewinkel für den „angenehmen" Richtungsflug evtl. nicht eingenommen werden.

Bild 5.4.15: *Seitenkräfte durch Vorwärtsfahrt*

5.5 Dynamische Stabilität im Schwebeflug und im Vorwärtsflug

Wir gehen in diesem Kapitel auch auf das dynamische Stabilitätsverhalten im Schwebeflug ein, da hier die Auswirkungen getrennt voneinander betrachtet werden können. Man muss bezüglich des Vorwärtsflugs immer im Hinterkopf haben, dass aufgrund des Fluggeschwindigkeitseinflusses (UdA) die Auswirkungen miteinander gekoppelt sind. So hat das Nicken immer Einfluss auf das Rollen und auch umgekehrt.

1.1.1 Dynamische Stabilität im Schwebeflug

Wir betrachten drei verschiedene Einflüsse von außen in der Ausgangssituationen „Schwebeflug“:
1. **horizontale Böe**
2. **Böe, die den gesamten Hubschrauber nicken lässt**
3. **vertikale Böe**

<u>Zu 1.: horizontale Böe (Bild 5.5.1)</u>

① Ausgangslage: Schwebender Hubschrauber (v = 0).

② Die Böe trifft horizontal ($v_{Böe}$) von vorne auf den schwebenden Hubschrauber. Die schon bekannte **Geschwindigkeitsstabilität** führt zu einem Aufnicken des Hauptrotors. Dadurch wird eine horizontale Schubkomponente erzeugt.

③A: Der Hubschrauber setzt sich rückwärts in Bewegung. Diese Bewegung wird durch den schädlichen Widerstand des Rumpfes gegenüber der Böe noch verstärkt. Ein hecklastiges Moment vom Rotor auf die Zelle wird erzeugt (Nickmoment Zelle), da die Wirkungslinie des Rotorschubes nicht mehr durch den Schwerpunkt geht (auch ②). Die Zelle nickt auf.
③B: Die Rückwärtsbewegung erzeugt eine neue Anströmung am Rotor von hinten, die Geschwindigkeitsstabilität führt zum Nicken (Nickmoment Rotor).

④ Da der Pilot noch (!) nicht eingegriffen hat, ist die Taumelscheibe weiterhin in Neutralstellung (Trimmzustand Schwebeflug). Somit werden die periodischen Einstellwinkel durch die neue Rotorneigung (gegenüber der Zelle) so verändert, dass das hintere Blatt wieder höher und das vordere Blatt wieder tiefer schlägt und der Rotor sich wieder abneigt. Im Endzustand schwebt der Hubschrauber mit der Böengeschwindigkeit (noch wirkenden Böe) rückwärts. Gegenüber der umgebenden Luft hat er damit keine Geschwindigkeit.

⑤ Zum Anhalten wird der Pilot den stick nach vorne führen (Eingriff Pilot → Neigung Taumelscheibe).

Dieses Verhalten wird als *„schnelle Antwort“* des Hubschraubers auf eine Störung seines Gleichgewichtszustandes von außen bezeichnet. In diesem Verhalten auf die genannte Störung zeigen sich die meisten Hubschrauber **dynamisch stabil.**

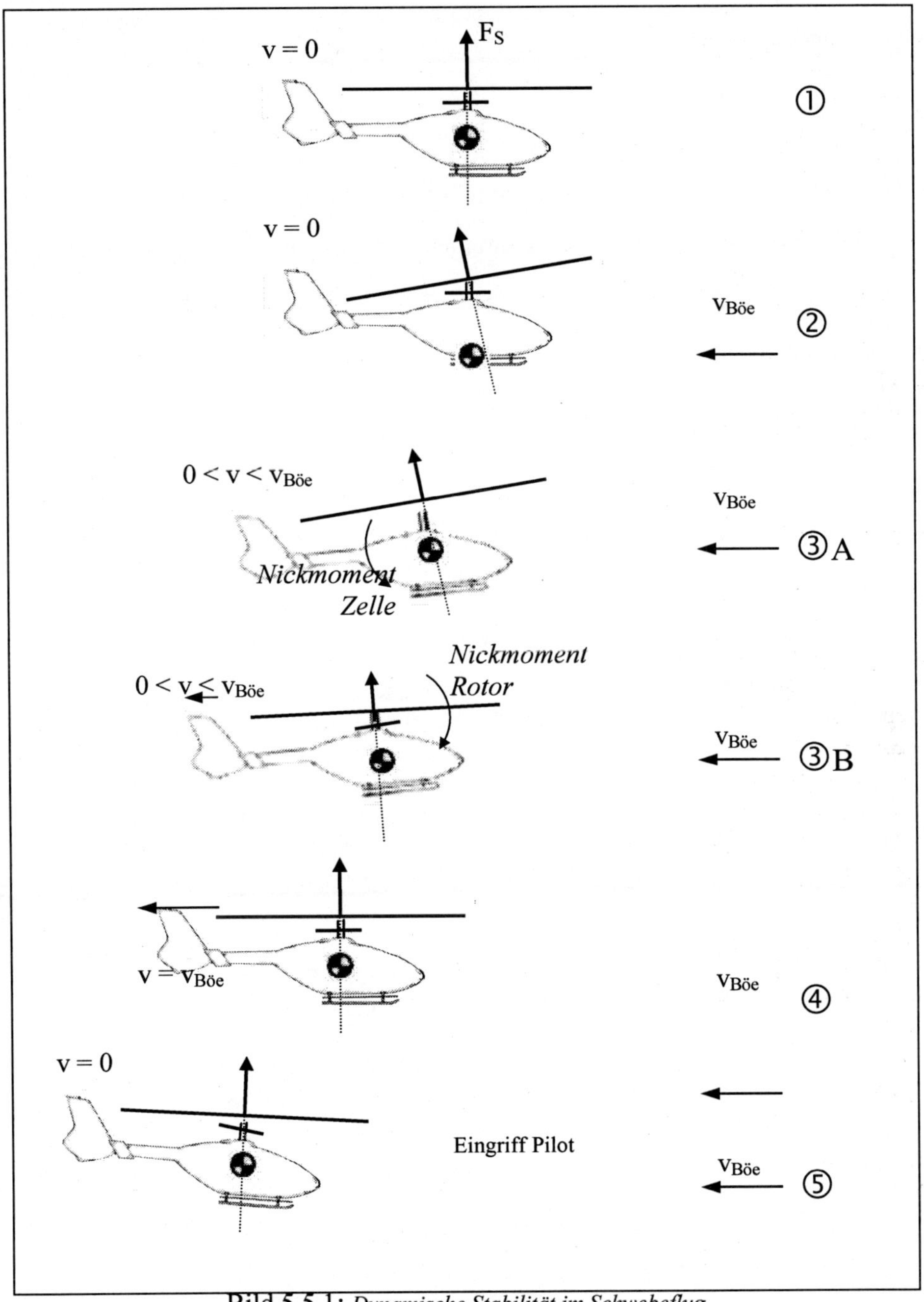

Bild 5.5.1: *Dynamische Stabilität im Schwebeflug*

Zu 2.: Böe, die den gesamten Hubschrauber nicken lässt (Bild 5.5.2)

Dass Hubschrauber auch (meistens) **dynamisch instabil** sein können, zeigt Folgendes: Der im Schwebeflug gehaltene Hubschrauber wird durch eine Böe so gestört, dass er (Zelle und Rotor) nach vorne abnickt. Der Pilot bleibt jetzt einfach mal untätig und wir sehen zu, was in den nächsten Sekunden passiert.

nach 2 Sek.:
Der Hubschrauber bewegt sich aufgrund des horizontalen Schubkraftanteils vorwärts
nach 4 Sek.:
Die Vorwärtsgeschwindigkeit lässt den Rotor zurückschlagen (Geschwindigkeitsstabilität!)
nach 6 Sek.:
Das Nicken des Rotors erzeugt ein Aufnickmoment auf die Zelle, die Fluglage wird hecklastig
nach 8 Sek.:
Der Rotor erzeugt in dieser Fluglage wieder eine Bremskraft, der Hubschrauber hält an ...
nach 10 Sek.:
... und bewegt sich dann rückwärts
nach 12 Sek.:
Er hat den Ausgangspunkt wieder erreicht, hat aber noch Rückwärtsgeschwindigkeit und eine hecklastige Fluglage.
nach 14 Sek.:
Die Ausgangsfluglage ist wieder erreicht, der Hubschrauber hat aber noch Rückwärtsgeschwindigkeit und daher wiederholt sich jetzt der Vorgang (Aufnicken durch Geschwindigkeitsstabilität usw.), wobei die Entfernungen um den Ausgangspunkt immer größer werden.

Dass der Hubschrauber nach ca. 12 Sekunden wieder am Ausgangspunkt war, hier aber eine Geschwindigkeit aufwies, bedeutet einen **Energiegewinn** durch die Störung und das nachfolgende Verhalten. Das ist ein deutliches Zeichen für ein **dynamisch instabiles**, ungedämpftes System. Wir sprechen auch von der „*langen Antwort*“ des Hubschraubers auf eine Störung.

In Verbindung mit einem „trägen“ Hubschrauber (z.B. Bell UH 1D) zeigen sich hier besonders die Schwierigkeiten eines Flugschülers, besonnene Steuerkorrekturen durchzuführen. Im schlechteren Fall wird er durch ungeduldiges Nachsteuern die Schwingungen des Hubschraubers noch verstärken.

Hubschrauber mit gelenklosen Rotoren zeigen sicher auch das instabile Verhalten, nur sind sie schneller (durch ihre höhere Steuerfolgsamkeit) in den Griff zu kriegen.

Um den Piloten ein wenig „workload“, also Arbeitsbelastung zu nehmen, integrieren die Konstrukteure sogenannte „Dämpfungsmechanismen“ in das Steuersystem. Einige dieser Lösungen werden später noch vorgestellt.

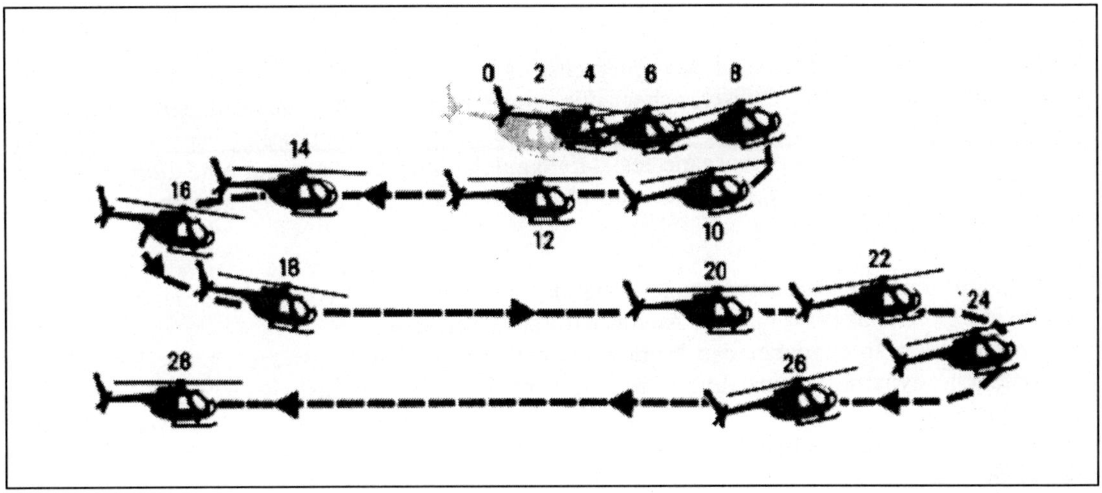

Bild 5.5.2: *Dynamische Instabilität im Schwebeflug*
(Die Bewegungen finden annähernd ohne Höhenänderung statt. Um die Grafik aber übersichtlicher zu gestalten, wurde die Bewegung vertikal auseinander gezogen, **Quelle: Prouty)**

Zu 3.: vertikale Böe

Die Auswirkung einer vertikalen Böe kennen Sie schon vom Ergebnis her: Es ist mit dem Verhalten des Hubschraubers bei pitch-Betätigung für den senkrechten Steig- oder Sinkflug zu vergleichen.

Erhält der Hubschrauber eine Aufwindböe, so wird der Anstellwinkel der Blätter kollektiv vergrößert, der Schub wird vergrößert und der Hubschrauber beginnt ein beschleunigtes Steigen. Durch das Steigen erfahren die Blätter wiederum eine Strömungsgeschwindigkeit von oben, die senkrechte Durchströmung (von oben) nimmt zu und folglich wird der Schub wieder verringert. Die beschleunigte Bewegung wird langsamer, sie wird gedämpft, und geht u.U. in eine gleichförmige Bewegung über.

Im Einflussbereich des Bodeneffekts sieht die Welt für den Flugschüler wiederum etwas anders aus: Wenn er oberhalb des Bodeneffekts den Sinkflug mit dem Ziel des Aufsetzens eingeleitet hat, so wird er nach wiederholten erfolglosen Versuchen feststellen, dass er den Hubschrauber durch das Bodenpolster hindurch-„drücken“ muss (pitch sogar senken). Folgt er diesem Rat des Fluglehrers nicht, so wirkt sich das Bodenpolster wie eine Feder auf den Hubschrauber aus: Der Hubschrauber wird in der Abwärtsbewegung gestoppt, fängt wieder an zu steigen, der Schüler senkt den pitch, der HS sinkt wieder, gerät in das Bodenpolster, der Schub wird vergrößert und der Hubschrauber steigt, usw. ...

Diese „Federkraft“ der gestauten Luft muss zur Landung überwunden werden.

5.5.2 Dynamische Stabilität im Vorwärtsflug

Wird die Nicklage (Fluglage bzgl. der Querachse) z.B. von einer Böe während des Vorwärtsflugs gestört, so reagiert der Hubschrauber mit abwechselnden Nickbewegungen (periodisches Schwingungsverhalten = Phygoide) um den ursprünglichen Trimmpunkt, wenn der Pilot nicht eingreift (er hält nur die Steuerorgane fest). Es handelt sich wiederum um eine „*lange Antwort*“. Eine Phygoide ist gekennzeichnet durch den ständigen **Energieaustausch** zwischen Geschwindigkeit und Höhe.

Dabei hängt die Art der Bewegung – stabil oder instabil – von dem Zusammenspiel der **Geschwindigkeitsstabilität** und der **Anstellwinkelstabilität** ab.
Eine große Rolle spielt dabei das **Höhenleitwerk**. Ohne Höhenleitwerk ist der Hubschrauber grundsätzlich dynamisch instabil. Das Anbringen eines Höhenleitwerks überführt seine Schwingungseigenschaften in den stabilen Bereich. Wie wir aber von der statischen Stabilität wissen, können der Einstellwinkel des Leitwerks (Voreinstellung) und eine höhere Fluggeschwindigkeit wiederum negativen Einfluss haben.

Betrachten Sie im Folgenden auch die Grafik auf der rechten Seite.

① Der Hubschrauber kann also durch eine Störung aus der getrimmten Vorwärtsfluglage gebracht werden, so dass er (in diesem Beispiel) mit einer Nickbewegung (Zelle und Rotor) nach unten einen Sinkflug beginnt. Dabei erhöht sich die Fluggeschwindigkeit, denn das Hubschraubergewicht wirkt nun zum Teil in Richtung der Flugbahn und beschleunigt den Hubschrauber ...

② ... Aufnicken durch **Geschwindigkeitsstabilität**, gedämpft durch die Wirkung des **Höhenleitwerks** → Aufnicken (Drehung um Querachse) produziert höheren Anstellwinkel der Zelle und höheren Anstellwinkel des Rotors → weiteres Aufnicken durch **Anstellwinkelstabilität** und Schubvergrößerung ...

③ ... Sinkgeschwindigkeit verkleinert bis Schub größer als Gewicht → Steigen → Gewicht gegen Flugbahn → Hubschrauber langsamer ...

④ ... Aufnicken abnehmend (da Aufnicken durch Geschwindigkeitsstabilität kleiner als Nickdämpfung durch Höhenleitwerk) → Anstellwinkel wird wieder kleiner ...

⑤ ... Trimmlage wieder erreicht, aber im Steigflug → weiteres Abbremsen ...

⑥ ... Abnicken durch Geschwindigkeitsstabilität usw. .....

Werden Schwingungsperiode und Amplitude immer größer, d.h. der Hubschrauber „gewinnt“ Energie aus der Bewegung, so ist **dynamisch instabil**. Die geschickte Auslegung des Hubschraubers oder **Dämpfungsregelungsanlagen** ermöglichen ein gutes Beherrschen eines dynamisch instabilen Hubschraubers oder führen sogar zu einem stabilen Verhalten (die Schwingungen werden nach einer Störung immer kleiner).

Ein weiteres Merkmal der Phygoide des Hubschraubers ist auch das seitliche Auswandern des Hubschraubers, da sich der Heckrotorschub mit der Vorwärtsgeschwindigkeit ändert und das Hauptrotordrehmoment von Fluggeschwindigkeit und Anstellwinkel abhängig ist.

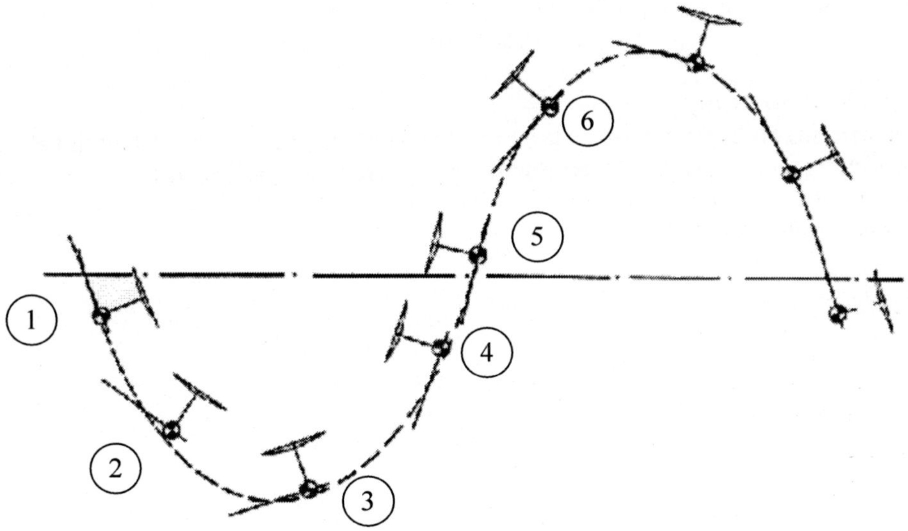

Bild 5.5.3: *Dynamische **Instabilität** im Vorwärtsflug (Quelle: Wagner)*

5.5.3 Maßnahmen zur Verbesserung der Stabilität

Um die Stabilitätseigenschaften eines Hubschraubers zu verbessern (weniger instabil bzw. von instabil nach stabil) haben sich die Konstrukteure ein paar sinnvolle Maßnahmen einfallen lassen:

a) Stabilisierungsflächen:

- Höhenleitwerk

  Das Höhenleitwerk kann als eine Stabilisierungsfläche abhängig von Form und Anbringungsort bzw. –art stabilisierende Eigenschaften aufweisen.

  Beispiel **Vorwärtsflug**:
  Aufnicken des Hubschraubers (z.B. durch Geschwindigkeits- oder Anstellwinkelstabilität) → Anstellwinkel HLW wird vergrößert → Auftrieb → kopflastiges Abnickmoment als Nickdämpfung der Zellenbewegung → stabilisierend (dadurch kann ein Hubschrauber dynamisch stabil werden!)

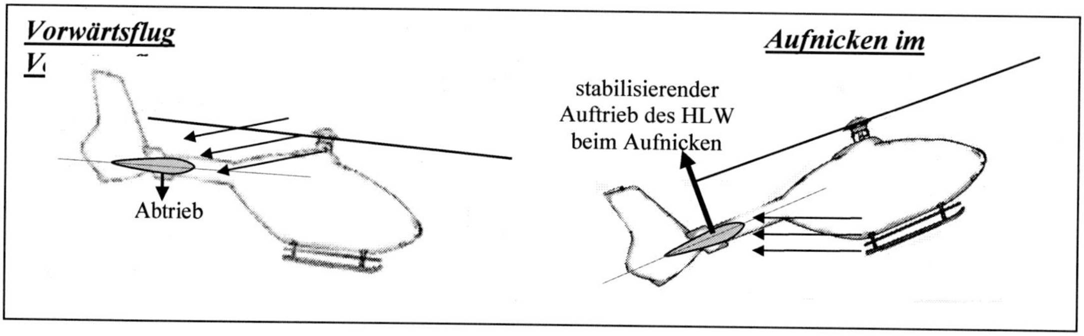

Bild 5.5.4: *Stabilisiernder Einfluss des HLW*

- Seitenleitwerk

  Das Seitenleitwerk (SLW) kann - analog zum Höhenleitwerk - als eine Stabilisierungsfläche abhängig von Form und Anbringungsort bzw. –art stabilisierende Eigenschaften aufweisen.
  Beispiel **Vorwärtsflug**:
  Drehung (Gieren) des Hubschraubers um die Hochachse
  → Anstellwinkel SLW wird vergrößert → Auftrieb → Querkraft →
  Gierdämpfungsmoment zur Gierbewegung der Zelle → stabilisierend

*Im **Rückwärtsflug** wirken die Stabilisierungsflächen allerdings destabilisiernd, d.h. sie verstärken Auswanderbewegungen (Gieren, Nicken) des Hubschraubers.*

b) Kreiselgeräte

Die für den Piloten angenehmsten Stabilisierungshilfen sind sicher Autopiloten bzw. Autostabilisatoren. Diese stellen mit Hilfe von Kreiseln Winkelbeschleunigungen und Winkelgeschwindigkeiten (das sind Geschwindigkeit bzw. Beschleunigung bei einer Drehbewegung um einer der drei Hubschrauberachsen) als Abweichungen von Soll-

Trimmzustand fest. Die Abweichungen werden in Steuerkommandos umgewandelt, diese werden an die Steuerungsanlage zurückgegeben und über Steuermotoren in die Steuerung „eingespeist" (Beispiele: NH 90, CH 53G, ...).

c) Stabilisierungssystem nach Bell

Dieses Stabilisierungssystem ist Ihnen schon aus den Grundlagen der Luftfahrzeugtechnik bekannt. Der Stabilisator ist eine Stange, die zu den zwei Blättern des halbstarren Rotorsystems um 90° versetzt gelenkig angebracht ist und mit dem Rotor mitdreht. Die beiden Gewichte an den Enden des Stabilisators verleihen diesem Kreiseleigenschaften, d.h. bei ausreichender Rotationsgeschwindigkeit ist er bestrebt, seine Lage im Raum beizubehalten. Da er mit dem Steuersystem verbunden ist, kann er stabilisierend auf die Steuerung einwirken.
Beispiel **Vorwärtsflug**:
Erfährt **nur** die Hubschrauber**zelle** (z.B. durch eine Böe) eine Nickbewegung, so verbleibt die Blattspitzenebene in ihrer ursprünglichen Lage, da die Blatthebel zur Veränderung der Einstellwinkel über Stoßstangen mit dem Stabilisator verbunden sind und dieser sich nicht in seiner Lage verändert. Die Zelle kommt von alleine in die Ursprungslage zurück. Dementsprechend wirkt die Stange auch stabilisierend, wenn nur die Blattspitzenebene durch eine Böe in der Lage verändert wird. Sie wird in ihre Ausgangslage zurückgeführt. Die Wirkung des Stabilisators ist abhängig von der Dämpfungswirkung, die an dem Steuersystem konstruktiv eingestellt werden kann. Die Stabilisierungseigenschaften aber auch die Steuerfolgsamkeit werden dadurch beeinflusst.

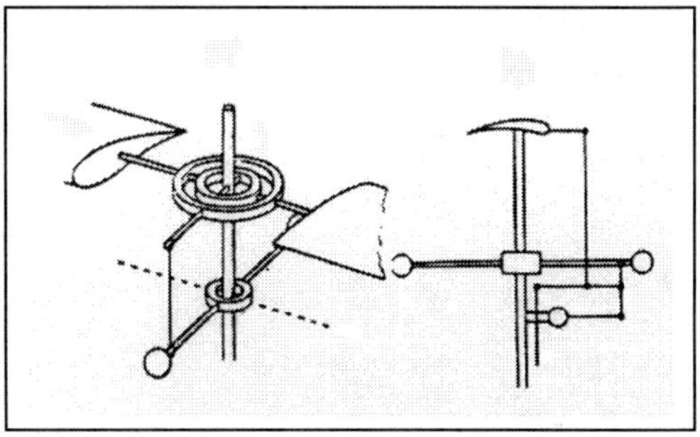

Bild 5.5.5: *System Bell*

d) Stabilisierungssystem nach Hiller
Dieses System ähnelt dem Bell-System bis auf die augenscheinliche Tatsache, dass keine Dämpfungsgewichte sondern **kleine Hilfsflügel** an der Stabilisatorstange angebracht wurden. Diese Hilfsflügel dienen nicht nur der Dämpfung, sondern auch der Steuerung: Steuersignale vom Piloten werden erst an die Hilfsflügel in Form von Einstellwinkeländerungen übermittelt. Dadurch kippt die Stabilisierungsstange und über ein Steuergestänge werden die Einstellwinkel der Rotorblätter verändert. Der Vorteil sind geringe Steuerkräfte, eine Hydraulikanlage kann entfallen.

Der Dämpfungs- bzw. Stabilisierungseffekt stellt sich so ein: Schlägt ein Rotorblatt durch eine Böe hoch, so setzen auch Schlagbewegungen bei den Hilfsflügeln ein. Diese wirken aber auf die Einstellwinkel der Blätter so ein, dass z.B. der Einstellwinkel eines hochschlagenden Blattes verringert wird und es in seine Ausgangslage zurückkehrt.

Bild 5.5.6: *System Hiller*

e) **Blattwinkelrücksteuerung – Delta-Drei-Gelenk**
Diese Steuerung setzt an den Rotorblatt-Schlaggelenken an. Ein normales Schlaggelenk verändert den Einstellwinkel des Blattes beim Hochschlagen nicht. **Versetzt man aber die Schlaggelenkachse**, so dass sie nicht mehr in 90° zum Blatt steht, dann verringert sich beim Hochschlagen des Blattes der Einstellwinkel, der Auftrieb wird geringer und das Blatt in der Schlagbewegung abgebremst. Die Schlagbewegung fällt nicht mehr so stark aus. Man spricht von der **aerodynamischen Schlagdämpfung**. Diese Maßnahme kann den Einfluss der Unsymmetrie der Anströmung (denken Sie an die Geschwindigkeitsstabilität!) in Form von Nickbewegungen der Blattspitzenebene minimieren. Ein solches Gelenk nennt man Delta-Drei-Gelenk (oder **δ–3-Gelenk**, Bild 5.5.7)
Konstruktiv anders kann der gleiche Effekt durch **abgesetzte Blatthebel** erreicht werden (Bild 5.5.8). Der Blatthebel ist mit der Stoßstange nicht auf der Linie der Schlaggelenkachse verbunden. Schlägt das Blatt jetzt hoch, so zieht die Stoßstange die Blattvorderkante durch die Aufwärtsbewegung des Blattes wieder herunter, der Einstellwinkel wird verkleinert.

Bild 5.5.7: *Normales und Aerodynamische Schlagdämpfung beim Delta-Drei-Gelenk*

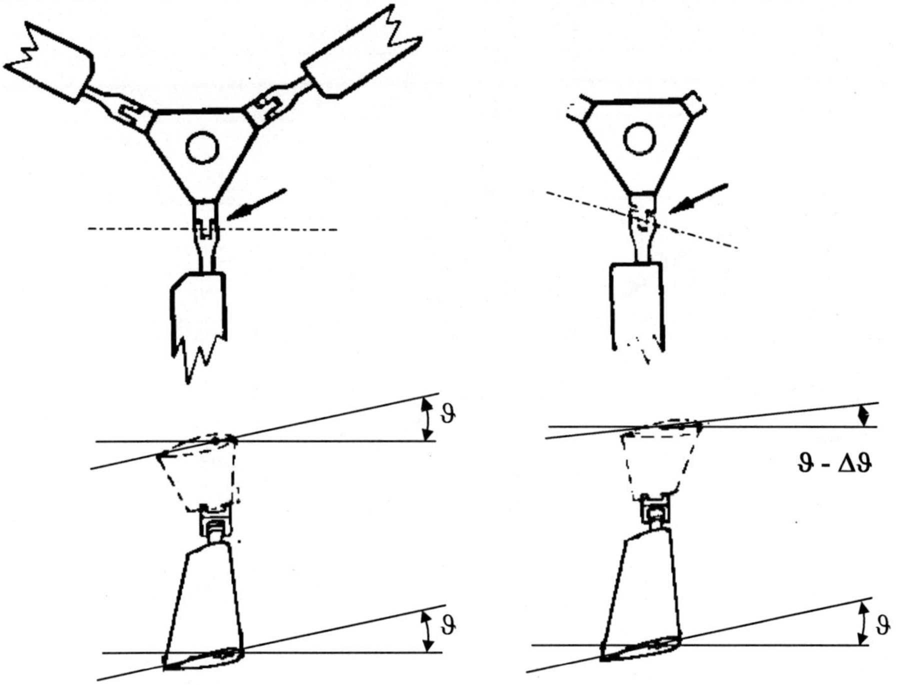

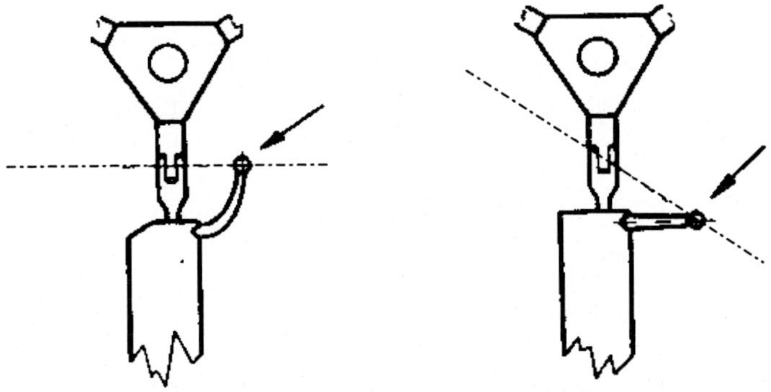

Bild 5.5.8: ***Delta-Drei-Gelenk-Wirkung durch Absetzen des Blatthebel***

5.6 Übungen zu Aerodynamische Besonderheiten des Vorwärtsflugs

1. Beschriften Sie das Diagramm!

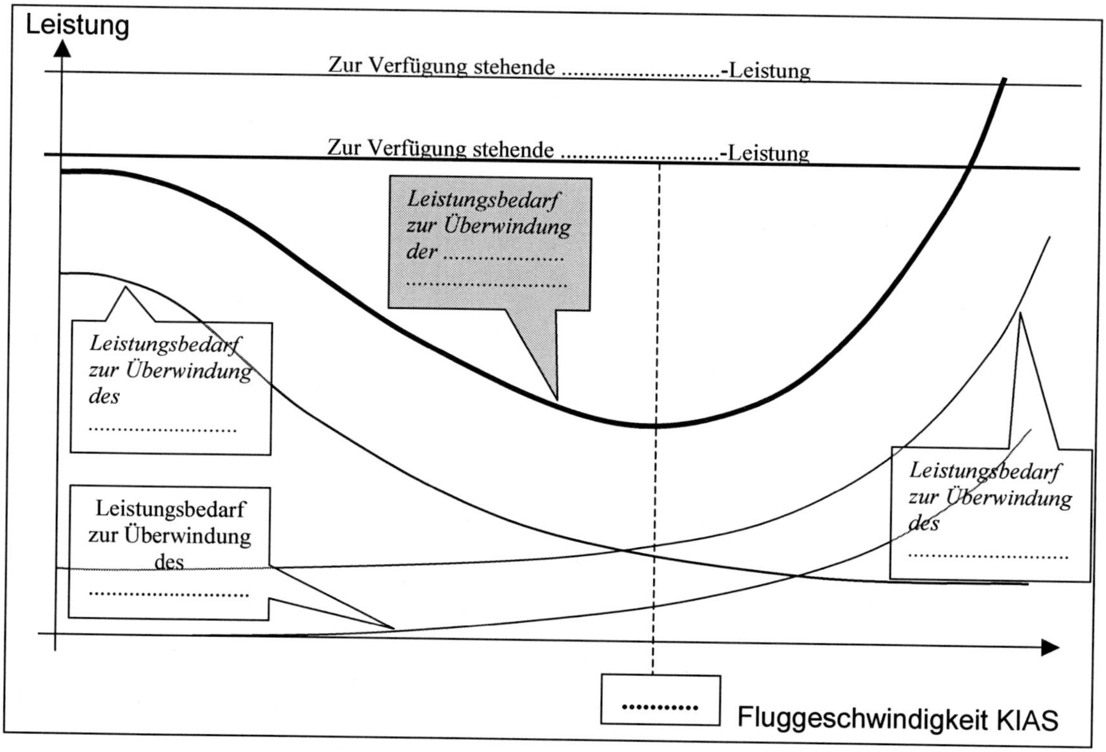

2. Was ist die grundsätzliche Ursache für das pitchabhängige Rollen im Vorwärtsflug?
3. Zeichnen Sie die Ursache und die aerodynamische Auswirkungen (BSE von der Seite, FBT, BSE von oben)
4. Was ist die grundsätzliche Ursache für das pitchabhängige Nicken im Vorwärtsflug?
5. Zeichnen Sie die Ursache und die aerodynamische Auswirkungen (BSE von hinten) für den Fall „pitch senken"!
6. Welche Steuereingaben können in der Summe zum „Strömungsabriss bei schneller Vorwärtsfahrt" führen?
7. Wo reißt die Strömung am Rotor ab?
8. Welche Faktoren begünstigen diesen Strömungsabriss?

9. Welche Auswirkungen können Sie beim „Strömungsabriss bei schneller Vorwärtsfahrt" feststellen?

10. Welche Auslösesituationen kennen Sie?

11. Welche Gegenmaßnahmen führen Sie durch?

12. Was ist der Unterschied zwischen Statischer und Dynamischer Stabilität und wie hängen sie zusammen?

13. Wie verhält sich ein Hubschrauber, der statische Geschwindigkeitsstabilität besitzt. Erläutern Sie sein Verhalten anhand einer Geschwindigkeitserhöhung im Geradeausflug!.

14. Woran erkennen Sie diese Stabilität noch?

15. Warum kann ein Höhenleitwerk bei hohen Geschwindigkeiten in seiner stabilisierenden Wirkung abnehmen?

16. Der Hubschrauber erhält im Geradeausflug eine Böe von unten. Wie reagiert er, wenn er anstellwinkel-instabil ist?

17. Warum ist ein Aufnicken bei Anstellwinkel-Instabilität negativ?

18. Durch welche konstruktive Maßnahme wird ein anstellwinkel-instabiler Hubschrauber stabil?

19. Wirkt der Schwerpunkt im abgebildeten Hubschrauber bei Anstellwinkelerhöhung im Vorwärtsflug stabilisierend oder destabilisierend?

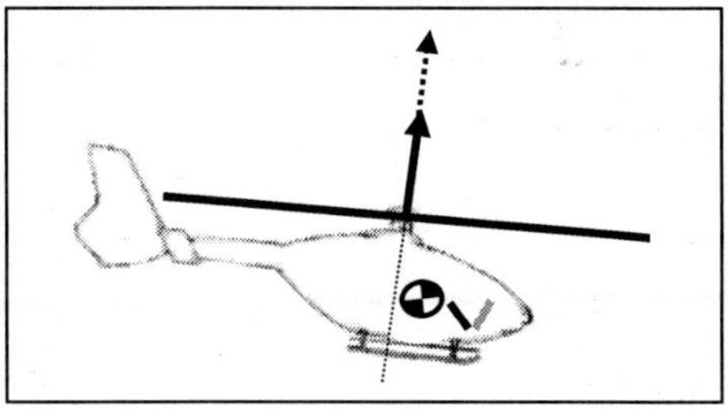

20. Nennen Sie die drei Einflussfaktoren der statischen Seitenstabilität!

21. Wie nennt man die „lange Antwort" des Hubschraubers auf eine Störung von außen, wenn er um seinen Trimmpunkt schwingt?

22. Welche Stabilitätsarten beeinflussen grundsätzlich die dynamische Stabilität im Vorwärtsflug?

23. Benennen Sie die drei rechts gezeichneten dynamischen Stabilitätsformen eines Hubschraubers!

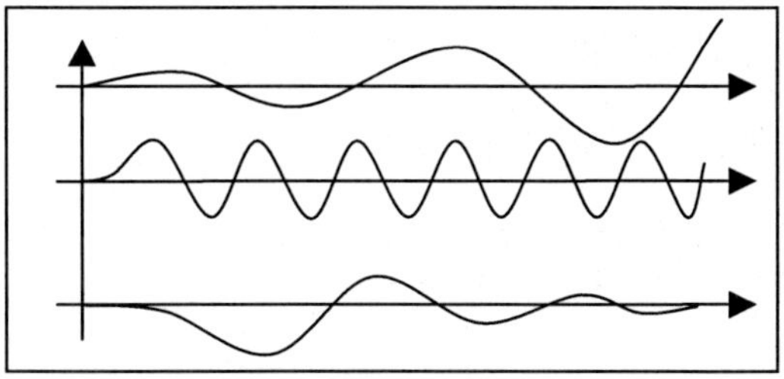

24. Nennen Sie mögliche Maßnahmen zur Verbesserung der Stabilität!

Intentionally left blank!

KAPITEL 6

6. *Horizontaler Kurvenflug*

6.1 Kräfte im horizontalen Kurvenflug

Lage: Sie haben endlich November 4 von der Bückeburger Kontrollzone erreicht und erhalten die Landefreigabe für die Landerichtung 08. Schwungvoll leiten Sie den Kurvenflug nach .... rechts ein, um das Downwind-Leg zu erreichen. Interessiert können Sie dabei beobachten, dass der Höhenmesser und das Variometer gemeinsam nach unten ausschlagen. Warum?

Eines ist Ihnen noch bekannt: Im ausgetrimmten Vorwärtsflug (straight and level) liegt ein **Kräfte- und Momentengleichgewicht** am Hubschrauber vor. Insbesondere sind die vertikale Schubkraftkomponente und die Gewichtskraft gleich groß (wir vernachlässigen mal die ca. 6% Leistungsverlust durch den schädlichen Widerstand der Hubschrauberzelle)

Mit der Einleitung der Kurve **stören** Sie aber dieses friedliches Miteinander der Kräfte, also deren Gleichgewicht.

Wenn Sie den stick in die gewünschte Flugrichtung drücken, leiten Sie folgenden Vorgang ein:

- **stick** nach rechts:
- die **Periodische** Steuerung wirkt so, dass
- das **vordere** Blatt einen **größeren** Einstellwinkel und das **hintere** Blatt einen **kleineren** Einstellwinkel erhält
- nach der Wirkung der **Phasenverschiebung**
- schlägt das **rücklaufende** Blatt **hoch**, das **vorlaufende** Blatt **tief**
- die **BSE neigt** sich nach rechts
- die **Schubkraft neigt** sich ebenfalls nach rechts
- der **Hubschrauber** folgt dem Rotor und **rollt** in die beabsichtigte Richtung

Neben dem Effekt, dass die Pedale eine Bedienung erwünschen, bemerken Sie auch eine Veränderung der Flughöhe, der Hubschrauber sinkt. Warum?

Darum → Der *vertikal* wirkende Anteil $F_{S,vertikal}$ der geneigten Schubkraft kann der unveränderten Gewichtskraft (es ist nicht Standard, in einer Kurve Ballast abzuwerfen!) nicht mehr genug entgegensetzen.
Neu ist der *horizontale* Schubkraftanteil $F_{S,horizontal}$, der natürlich in die Kurve (zum Kreismittelpunkt) hineinzeigt. Was sollte Sie und den Hubschrauber sonst auf der Kurvenbahn halten?
Beide Kräfte zusammen ergeben die Rotorschubkraft[3], die nur ihre Richtung im Raum, aber nicht ihren Betrag geändert hat (Wenn Sie nicht unabgesprochenerweise doch den pitch bewegt haben!)
Aber es entsteht bei der Einleitung des Kurvenflugs noch eine weitere Kraft: Die Zentrifugalkraft F_Z. Diese Kraft kennen Sie vom Autofahren in der Form, dass Ihr Auto, wenn es die Reibung

[3] Die für den Vorwärtsflug nötige Horizontalkraft kann hier vernachlässigt werden

(Halt) der Räder auf der Straße nicht gäbe, aus der Kurve treiben würde. Der Grund ist die **Massenträgheit** des Gefährts, egal ob Auto oder Hubschrauber, die den Geradeausflug (oder –fahrt) beibehalten möchte.

Fliegen Sie jetzt eine koordinierte horizontale Kurve, so behält der Hubschrauber die von Ihnen eingesteuerte Neigung bei: Den sogenannten **Querneigungswinkel ϕ** (griech.: phi, gesprochen wie „Vieh") bzw. die **Banklage** (bank; engl.: Neigung) in Grad.

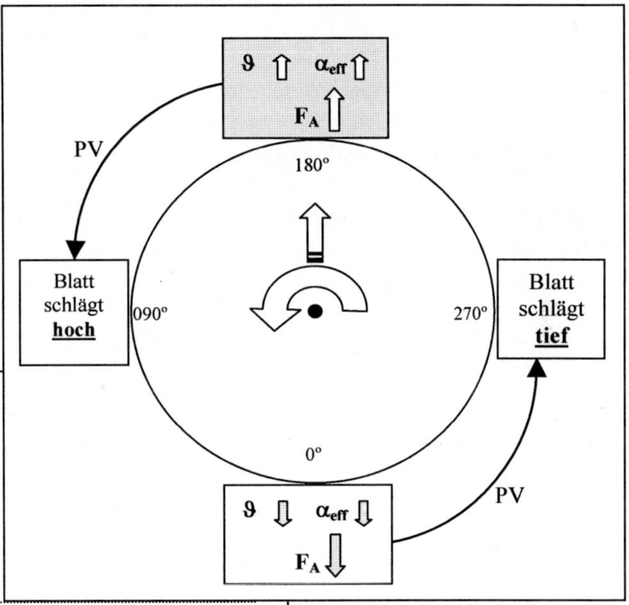

Bild 6.1: *Kurve einleiten*

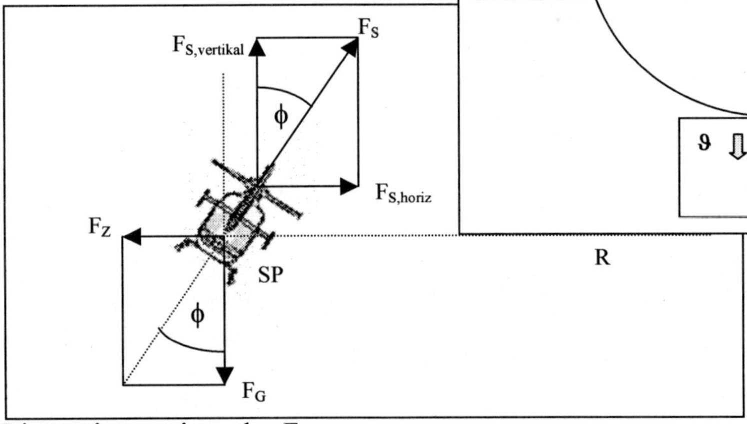

Bild 6.2: *Kräfteverhältnisse in der horizontalen Kurve*

Die uns interessierenden Fragen:

1. Um wie viel muss F_S erhöht werden, um im Kurvenflug bei gleichbleibender Geschwindigkeit gegen die Gewichtskraft die Höhe zu halten? **F_S / F_G = ????**

2. Von **welchen Größen** hängt das Maß der **Banklage** ab?

3. Von **welchen Größen** hängt das Maß der **Schuberhöhung** ab?

Die Auswahl der in Frage kommenden Größen:

- Fluggeschwindigkeit v
- Kurvenradius R
- Hubschraubermasse m
- Querneigungswinkel ϕ
- Erdbeschleunigung g

6.2 Querneigungswinkel und Lastvielfaches

Zur Beantwortung der Fragen muss vorrangig geklärt werden, wie die verschiedenen bisher genannten Einflussgrössen voneinander abhängen. Dazu nutzen wir die Trigonometrie (Vorsicht: Mathe!) und wir gehen davon aus, dass Sie für den **horizontalen** Kurvenflug **ausreichend pitch** gezogen haben ($F_{S,vertikal} = F_G$ und $F_Z = F_{S,horiz}$). Vergleichen Sie mit dem Bild 6.3.

Nach dem Prinzip *Gegenkathete* durch *Hypothenuse* gilt: $\sin\phi = F_Z / F_S \rightarrow F_Z = F_S \bullet \sin\phi$

Nach dem Prinzip *Ankathete* durch *Hypothenuse* gilt: $\cos\phi = F_G / F_S \rightarrow F_G = F_S \bullet \cos\phi$

Die Schubkraft ist in beiden Ausdrücken die „Große Unbekannte", über die wir ja am Ende eine Aussage treffen wollen. Aber nach einem kleinen trigonometrischen Trick ergibt sich:

$$\frac{F_Z}{F_G} = \frac{\cancel{F_S} \bullet \sin\phi}{\cancel{F_S} \bullet \cos\phi} = \boldsymbol{\tan\phi}$$

F_Z und F_G sind Größen, die wir physikalisch auch anders beschreiben können:

$$\boxed{F_Z = \frac{m \bullet v^2}{R}} \qquad \boxed{F_G = m \bullet g} \qquad \Longrightarrow \qquad \boxed{\tan\phi = \frac{m \bullet v^2}{R \bullet m \bullet g} = \frac{v^2}{R \bullet g}}$$

Betrachtet man das Ergebnis genau, wird klar, dass die ***Banklage** im Flug nur von der **Fluggeschwindigkeit v** und den **Kurvenradius R** abhängt* (die Erdbeschleunigung nehmen wir als konstant an), aber nicht von der Masse des Hubschraubers. Diese wird schon durch die Schuberhöhung (pitch ziehen) kompensiert. Das heißt also:
Fliegen CH-53G und BO 105 eine horizontale Kurve mit 100 KIAS und R = 500m, so haben beide die gleiche Banklage!

Merken: $$\boxed{\tan\phi = \frac{v^2}{R \bullet g}}$$

Eigentlich suchen wir jetzt nur noch eine geeignete leichte Beziehung, die uns das Maß der Schuberhöhung $\mathbf{F_S / F_G}$ zeigt.
Ein Blick auf den Anfang der Seite zeigt: $\cos\phi = F_G / F_S$. Drehen wir das einfach um:

$$\rightarrow F_S / F_G = 1 / \cos\phi$$

Merken: $$\boxed{\frac{F_S}{F_G} = \frac{1}{\cos\phi} = n}$$

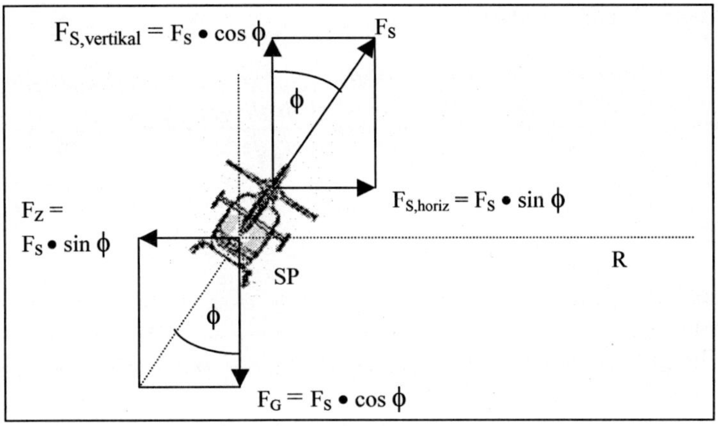

Bild 6.3: *Kräfteverhältnis Kurvenflug - Winkelbeziehungen*

Diese einfache Beziehung sagt uns jetzt:

- Das Verhältnis von Schub- und Gewichtskraft, welches für einen horizontalen Kurvenflug sorgt, ist einfach und hängt **nur** von der Banklage ab. Diese Abhängigkeit lässt sich in einem Diagramm darstellen (Bild 6.4)
- Das Verhältnis wird mit dem **dimensionslosen** Faktor **n** bezeichnet, der **Lastvielfaches** genannt wird. Mit Last ist die unveränderliche Gewichtskraft des Hubschraubers beschrieben und „-vielfaches" bezeichnet das Maß, um welches der Schub für den horizontalen Flug erhöht werden muss.

  Ein Beispiel: Das Lastvielfache n = 2 bedeutet, dass der Schub auf das Zweifache der Gewichtskraft erhöht werden muss, um die Kurve horizontal fliegen zu können!

  Vielleicht denken Sie jetzt auch „... das kann nicht immer gut gehen!", und damit hätten Sie recht!

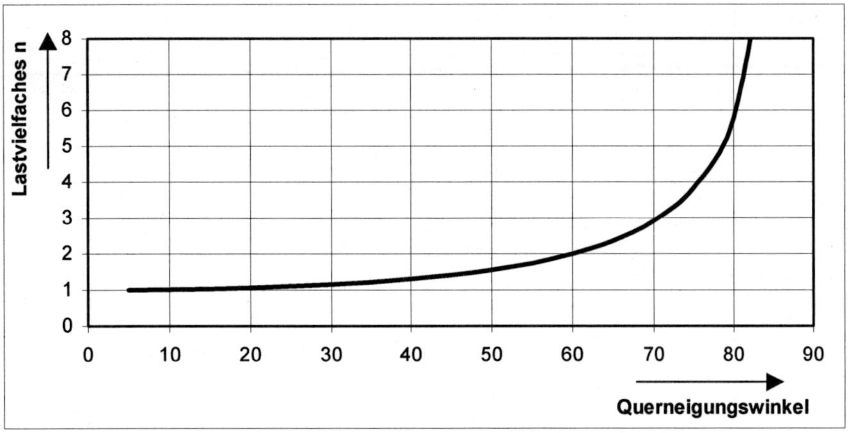

Bild 6.4: *Lastvielfaches n in Abhängigkeit vom Querneigungswinkel*

Ein Beispiel, wie Sie das Wissen über Querneigungswinkel / Banklage und Lastvielfaches in der alltäglichen Flugpraxis nutzen können bzw. sollten!

Lage: Sie fliegen mit 100 KIAS bodennah (ca. 50 ft/GND, Tiefflugauftrag natürlich genehmigt) auf einen Höhenzug (z.B. Wesergebirge) zu. Mit dieser Geschwindigkeit fliegen Sie in eine den Hang ansteigende, 150 Meter breite Waldschneise ein. Kurz vor dem Bergkamm erkennen Sie ... aufliegende Bewölkung!
Viele Möglichkeiten bleiben nicht, Sie analysieren die Situation und entscheiden sich für eine 180°-Kurve innerhalb der Lichtung!

Aufgabe: Bewerten wir diese von Ihnen gewählte Kurve nach dem Errechnen von dem Lastvielfachen und dem Querneigungswinkel.
Die „festen" Größen sind die Fluggeschwindigkeit mit 100 KIAS und der maximale Kurvenradius von 75 m (wenn Sie am Rande der Lichtung fliegen).

Lösung:
Gemäß $\tan\phi = \frac{v^2}{R \bullet g}$ erhalten wir mit $\tan\phi = \frac{\left(186 \bullet \frac{1000\,m}{3600\,s}\right)^2}{75\,m \bullet 9{,}81 \frac{m}{s^2}}$

einen Querneigungswinkel[4] von $\phi = 75°$

Folgerung: Um in der besagten Waldschneise eine horizontale Kurve mit 100 KIAS und mit einem maximalen Kurvendurchmesser von 150 m (= Schneisenbreite) zu fliegen, müssen Sie, *egal mit welchem Hubschrauber*, eine **Banklage von 75°** längere Zeit einnehmen!

Im dem Diagramm (Bild 6.5) können wir folglich ein **Lastvielfaches von ca. 4** (!) ablesen[5].

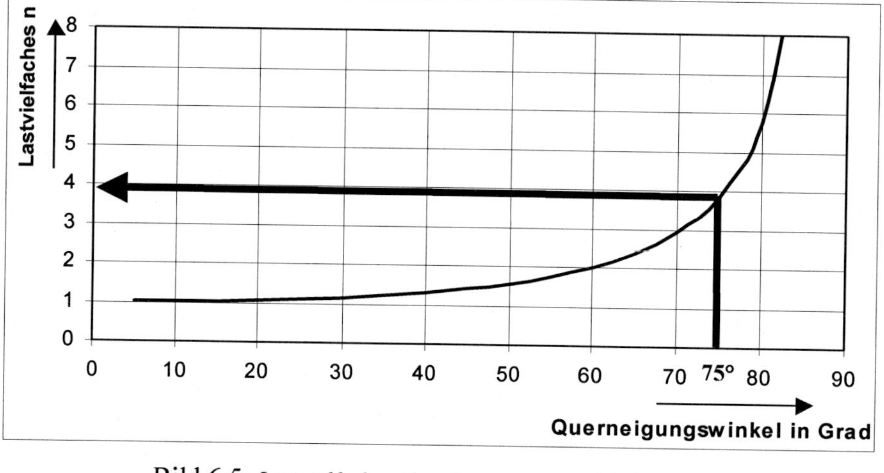

Bild 6.5: *Lastvielfaches über Querneigungswinkel*

[4] $g = 9{,}81\ m/s^2$ und 100 KIAS = 186 km/h
[5] berechneter Wert: $n = 1/\cos\phi = 3{,}86$

Wenn Sie im *Flughandbuch* des jeweiligen Hubschraubers nachlesen, werden Sie folgende Werte als **Grenzen für das Lastvielfache** erkennen:

Bild 6.6:
Tabelle für zulässige Lastvielfache und entsprechenden Querneigungswinkel

Bemerkung: Ein sehr kurzfristiges, in einer Flugsituation erforderliches Überschreiten dieser Grenzen führt nicht zwangsläufig zur Beeinträchtigung der Flugsicherheit, erfordert aber viel fliegerische Erfahrung, um den Hubschrauber beherrschbar zu führen!!

Typ	**Maximales Lastvielfaches**	**Querneigungswinkel ϕ**
Al II	2,2	63°
BO 105	2,2 bei $F_G \leq$ 2.200 kg 2,0 bei $F_G >$ 2.200 kg	63° 60°
UH-1D	2,25 bei $F_G \leq$ 4.000 kg 2,10 bei $F_G >$ 4.000 kg	64° 62°
CH-53G	3,0 bei $F_G \leq$ 15.190 kg 2,4 bei $F_G >$ 15.190 kg	71° 65°

Der Grund für die oben aufgeführten Grenzen: Bei Überschreiten dieser Lastvielfache bzw. der entsprechenden Querneigung (die können Sie am Fluglage-Instrument ablesen!) kann die **Leistungsgrenze der Triebwerke erreicht** sein!

Ein Überschreiten der zugelassenen Banklage kann dann zu
- **Geschwindigkeitsverringerung,**
- **Strömungsabriss** und
- **Höhenverlust** führen

Wenn Sie an der Berechnung der erforderlichen Triebwerksleistung interessiert sind, schauen Sie noch mal im Kapitel 2.2 „Strahltheorie und induzierte Geschwindigkeit" nach!

<u>Still be ahead</u>:
Die oben geschilderte Situation kann unter bestimmten Umständen nicht mehr beherrschbar sein, also denken Sie voraus! Hier: Bei einer Wetterlage mit aufliegender Bewölkung an Höhenzügen fliege ich nicht mit 100 KIAS auf den Kamm des Höhenzugs zu!

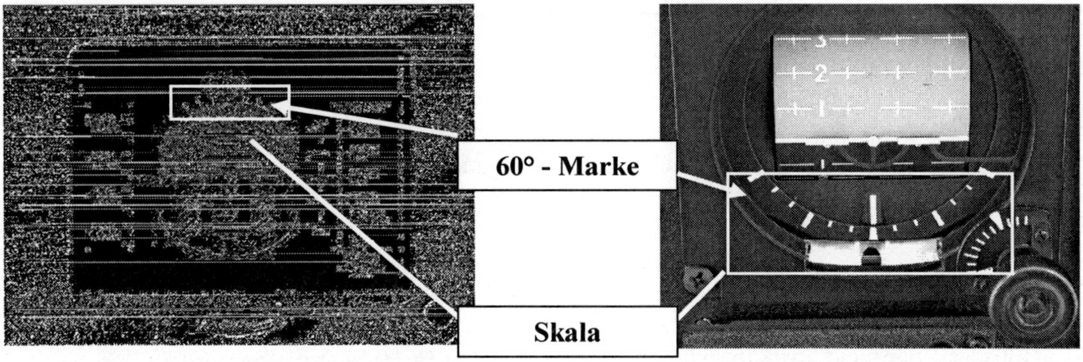

Bild 6.7: *Instrumentenbeispiele zur Anzeige des Querneigungswinkel*

6.3. Besonderheiten des bodennahen Kurvenflugs

Wann befinden Sie sich mit dem Hubschrauber im bodennahen Kurvenflug in aerodynamischen Grenzbereichen (linksdrehendes Rotorsystem)?

1. $n > n_{zulässig}$

Sie sind zu schnell und / oder der Kurvenradius ist zu gering.

→ Gefahr von **Höhenverlust** und **Strömungsabriss am rücklaufenden Blatt**

2. pitch betätigen

PITCH ZIEHEN → Hubschrauberreaktion: Rollen zum vorlaufenden Blatt, Aufnicken und Steigen

Situation Linkskurve:
- Hubschrauber rollt aus Kurve heraus (unkritisch) und
- Hubschrauber nickt in Kurve hinein → Erhöhung Lastvielfaches (siehe 1.) = kritisch!

Gesamtverhalten: **kritisch**

Situation Rechtskurve:
- Hubschrauber rollt in Kurve hinein → Querneigungswinkel größer → vertikaler Schubanteil geringer → **Hubschrauber sinkt** → pitch ziehen kann Problem verschärfen = kritisch! ... und
- Hubschrauber nickt in Kurve hinein → Erhöhung Lastvielfaches (siehe 1.) = kritisch!

Gesamtverhalten: **sehr kritisch**

PITCH DRÜCKEN → Hubschrauberreaktion: Rollen zum rücklaufenden Blatt, Abnicken und immer **Höhenverlust** (bodennah!!) durch einhergehende Schubverringerung

Situation Linkskurve:
- Hubschrauber rollt in Kurve hinein → Querneigungswinkel größer → vertikaler Schubanteil geringer → **Hubschrauber sinkt** → pitch ziehen (s.o.) kann jetzt Problem noch verschärfen = kritisch! ... und
- Hubschrauber nickt aus Kurve heraus und nach unten → Querneigungswinkel bleibt groß → **Hubschrauber sinkt weiter**

Gesamtverhalten: **kritisch**

Situation Rechtskurve:
- Hubschrauber rollt aus Kurve heraus, unkritisch
- Hubschrauber nickt aus Kurve heraus und nach unten → **Hubschrauber sinkt**

Gesamtverhalten: kritisch

3. Veränderung der Trimmlage durch Konuswinkeländerung

Erinnern Sie sich bitte an Folgendes:
Für die schnelle Vorwärtsfahrt mussten Sie den pitch stärker ziehen, um den notwendigen zusätzlichen horizontalen Schubanteil zu erzeugen. Mit der Erhöhung des Schubs haben Sie natürlich die Auftriebskräfte an den Rotorblättern vergrößert. Die Folge ist bei gleichbleibenden Zentrifugalkräften die Vergrößerung des Konuswinkels!
Wie in Kapitel 4. und 5. dargestellt, neigt der Hubschrauber bei Konuswinkeländerungen zum Rollen, da die senkrechte Durchströmung am vorderen und hinteren Rotorblatt verändert wird.
So rollt der Hubschrauber bei pitch-Ziehen (Schub vergrößern) zur Seite des vorlaufenden Blattes und Sie gleichen diese Rolltendenz mit einer Stickbewegung nach links aus.

Konsequenz: Der Trimmpunkt des sticks wandert im Vorwärtsflug nach links–vorne.

Gehen Sie jetzt in einem hubschraubertypabhängigen Geschwindigkeitsbereich zu vehement in eine Rechtskurve (stick nach rechts: Kurve einleiten, stick wieder Richtung Ausgangspunkt: in Kurve verbleiben), so ist der **Steuerweg nach links erheblich reduziert** und unter bestimmten Rahmenbedingungen (*erhöhtes Lastvielfaches, ca. 1,5 – 2 !!*) kann dieser Steuerweg **nicht mehr ausreichen**, den Hubschrauber rein über die Stickbewegung nach links (bis zum mechanischen Anschlag) aus der Kurve herauszubringen!

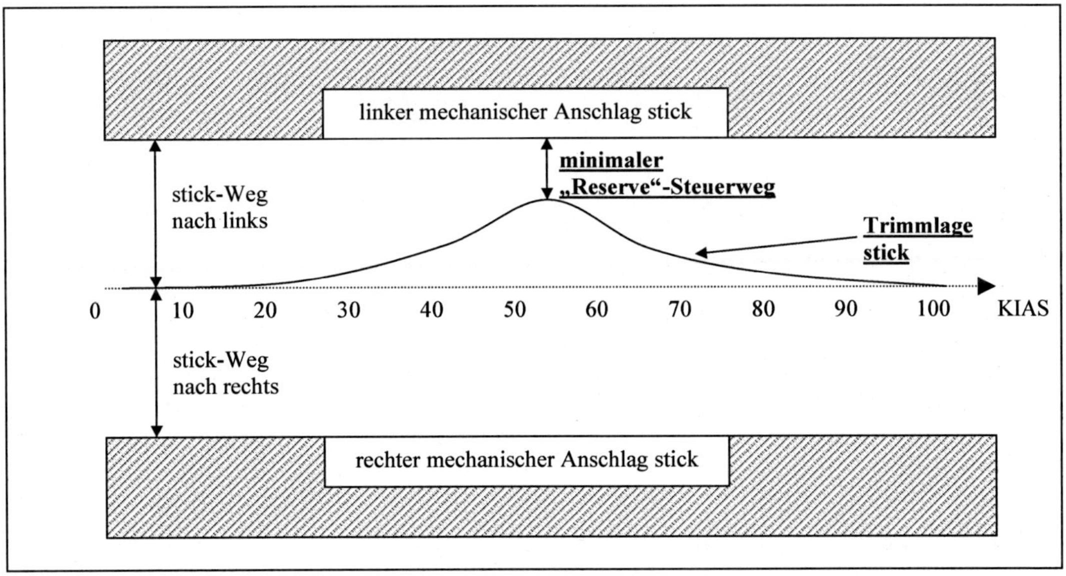

Bild 6.8: *Veränderung der Trimmlage bei Erhöhung der Vorwärtsfahrt (Beispiel BO 105)*

6.4. Übungen horizontaler Kurvenflug

1. Wie hängen Schubkraft, Gewichtskraft, Querneigungswinkel und Lastvielfaches im horizontalen Kurvenflug formelmäßig zusammen?

2. Bei welchem (ablesbaren) Querneigungswinkel beträgt das Lastvielfache n = 2?

3. Welche technische Gegebenheit beschreibt die im Handbuch angegebene Grenze für das (musterspezifische) Lastvielfache?

4. Welche Lastvielfach-Grenzen hat der SHS (Alouette II oder EC 135)?

5. Womit müssen Sie bei Überschreiten dieser Grenze rechnen?

6. Mit welchen Hubschrauberreaktionen rechnen Sie, wenn Sie in einer Rechtskurve am pitch ziehen und nicht sofort steuernd ausgleichen?

Kapitel 7

7. *Autorotation*

7.1 Energieumwandlung in der Autorotation

Bei vergleichenden Gesprächen über Flugzeug- und Hubschrauberfliegen wird immer wieder darauf verwiesen, dass der Hubschrauber gegenüber dem Flugzeug in Notsituationen, besonders beim Triebwerkausfall, deutliche Vorteile besitzt. Der Hubschrauberpilot sei in der Lage, eine sichere Landung auch ohne Triebwerkleistung durchzuführen.
Obwohl dieses Manöver dabei häufig als einfach beschrieben wird, erfordert es vom Piloten viel Erfahrung und Übung. Der Umgang mit der zur Verfügung stehenden Energie ist dabei im Sinne einer Landung, bei der weder Mensch noch Hubschrauber Schaden nehmen, sehr wichtig.

Normalerweise treiben die Triebwerke den Rotor an und so kann dieser die Trägheits- und Luftwiderstandskräfte im erforderlichen Maß überwinden. Wenn die Triebwerke nun aber ungefragt ausfallen, muss eine andere Kraftquelle wirksam werden, um die für uns lebensnotwendige Drehzahl des Rotors erhalten zu können.
Im Folgenden werden die notwendigen einzelnen Schritte des Piloten aus energetischer Sicht erläutert, während die anschließenden Kapitel die Autorotation aus der Sicht der Flügelblatt-Theorie beschreiben.

Frage:
Welche Energieformen stehen Ihnen noch zur Verfügung, wenn Sie mal wieder entspannt auf der Strecke von A nach B unterwegs sind und plötzlich beunruhigende Stille einsetzt (Hinweis: Die Triebwerke sind wahrscheinlich ausgefallen)?

Antwort: Bei angetriebenem Rotor verteilt sich die von den Triebwerken gelieferte Energie in

- Kinetische Energie in Form von Vorwärtsgeschwindigkeit,
- Kinetische Energie in Form von Umdrehungsgeschwindigkeit des Rotors (Rotations-energie) und
- Potentielle Energie durch die Flughöhe des Hubschraubers gegenüber dem Erdboden (oder der Wasseroberfläche, Waldfläche, etc.)

Bild 7.1.1: *Energiequellen am Anfang der AR*

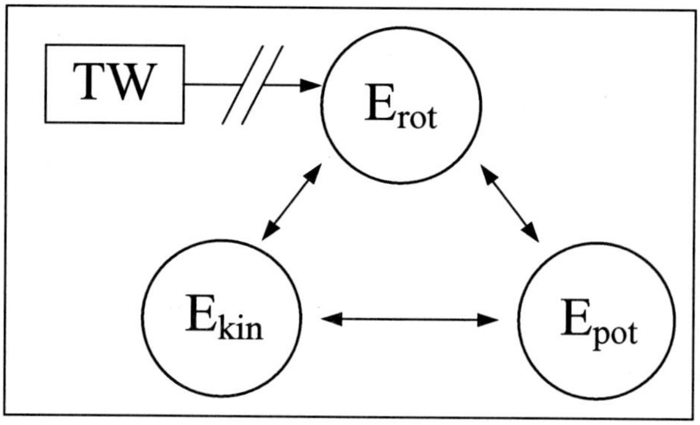

Diese drei Energie-„Töpfe“ können jetzt nicht mehr von den Triebwerken „befüllt“ werden. D.h. es steht nur noch eine endlich begrenzte Energiemenge zur Verfügung, um den Hubschrauber sicher an den Boden zu bringen. Grundsätzlich gilt zwar der Satz von der Energieerhaltung („Energie kann nicht verloren gehen“), aber die ständig vorhandene Luftreibung sorgt in

Form von Wärmeabgabe an die umgebende Luft für eine stetige Abnahme des Energievorrats. Es liegt nun an Ihnen als Piloten, geschickt mit der Energie zu haushalten.

In dem Moment des Triebwerkausfalls ist der „Topf“ der Rotationsenergie als erster gefährdet. Warum? → Die Rotorblätter haben vom Reiseflug einen noch so hohen Einstellwinkel, dass die wirkenden Luftwiderstandskräfte (Profil- und induzierter Widerstand) den Rotor sofort abbremsen wollen (auch wenn sie das gar nicht wissen!).
Eine Hauptursache für Flugunfälle bei Triebwerkausfall ist das zu späte Einleiten der Autorotation. Zögert der Pilot mit dem Einleiten der Autorotation zu lange, wird die lebensnotwendige Rotordrehzahl sehr schnell abnehmen. Wird dabei ein bestimmter Wert unterschritten, ist eine Autorotation nicht mehr möglich: Die Rotationsenergie reicht nicht mehr aus, den Rotor anzutreiben. Zusätzlich wird wegen der geringen Drehzahl die Strömung an den Rotorblättern abreißen. Der Hubschrauber hat in diesem Fall den „Auftriebsbeiwert eines Klaviers“ und fällt wie ein Stein vom Himmel. Unabhängig vom Unterschreiten der Mindestdrehzahl treten aber weitere negative Ereignisse auf. So können zum Beispiel Generatoren abschalten oder der Hydraulikdruck unter den Mindestwert fallen.

Folglich kann die erste Maßnahme (neben Pedalausgleich) nur „pitch senken“ bedeuten[6]. Die Drehzahlabnahme wird erst einmal gestoppt, die Massenträgheit des Rotors überbrückt die Situation.
Aber eines wird unausweichlich geschehen: Der Hubschrauber wird sinken, da Sie über den Einstellwinkel den Schub verringert haben (da der Rotor weiter dreht, produziert er also Auftrieb und damit Schub). Sie „tauschen“ also potentielle (Höhen-) Energie über den Erwerb von kinetischer Energie (Sink- und Vorwärtsgeschwindigkeit) gegen Rotationsenergie (Rotordrehzahl) ein. In der Normalsituation, z.B. Reiseflug, ist diese erst mal wichtiger, da aufgebbare Höhe grundsätzlich vorhanden ist. Im Tiefflug sieht die Situation schon etwas anders aus, Sie sollten die Höhe dort nicht einfach so aufgeben. Aber dazu später noch mehr.

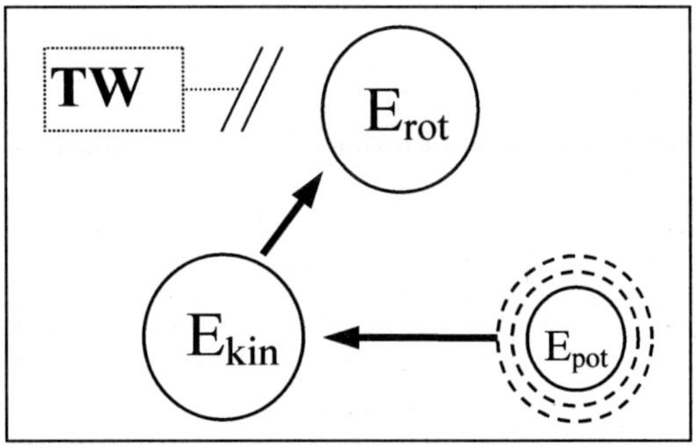

Bild 7.1.2: *Energie-„Tausch“ im AR-Sinkflug*

Sie befinden sich also jetzt in einem Sinkflug mit Vorwärtsgeschwindigkeit (kinetische Energie!) und füllen den Topf Drehzahl mit Energie durch Aufgabe von Höhe und Aufnahme von Sinkgeschwindigkeit auf. Das ist die Autorotation im Grundsatz, so wie sie schon Juan de la Cierva mit seinen Tragschraubern (Autogiros, siehe Geschichte der Drehflügler, Grundlagen der Luftfahrzeugtechnik) zur Perfektion führte.
Anders formuliert: Die den Rotor von unten nach oben durchströmende Luft sorgt auf eine noch näher zu beschreibende Weise für den Antrieb des Rotors!
Wie geht es weiter? Sie würden bei dem Sinkflug feststellen, dass die Sink- aber auch die Vorwärtsgeschwindigkeit für eine materialerhaltende Landung doch zu hoch wären. Da wir aber

[6] Beim angetriebenen Flugzustand beträgt der Einstellwinkel ca. 10°, bei der Autorotation nur 4°. Hat der Rotor eine große Massenträgheit, fällt die Drehzahl langsamer ab als bei einem leichten Rotor.

wissen, dass beide Geschwindigkeiten eine Energieform darstellen, nutzen wir diese zur Landung auch!

Eine gelungene Landung ist sicher die, bei der die Flugbahn im letzten Teil annähernd parallel zum Erdboden verläuft, d.h. die Sinkgeschwindigkeit gleich Null ist. Und wenn jetzt die Vorwärtsgeschwindigkeit als Aufsetzgeschwindigkeit noch innerhalb der zulässigen Grenzen (AOP, Flughandbuch) liegt, gehen Sie sicher gestärkt aus dieser (Übungs-) Autorotation hervor. Folglich haben Sie als Pilot im letzten Teil der Autorotation ein paar Handgriffe zum Herbeiführen dieser Situation auszuführen. Der dafür übliche „Flare" wird noch näher beschrieben. Was Sie jetzt mitnehmen müssen: Ist die Flugbahn abschließend horizontal, so wird dem Topf potentielle Energie nichts mehr entnommen. Folglich muss jetzt der Topf Vorwärtsgeschwindigkeit = kinetische Energie herhalten, um die notwendige Drehzahl des Rotors aufrecht zu erhalten.

Bild 7.1.3: *Energiefluss beim AR-Flare*

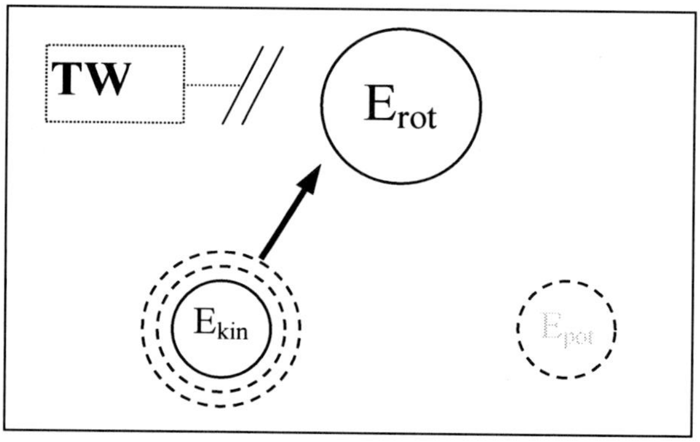

Denn die Drehzahl will aus folgendem Grund wieder abfallen: Um die Sinkrate zu reduzieren, müssen Sie ab einem bestimmten Zeitpunkt wieder am pitch ziehen, also den Einstellwinkel und damit auch den Luftwiderstand erhöhen! Das ist aber unumgänglich. Die zum weiteren Antrieb des Rotors notwendige Energie können Sie zum einen dem Flare und zum anderen dem Energietopf der Vorwärtsgeschwindigkeit entnehmen!

Die verbleibende Rotationsenergie nutzen Sie abschließend für ein „glattes" **Aufsetzen** des Hubschraubers, in dem Sie den pitch bis zum oberen Anschlag ziehen. Das ist der Moment, der mit dem Aufsetzen der Kufen zusammenfallen sollte! Andere kinetische Energie ist nicht mehr vorhanden, da die Vorwärtsgeschwindigkeit nur noch unter Aufgabe von Höhe (potentielle Energie) gesteigert werden kann – und daran wird Sie der Erdboden hindern.

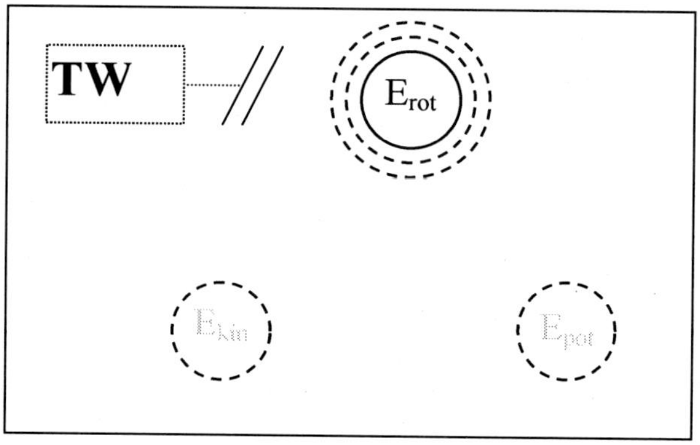

Bild 7.1.4: *Rotationsenergie für dass Aufsetzen*

Aber nicht nur der Triebwerkausfall kann Sie zur hohen Disziplin der Autorotation zwingen. **Heckrotorausfall** (Verlust, nicht Blockade!) und **Wirbelringstadium** sind zwei äußerst unangenehme Fälle, die das Anwenden der Autorotation in Form von „Befreien des Rotors und der Zelle vom Drehmoment erzeugenden Triebwerk“ bzw. „Befreien der Rotorblätter von chaotischen Strömungsverhältnissen“ **unverzüglich** verlangen.

Das Flughandbuch und die Checkliste machen die entsprechende Handlungsweise deutlich.

7.2 Senkrechte Autorotation

Obwohl man in der Regel mit Vorwärtsfahrt autorotiert, betrachten wir zuerst die senkrechte Autorotation ohne Vorwärtsfahrt. In diesem Flugzustand - symmetrische Anströmung des Rotors - können die aerodynamischen Vorgänge übersichtlich mit Hilfe der FBT erklärt werden. Die Hinzunahme der Vorwärtsfahrt bedeutet eine Steigerung in der Ihnen abzuverlangenden Verstehens- und Transferleistung, mehr nicht.

Zunächst betrachten wir die Strömungsverhältnisse an einem Rotorblattelement, welches ungefähr in der Mitte eines Rotorblattes liegt. Der Unterschied zwischen der Anströmung beim normalen Flug und in der **senkrechten** Autorotation ist im Bild 7.2.1 dargestellt. Die effektive Anströmung setzt sich aus Geschwindigkeitskomponenten parallel und senkrecht zur Blattspitzenebene zusammen. Während beim Schwebe-, Steig- oder Vorwärtsflug der Rotor die Luft von oben **aktiv** erfaßt und **nach unten beschleunigt**, strömt die Luft bei der Autorotation von unten nach oben durch die **passive** Rotorebene. Die axiale Durchtrittsgeschwindigkeit (hier: Sinkgeschwindigkeit $\boldsymbol{v_d}$) durch die Rotorebene ist also entgegengesetzt gerichtet, da der Rotor keine Luft mehr durchsetzen kann. Ergebnis: Die effektive Anströmung bei der Autorotation fällt von unten ein (Bild 7.2.2).
Die effektive Anströmung am Rotorblatt setzt sich aus der Umfangsgeschwindigkeit und der Sinkgeschwindigkeit des Hubschraubers zusammen. Die Sinkgeschwindigkeit ist über die gesamte Rotorfläche als konstant anzusehen, während sich die Umfangsgeschwindigkeit proportional mit dem Radius ändert.
Da die axiale Durchtrittsgeschwindigkeit von unten in den Rotor einfällt, ist im Falle der Autorotation der effektive Anstellwinkel größer als der Einstellwinkel des Blattes.

Gemäß der FBT sind im Bild 7.2.3 die Kräfte F_A, F_W, F_N, und F_R eingezeichnet. Die resultierende Kraft an diesem gewähltem Blattelement wirkt aufgrund der effektiven Anströmung *senkrecht* zur Blattspitzenebene und stimmt damit mit F_N überein. Folglich wirkt hier keine tangentiale Kraftkomponente F_T. Dieses Blattelement erfährt also trotz Widerstands- und Auftriebskräften keine horizontale Kraft, die in oder gegen die Umdrehungsrichtung wirkt. Es wird **neutrales Blattelement** genannt.

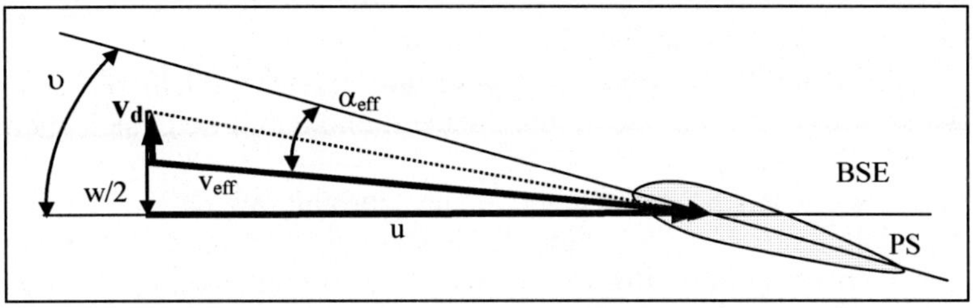

Bild 7.2.1: *Senkrechter Sinkflug mit **angetriebenem** Rotor*

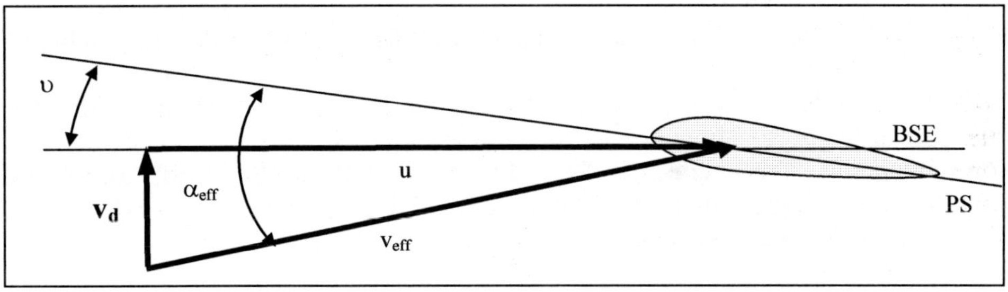

Bild 7.2.2: *Senkrechte Autorotation - Strömungsverhältnisse*

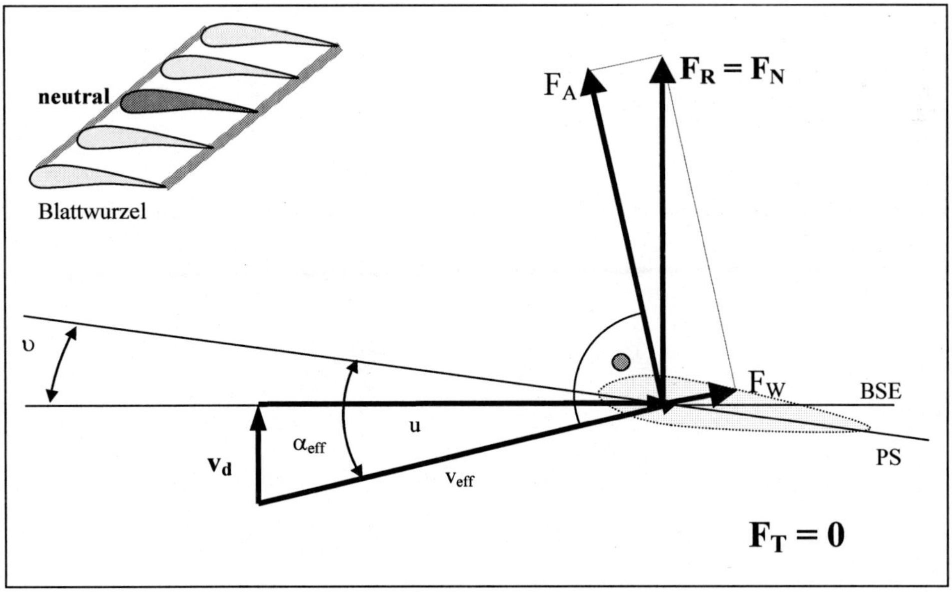

Bild 7.2.3: *Strömungs-/ Kräfteverhältnisse am **neutralen** Blattelement bei der senkrechten Autorotation*

Betrachten wir nun ein Blattelement (Bild 7.2.5), das weiter vom Rotormast entfernt mit größerem Radius und dadurch mit größerer Umfangsgeschwindigkeit ***u*** rotiert. Die Sinkgeschwindigkeit ist natürlich nicht anders als beim neutralen Blattelement.
Die effektive Anströmung trifft folglich **flacher** auf das Blattelement, der darauf senkrecht stehende Auftriebsvektor ist weiter nach hinten geneigt und damit neigt sich auch der resultierende Kraftvektor weiter nach hinten.
Ergebnis: Resultierende Kraft ist nicht mehr gleich Normalkraft und wesentlicher ... es entsteht wieder eine tangentiale Kraft F_T, die gegen die Bewegungsrichtung des Blattelementes und somit **abbremsend** wirkt (**bremsendes Blattelement**). Alle Blattelemente, die zwischen neutralem Blattelement und der Blattspitze liegen, weisen eine bremsende Wirkung auf, sie beschreiben die **bremsende Zone** des Rotorblattes bzw. bei der senkrechten Autorotation des Rotors.

Bei einem Blattelement (Bild 7.2.6) nahe der Blattwurzel (kleiner Radius) ist die Umfangsgeschwindigkeit gering. Da auch hier die gleiche Sinkgeschwindigkeit gilt, fällt die effektive Anströmung **steiler** von unten ein. Daraus ergibt sich die dargestellte Auftriebskraft und die nach vorne geneigte Resultierende Kraft. Es wirkt folglich eine tangentiale Kraftkomponente in Rotordrehrichtung. Das bedeutet, dass der Rotor von dieser Kraft **angetrieben** wird (**antreibendes Blattelement**) und alle Blattelemente von dem neutralen Blattelement ausgehend bis hierher die **antreibende Zone** bilden.

Blattelemente, die noch weiter innen liegen (Bild 7.2.7), beschreiben das Gebiet, in welchem die **Strömung abreißt**. Hier ist der effektive Anstellwinkel aufgrund der **zu steilen** effektiven Anströmung größer als der kritische Anstellwinkel. Es kommt es zu einem starken Auftriebsverlust mit gleichzeitiger Widerstandserhöhung.

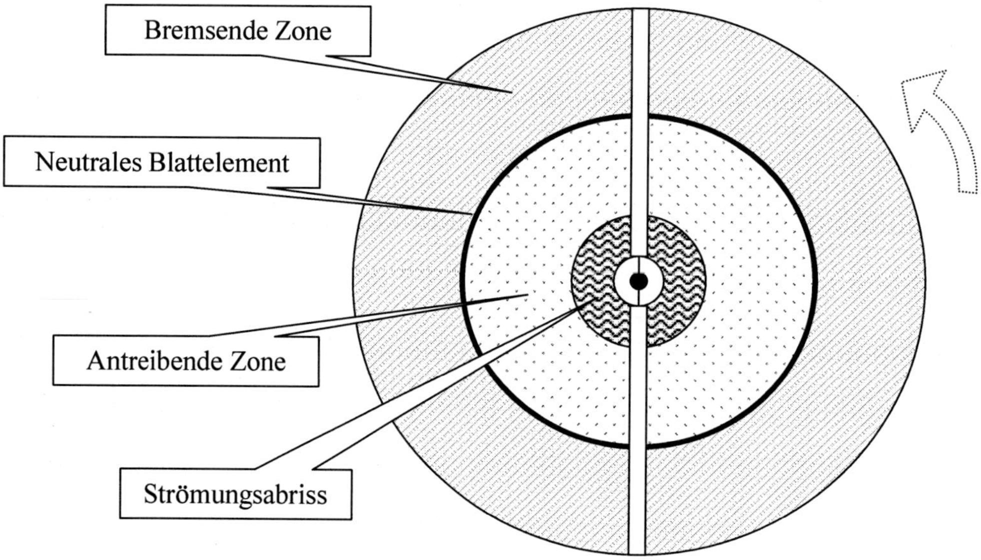

Bild 7.2.4: *Senkrechte AR – Kräfte am Rotor*

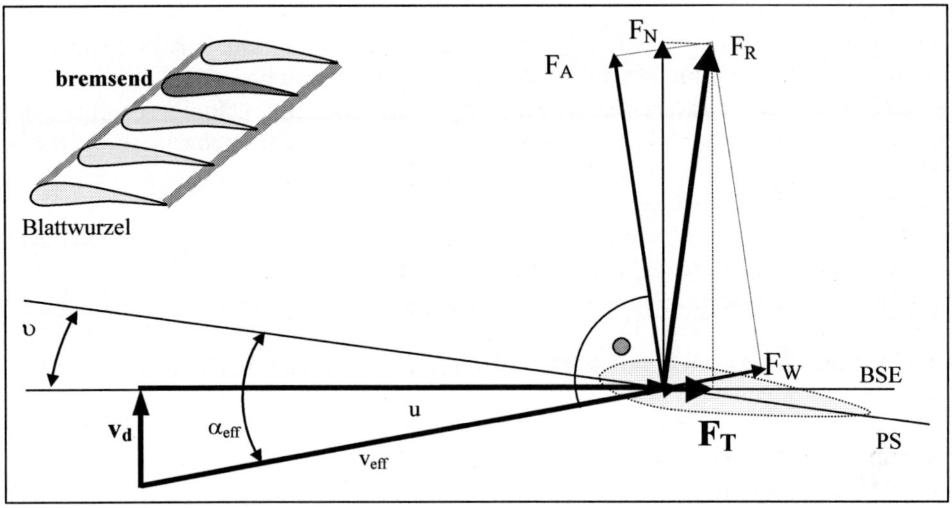

Bild 7.2.5: *Bremsendes Blattelement bei der senkrechten Autorotation*

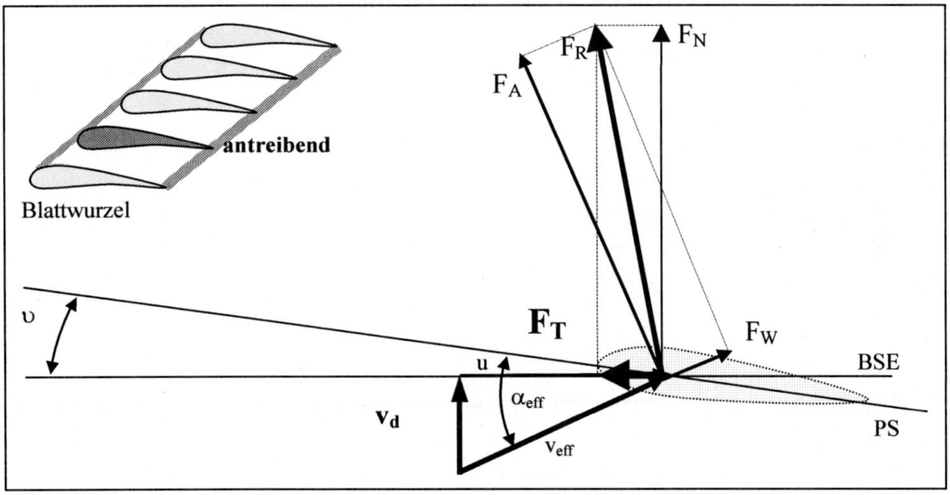

Bild 7.2.6: *Antreibendes Blattelement bei der senkrechten Autorotation*

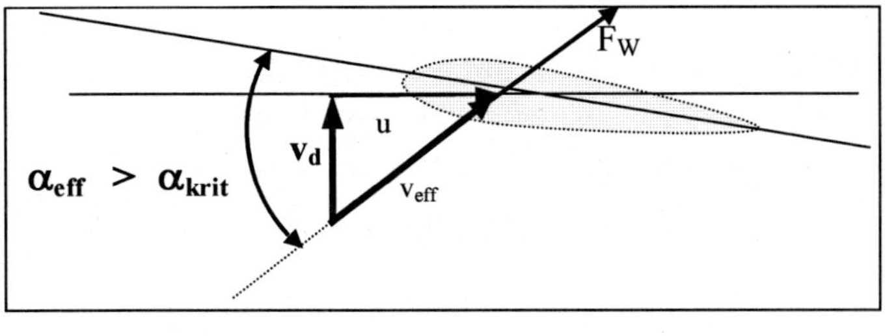

Bild 7.2.7: *Strömungsabriß im innersten Rotorbereich*

Was bedeutet nun diese Kräfteverteilung - F_T bremsend oder antreibend - für die Durchführung der Autorotation?
Grundsätzlich gilt: Die **Drehzahl** sollte während der AR **konstant** gehalten werden, zumindest darf sie Minimal- und Maximalwerte nicht unter- bzw. überschreiten.
Die verschiedenartige Wirkungsrichtung von F_T sorgt aber nun ständig für eine Änderung der Hauptrotor-Drehzahl: Überwiegt die bremsende Zone, so fällt die Drehzahl ab, ist die antreibende Zone stärker, so beschleunigt der Rotor.
Also besteht die Kunst der Autorotation u.a. darin,

- **beide Zonen in ihrer Auswirkung so ins Gleichgewicht zu bringen, dass die Drehzahl konstant bei dem erforderlichen Wert bleibt und**
- **eine Zone überwiegen zu lassen, wenn eine andere Drehzahl erreicht werden soll.**

Die antreibenden Gebiete an den Rotorblättern müssen zusätzlich in der Lage sein, den Heckrotor und die Nebenaggregate anzutreiben.

Situation: *Sie befinden sich im AR-Sinkflug und stellen fest, dass die Rotordrehzahl in Richtung zulässiges Minimum abfällt.*

Frage:
Wie können Sie als Pilot Einfluss auf die Drehzahl des Rotors durch Veränderung des Antreibend/Bremsend-Verhältnisses nehmen?

Antwort:
Wenn Sie sich die vorangegangenen Abbildungen nochmals anschauen, werden Sie feststellen, dass Sie als Pilot die Zustände am Rotorblatt nur über die Umfangsgeschwindigkeit oder die Sinkgeschwindigkeit ändern können. Die Umfangsgeschwindigkeit soll aber sinnvollerweise konstant gehalten werden. Also bleibt nur die Änderung von v_d, und dies geschieht mit dem pitch.
In welche Richtung bewegen Sie den pitch, damit die **antreibende Zone vergrößert** wird (zur Erhöhung der Drehzahl)?

Wiederholung: Die antreibende Zone wird dann vergrößert, wenn aus dem neutralen Blattelement und weiteren bremsenden Blattelementen antreibende werden. Dazu muss F_T in Bewegungsrichtung des Blattes zeigen, und das ist der Fall, wenn die Resultierende Kraft F_R nach vorne kippt. Und F_R kippt dann nach vorne, wenn bei gleichbleibender Umfangsgeschwindigkeit u die Sinkgeschwindigkeit $\mathbf{v_d}$ **vergrößert** und damit auch der **effektive Anstellwinkel** $\boldsymbol{\alpha_{eff}}$ **vergrößert** werden.

Die Sinkgeschwindigkeit lässt sich durch **pitch-Senken** vergrößern, da Sie über den (kollektiven) Einstellwinkel die Auftriebskräfte und damit den Schub verkleinern!

Hauptrotordrehzahl muss erhöht werden → pitch senken !!

... $\vartheta_0 \downarrow \rightarrow \alpha_{eff} \downarrow \rightarrow c_A \downarrow \rightarrow F_A \downarrow \rightarrow F_N \downarrow \rightarrow \Sigma F_N \downarrow \rightarrow F_S \downarrow$ ***(stärkeres Sinken!)***
$\rightarrow v_d \uparrow \rightarrow v_{eff}$ ***steiler*** $\rightarrow F_R$ *kippt weiter nach* ***vorne*** $\rightarrow F_T$ *wird* ***antreibend***

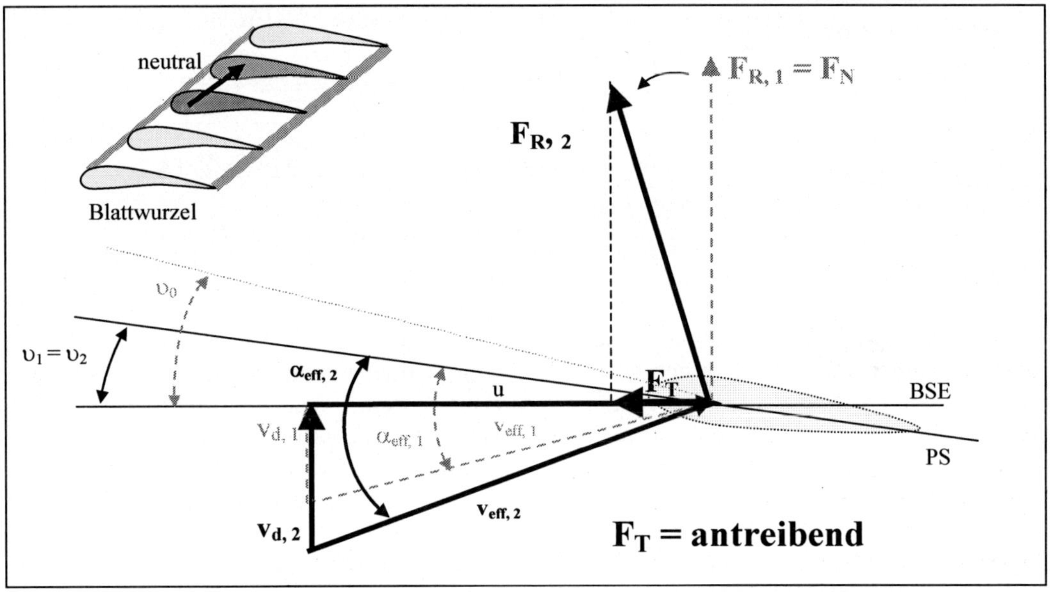

Bild 7.2.8: *Drehzahlerhöhung – F_T wird antreibend am vormals neutralen Blattelement*

Analog verhält es sich bei der gewünschten **Drehzahlverringerung**. Hier wird der pitch **gezogen**. Durch die Auftriebserhöhung verringert sich die Sinkgeschwindigkeit des Hubschraubers. Die senkrechte Durchströmung wird kleiner und die effektive Anströmung fällt flacher ein. Dadurch kippt die Resultierende aus der senkrechten Lage nach hinten. Damit ist die bremsende Zone vergrößert und die Rotordrehzahl wird reduziert.

Hauptrotordrehzahl muss verringert werden → pitch ziehen !

.. $\vartheta_0 \uparrow \rightarrow \alpha_{eff} \uparrow \rightarrow c_A \uparrow \rightarrow F_A \uparrow \rightarrow F_N \uparrow \rightarrow \Sigma F_N \uparrow \rightarrow F_S \uparrow$ ***(geringeres Sinken!)***
$\rightarrow v_d \downarrow \rightarrow v_{eff}$ ***flacher*** $\rightarrow F_R$ *kippt weiter nach* ***hinten*** $\rightarrow F_T$ *wird* ***bremsend***

Der **stabilisierte** Autorotationszustand läßt sich so beschreiben:

$\Sigma (F_T \bullet R)_{antreibend} = \Sigma (F_T \bullet R)_{bremsend}$	→ konstante Rotordrehzahl
$\Sigma F_N = F_S = F_G$	→ konstante Sinkgeschwindigkeit

Noch einmal, weil es so wichtig für die AR ist:

Aktion		Folge
pitch senken	⇒	**Vergrößerung Sinkgeschwindigkeit** **Erhöhung Rotordrehzahl**
pitch ziehen	⇒	**Verringerung Sinkgeschwindigkeit** **Verringerung Rotordrehzahl**

Einfluss des Fluggewichtes:

Bei gegebenem Blatteinstellwinkel und gegebener Rotordrehzahl wird ein gleicher, aber schwererer Hubschrauber anfänglich schneller sinken (Gewichtskraft ist größer als Schubkraft). Dabei vergrößert sich aber die senkrechte Durchströmung derart, dass der effektive Anstellwinkel trotz unveränderter pitch-Stellung größer wird. Das Gebiet der antreibenden Zone wird größer (verschiebt sich nach außen in Richtung zur Blattspitze), wodurch die Rotordrehzahl ansteigt. Durch Ziehen am pitch wird das antreibende Gebiet wieder kleiner und die Drehzahl wird auf den ursprünglichen Wert reduziert. Durch die Vergrößerung des effektiven Anstellwinkels mittels pitch (über den Blatteinstellwinkel) ist der Schub aber größer geworden. Die Sinkgeschwindigkeit wird folglich wieder verringert. Man könnte nun sagen, dass eine größere Masse für eine erfolgreich beendete Autorotation ohne Einfluss ist. Leider stimmt das nicht: In der letzten Phase der Autorotation kommt es darauf an, die gesamte Rotationsenergie in Schubkraft umzusetzen, um eine „weiche" Landung zu garantieren. Der Pilot des schwereren Hubschraubers hat aber aufgrund der höheren pitch-Stellung weniger pitch-„Reserve" für diese Phase zur Verfügung.

Einfluss der Höhe:

Die Zunahme der Flughöhe hat den selben Einfluss wie größeres Fluggewicht. Bei einer gegebenen pitch-Stellung ist die Drehzahl des Rotors in der Höhe größer als in Meereshöhe. Um eine vorgegebene Drehzahl zu halten, muss also auch in diesem Fall der pitch stärker gezogen werden. Der Pilot hat folglich bei einer Landung in größerer Höhe (Gebirge, hohe Density Altitude) einen geringeren Weg zum Ziehen des pitches bis zum oberen Anschlag (um die Sinkgeschwindigkeit vor dem Aufsetzen zu reduzieren) zur Verfügung.

Sinkgeschwindigkeit bei senkrechter Autorotation:

Wenn man mit konstanter Sinkgeschwindigkeit autorotiert, besteht ein Gleichgewicht zwischen dem Fluggewicht und dem Widerstand des Rotors (der schädliche Widerstand des Rumpfes ist mal wieder vernachlässigt). Es gilt die Gleichgewichtsbedingung

$$W_{Rotor} = F_G \quad \text{(Widerstandskraft gleich Gewichtskraft)}$$

Man kann die Sinkgeschwindigkeit bei vertikaler Autorotation in Abhängigkeit von der Kreisflächenbelastung (Gewichtskraft F_G durch Rotorfläche A) und der Luftdichte berechnen. In Bild 7.2.9 ist die Gleichung für Meereshöhe und 2000 m Höhe ausgewertet. Man sieht, dass die Sinkgeschwindigkeit beachtlich hoch ist. Bei einer Kreisflächenbelastung von 150 N/m^2 ergibt sich zum Beispiel auf Meereshöhe eine Sinkgeschwindigkeit von ca. 14 m/s (ca. 2700 ft/min). In größeren Höhen wird die Geschwindigkeit noch größer.

Ein Hubschrauber, der mit einer solch großen Geschwindigkeit aufsetzt, würde unweigerlich zu Bruch gehen. Der Pilot muss also durch das Abfangmanöver die Sinkgeschwindigkeit stark reduzieren. Bei der senkrechten Autorotation kann das nur bedeuten, kurz vor Erreichen des Bodens den pitch schnell und gänzlich (bis zum Anschlag) zu ziehen, in der Hoffnung, ausreichend Schubkraft bei diesem einen Versuch zu produzieren.

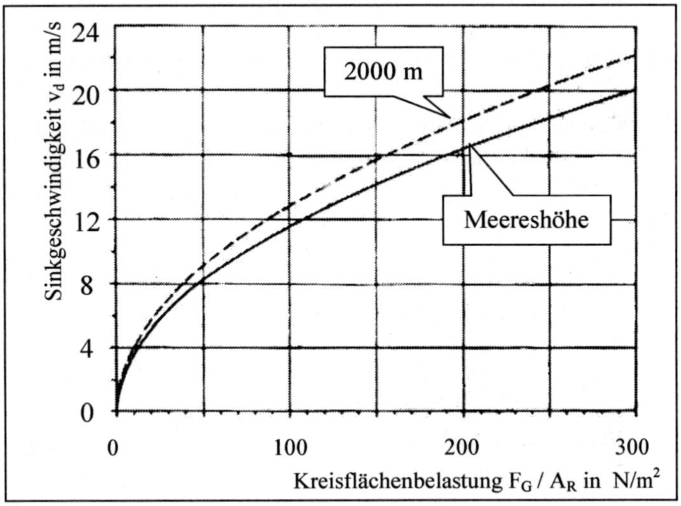

Bild 7.2.9: *Sinkgeschwindigkeit in Abhängigkeit von der Kreisflächenbelastung bei der senkrechten AR (Quelle: Knobling)*

Grundsätzlich lässt sich sagen, dass senkrechte Autorotationen auch durch ein derartiges Manöver nicht ohne Materialschaden zu beenden sind und damit immer ein hohes Risiko darstellen. Folglich wird die Autorotation immer mit Vorwärtsfahrt durchgeführt (so weit die Situation dies zulässt, siehe 7.4). Die kinetische Energie, die in der Vorwärtsfahrt steckt, reduziert von Anfang an die Sinkgeschwindigkeit auf ein - in der Landung - beherrschbares Maß! In Verbindung mit einem weiteren Abfangmanöver, dem ***flare*** (siehe 7.3.2), kann so die Autorotation zu einem kalkulierbaren Flugmanöver (aber Notverfahren!) werden.

Bei maximalem bzw. bei minimalem Abfluggewicht ($F_{G,max}$, $F_{G,min}$) ergeben sich für folgende Hubschrauber folgende vertikale AR-Sinkgeschwindigkeiten:

Hubschrauber-typ	$F_{G,max}$ (kg)	v_d (ft/min)	$F_{G,min}$ (kg)	v_d (ft/min)
Alouette II	1600	3400	1100	2700
BO 105	2300	4000	1600	3300
UH-1D	4310	3600	2300	2800

7.3. Autorotation mit Vorwärtsfahrt

7.3.1. AR - Sinkflug mit Vorwärtsgeschwindigkeit

Im Vergleich zur senkrechten Autorotation muss nun die Änderung der Strömungsverhältnisse an den einzelnen Rotorblättern betrachtet werden. Ansonsten ändert sich an dem Prinzip „Beeinflussung der Drehzahl durch Variation antreibender und bremsender Blattelemente" nichts. Wieso es zur Verschiebung der Zonen über die Rotorebene kommt, wird im Folgenden erläutert.

Die Unterschiede zur senkrechten AR werden mit der Strömungsänderung am jeweiligen neutralen Blattelement verdeutlicht:

- Auswirkung der Unsymmetrie der Anströmung:

↳ **Rücklaufendes** Blatt wird **langsamer** und **steiler** effektiv angeströmt

↳ überwiegend **antreibende** Zone (Bild 7.3.1)

↳ **Vorlaufendes** Blatt wird **schneller** und **flacher** effektiv angeströmt

↳ überwiegend **bremsende** Zone (Bild 7.3.2)

- **Neigung** der Blattspitzenebene nach vorne (Vorwärtsflug!) verstärkt diese Verhältnisse
  - ↳ effektiver Anstellwinkel wird am vorlaufenden Blatt noch kleiner, am rücklaufenden noch größer (ist in den Bildern 7.3.1 und 7.3.2 nicht eingezeichnet / berücksichtigt).

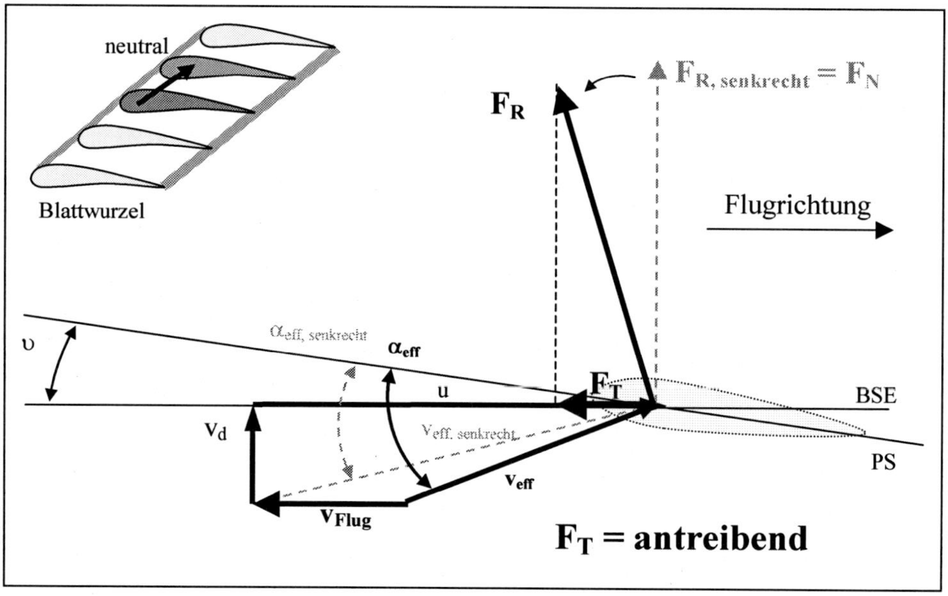

Bild 7.3.1: ***Rücklaufendes** Blatt: **Antreibende** Zone vergrößert, neutrales Blattelement wandert nach außen*

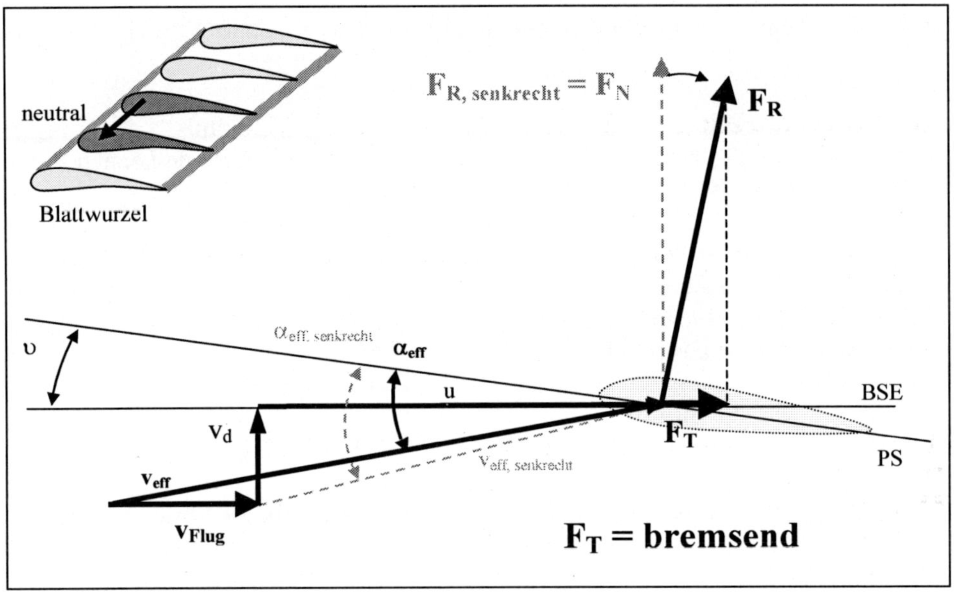

Bild 7.3.2: ***Vorlaufendes*** *Blatt:* ***Bremsende*** *Zone vergrößert, neutrales Blattelement wandert nach innen*

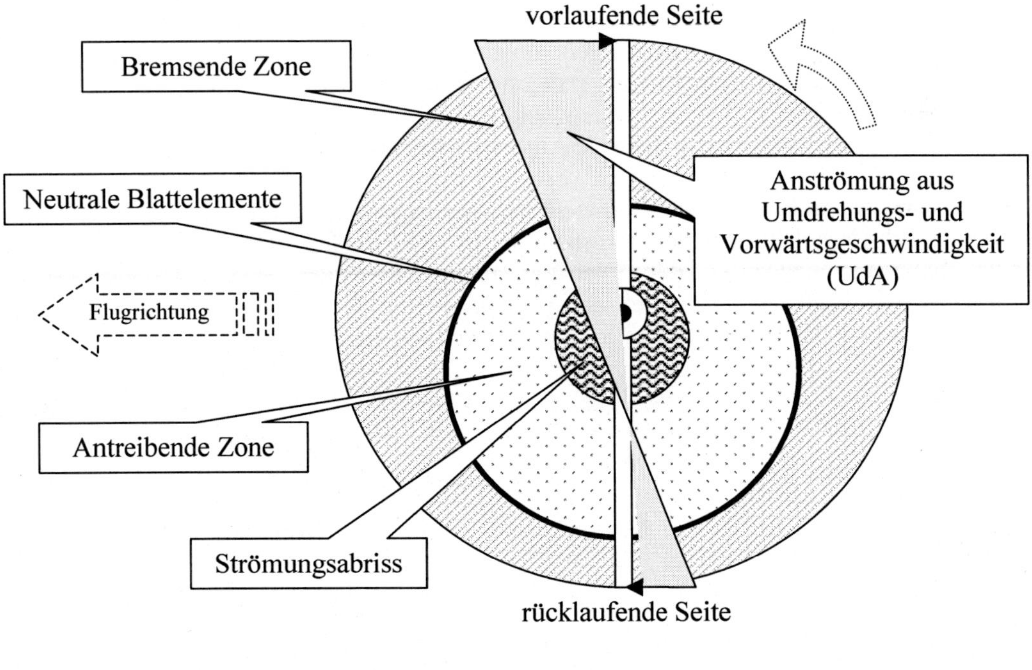

Bild 7.3.3: ***Verschiebung der antreibenden und bremsenden Zone durch die UdA***

Frage:
Wie verhält sich die Sinkgeschwindigkeit bei der AR mit Vorwärtsfahrt?

Antwort:
Die **Sinkgeschwindigkeit** hängt grundsätzlich vom Verhältnis der verschiedenen **Widerstandsarten**, die in der Autorotation wirken, ab. Diese Widerstände kennen Sie schon aus der Leistungsbetrachtung des horizontalen Vorwärtsflugs.
Jeder Widerstand trägt zur Sinkgeschwindigkeit bei.

- Der **induzierte Widerstand** nimmt mit zunehmender Vorwärtsgeschwindigkeit deutlich ab.
- Der **schädliche Widerstand** hingegen nimmt stark zu.
- Der Anteil zur Aufrechterhaltung der Rotordrehzahl (Überwindung des **Profilwiderstands**) bleibt im wesentlichen unverändert.

Die drei Verläufe sowie die **Summenkurve** sind im Bild 7.3.4 dargestellt. Hier ist die Ähnlichkeit mit der **Leistungsbedarfskurve** im Vorwärtsflug deutlich zu erkennen.

Aus der Summenkurve lässt sich die Geschwindigkeit für die **minimale Sinkrate** ablesen.
Legt man eine Tangente vom Koordinatenursprung an die Summenkurve kann man die Geschwindigkeit ablesen, bei der man die weiteste Strecke (**maximale Reichweite**) zurücklegen kann. Die Geschwindigkeit entspricht dem Berührungspunkt der Tangente mit der Summenkurve (Bild 7.3.5).

Die **optimale Fluggeschwindigkeit in einer Autorotation** entspricht der Geschwindigkeit für den geringsten Leistungsbedarf auf der Leistungskurve für den Horizontalflug. Es ist jedoch günstig etwa 10 Knoten schneller zu autorotieren, um zusätzliche kinetische Energie für eine Erhöhung der Rotordrehzahl beim Landeflare zur Verfügung zu haben. Daher wird **nach** der Reduzierung des Einstellwinkels (Senken des pitch) als zweites die Geschwindigkeit durch eine leichte Flarelage auf die für den Hubschrauber günstigste Autorotationsgeschwindigkeit reduziert.

Bei den meisten Hubschraubern ist die empfohlene Rotordrehzahl für den angetriebenen Flug mit hoher Geschwindigkeit ausgelegt, weshalb sie in anderen Flugzuständen nicht so leistungsfähig sind. Ist man gezwungen den Gleitflug zu strecken, um eine möglichst weite Strecke zurückzulegen, sollte man die Drehzahl gegenüber dem Normalwert reduzieren. So erreicht man zum Beispiel mit der Bo 105 bei 85% Rotordrehzahl die größte Weite.

Hubschrauber-Typ	Geschwindigkeit für **maximale Reichweite** (KIAS)	Geschwindigkeit für **geringste Sinkrate** (KIAS)
Alouette II	65	50
BO 105	100 (bei 85 % Rotordrehzahl)	75 (bei 100 % Rotordrehzahl)
UH-1D	100 (bei 294 U/min – Rotor)	65 (bei 294 U/min – Rotor)
CH-53G	100	80

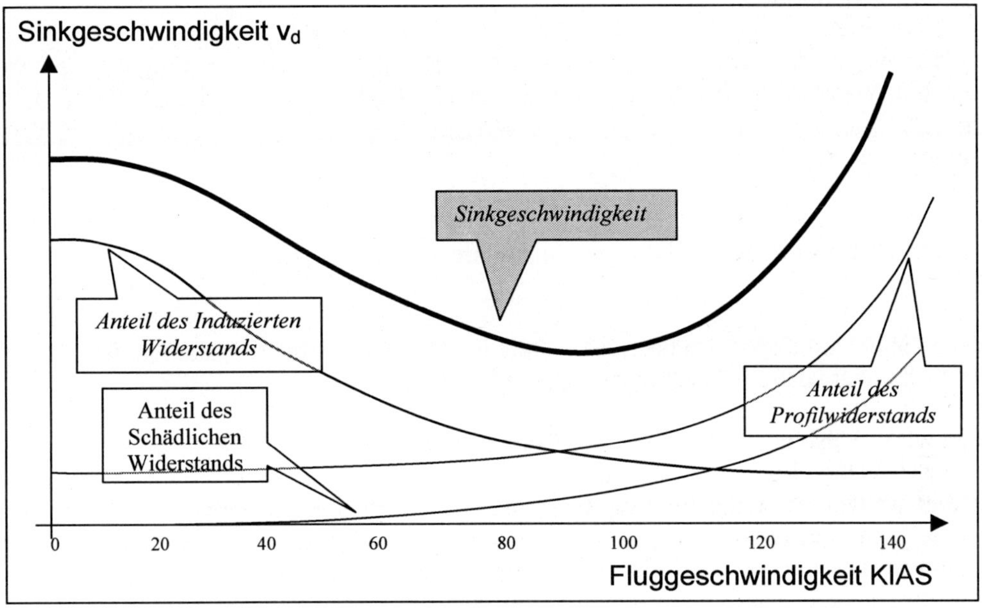

Bild 7.3.4: ***Abhängigkeit der AR-Sinkgeschwindigkeit von der Fluggeschwindigkeit und den verschiedenen Widerständen (Prinzip)***

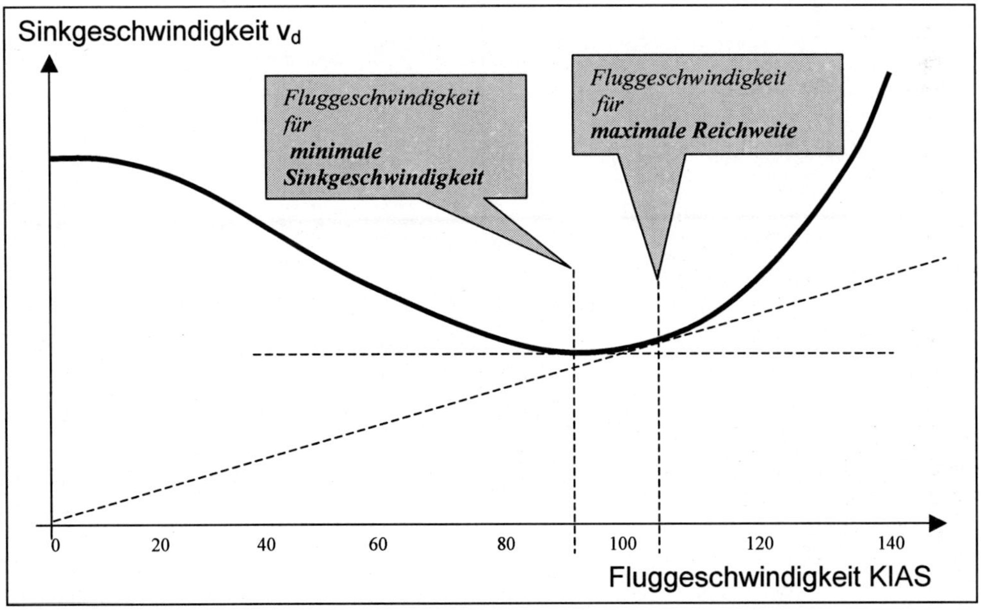

Bild 7.3.5: ***Geschwindigkeit für minimales Sinken und maximale Reichweite bei der AR (Prinzip)***

7.3.2. Flare und Aufsetzen in der AR

„Die perfekte Landung"

Der „Flare" wurde schon mehrmals erwähnt. Zum Einen, um nach dem Einleiten der AR (pitch senken) die Vorwärtsgeschwindigkeit zu reduzieren (siehe 7.3.1) und zum Anderen soll ein weiterer Flare in Bodennähe Vorwärts- und Sinkgeschwindigkeit für ein „weiches" Aufsetzen / Landen reduzieren.

Frage:
Was machen Sie als Pilot eigentlich, um einen Flare zu produzieren?

Antwort:
Sie ziehen leicht am stick (also nach hinten, an den Bauch) und neigen dadurch die BSE und auch den Hubschrauber ebenfalls nach hinten. Fertig (Bild 7.3.6).

Wenden wir uns also dem abschließenden Flare einer erfolgreichen AR zu:
Um den Hubschrauber so zu landen, oder besser gesagt aufzusetzen, dass keine Bauteile beschädigt werden, muss der Pilot die Energie „klug" verteilen. Idealerweise wird die **kinetische** Energie während der letzten Sinkphase immer weiter reduziert und kurz vor dem Aufsetzen ganz in **Rotor-Energie** umgewandelt. Für das Aufsetzen des Hubschraubers sollte nun im Rotor genug Energie gespeichert sein um „weich" zu landen. Der Lösungsansatz dazu ist ein koordiniert eingesteuerter Flare.

Frage:
Welche drei aerodynamischen Auswirkungen dieses Manövers können Sie feststellen?

Antwort:
1. **Reduzierung der Sinkrate**
2. **Abbremsen der Vorwärtsfahrt**
3. **Drehzahlaufbau**

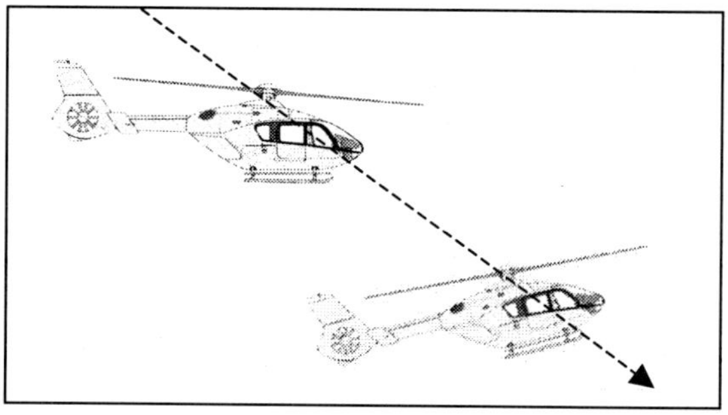

Bild 7.3.6: *Flare*

Zu „**Reduzierung der Sinkrate**":

Entscheidend für die Größe des Schubes ist der **senkrechte Anteil** ($v_{\perp, \text{Sinkflug}}$) der Anströmung des Rotors aufgrund der Sink- und Vorwärtsgeschwindigkeit. Im Falle eines richtig eingesteuerten Flares erhöht sich diese Komponente ($v_{\perp, \text{Flare}}$), wie man deutlich im Bild 7.3.7 erkennen kann. Dadurch wird der effektive Anstellwinkel größer. Die damit verbundenen Erhöhung des Auftriebsbeiwertes c_A bewirkt eine **vergrößerte Schubkraft**, und die **Sinkrate wird gebrochen**.

Beim ***angetriebenen*** *Rotor führt das vergrößerte $v_{\perp,\ Flare}$ zu einer verringerten senkrechten Durchströmung (w/2 - $v_{\perp,\ Flare}$) und damit zu einer flacheren effektiven Anströmung (v_{eff}) der Blätter. Es erhöht sich der effektive Anstellwinkel und somit auch der Rotorschub.*

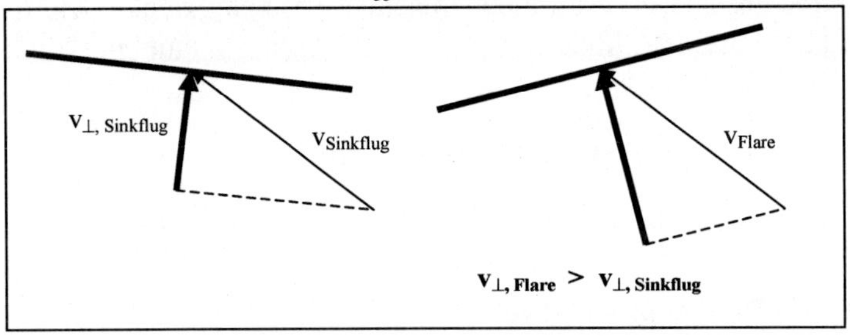

Das Ergebnis: Beim Flare mit angetriebenen Rotor wird die Sinkgeschwindigkeit verringert.

Bild 7.3.7: *Vergrößerte senkrechte Durchströmung im Flare*

Zu „**Abbremsen der Vorwärtsfahrt**" in der Autorotation (Bild 7.3.8):
Da bei dem Flare die Rotorebene nach hinten geneigt wird, ist auch leicht zu erkennen, dass der horizontale Anteil des Schubvektors nach hinten gerichtet ist. Das bedeutet, dass die Vorwärtsgeschwindigkeit deutlich reduziert wird.
Das gleiche gilt ebenso bei einem Flare mit ***angetriebenem*** *Rotor.*

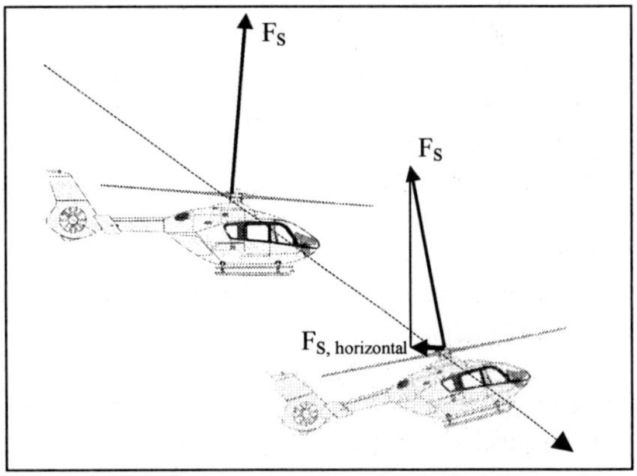

Bild 7.3.8: *Neigung F_S – „Bremsen"*

Zu „**Drehzahlaufbau**":
Wenn die senkrechte Durchströmung vergrößert wird, wird sich auch die effektive Anströmgeschwindigkeit ändern. v_{eff} fällt nun **steiler** von unten ein (vergleichbar mit der senkrechten AR) , dadurch kippt die resultierende Kraft nach vorne und es vergrößert sich die **antreibende** Wirkung der Tangentialkraft. Die antreibende Zone wird vergrößert, verschiebt sich wieder Richtung Rotormitte (vgl. Bild 7.3.3) und die Rotordrehzahl (als Rotorenergie!) nimmt zu.
Beim Flare mit ***angetriebenem*** *Rotor erhalten F_A und F_R eine „steilere Lage". Dadurch werden die Tangentialkräfte (F_T) und das resultierende Bremsmoment (M_{brems}) reduziert. An sich ist eine Drehzahlerhöhung die Folge, doch kann der Kraftstoffregler der Triebwerke durch automatische Anpassung des Kraftstoffflusses dieses verhindern.*

Ein amerikanischer Bericht untertreibt beim Thema Flare sicher nicht, wenn es darin heißt: "Wegen der Nähe und der Annäherungsgeschwindigkeit zum Boden ist die Einschätzung des Piloten ein entscheidender Faktor" Der Flare wird – abhängig von Wind-, Gelände- und Beladungsverhältnissen - in einer Höhe zwischen 80 und 120 ft, bei der CH-53 deutlich höher, eingesteuert.
Die Fluglage wird nun so lange beibehalten, bis die Fluggeschwindigkeit des Hubschraubers ca. 30 - 40 Knoten (KIAS) beträgt. Dabei wird der größte Teil der kinetischen Energie aus der Vorwärtsfahrt „verzehrt". Nun ist es auch an der Zeit, die im Rotor gespeicherte Energie durch

Ziehen am Pitch zu nutzen. Das Ziel ist es, den **Schub** bei langsamer werdenden Rotor aufrechtzuerhalten und zum weichen Aufsetzen (Sinkrate = 0!) noch einmal zu **erhöhen.**
Durch das Pitchziehen wird die Rotordrehzahl stark reduziert. Damit der Hubschrauber nicht zu Bruch geht, kann der Pilot den Pitch allerdings bis zum mechanischen Anschlag ziehen. Mit dem Vordrücken des Sticks wird der Hubschrauber kurz vor dem Aufsetzen in eine horizontale Fluglage und „sanft“ zu Boden gebracht.

- Viel Glück oder ..... Hals- und Beinbruch!! -

7.4. Der Sicherheitsbereich oder die Deadman´s Curve

Wie geschickt der Pilot beim Einleiten der Autorotation und beim Flare auch immer mit der Energie umgeht, es bleiben Kombinationen von **Flughöhe und –geschwindigkeit** übrig, bei denen der Hubschrauber nicht sicher gelandet werden kann.

In Bild 7.4.1 ist die sogenannte ***Deadman's Curve*** (Risikobereich) am Beispiel der Alouette II dargestellt. Die Kurve zeigt den **Sicherheitsbereich**, in dem der Hubschrauber betrieben werden sollte. Die Flughöhe ist in Abhängigkeit der Fluggeschwindigkeit aufgetragen.
Sie können als Pilot eine sichere Autorotation durchführen, solange Sie sich mit dem Hubschrauber außerhalb des gefärbten Bereichs (Risikobereich) aufhalten und .... Sie einen geeigneten Landeplatz finden.
Ein Ausgangspunkt (Flugsituation) innerhalb der Deadman´s Curve wird aller Voraussicht nach zu einem materialschädigenden und lebensbedrohlichen Ende des Fluges führen!

Der linke Risikobereich steht für eine **zu geringe Höhe** und eine **zu geringe Fluggeschwindigkeit**, um bei einem Triebwerksausfall vor der Bodenberührung in den beherrschbaren Autorotationszustand zu gelangen.

Der rechte Risikobereich macht deutlich, dass bei **geringer Höhe und hoher Geschwindigkeit** der Hubschrauber bei Antriebsausfall den Boden berühren kann, bevor **Sie** ihn kontrolliert landen können.

Im **bodennahen Schwebeflug** stellt der Triebwerkausfall kein großes Problem dar. In dieser Höhe ist der Triebwerksausfall in den Griff zu bekommen, indem ein senkrechter Sinkflug eingeleitet bzw. zugelassen wird und der Hubschrauber kurz vor dem Aufsetzen durch Ziehen des Leistungshebels bei langsamer werdendem Rotor abzufangen.

Außerhalb der Gefahrenbereiche bleibt dem Piloten genügend Zeit, Flughöhe in Geschwindigkeit (bei Schweben in größerer Höhe) oder Geschwindigkeit in Rotorenergie (bodennaher Tiefflug) umzusetzen.

Durch verschiedene Maßnahmen ist es möglich den unteren Bereich der Sicherheitszone anzuheben. Bei geringerer Abflugmasse oder bei größerer Massenträgheit des Rotors ist die erforderliche Leistung für sicheres Aufsetzen geringer. Auch durch eine Verbesserung des Landegestells kann der Verlauf angehoben werden.

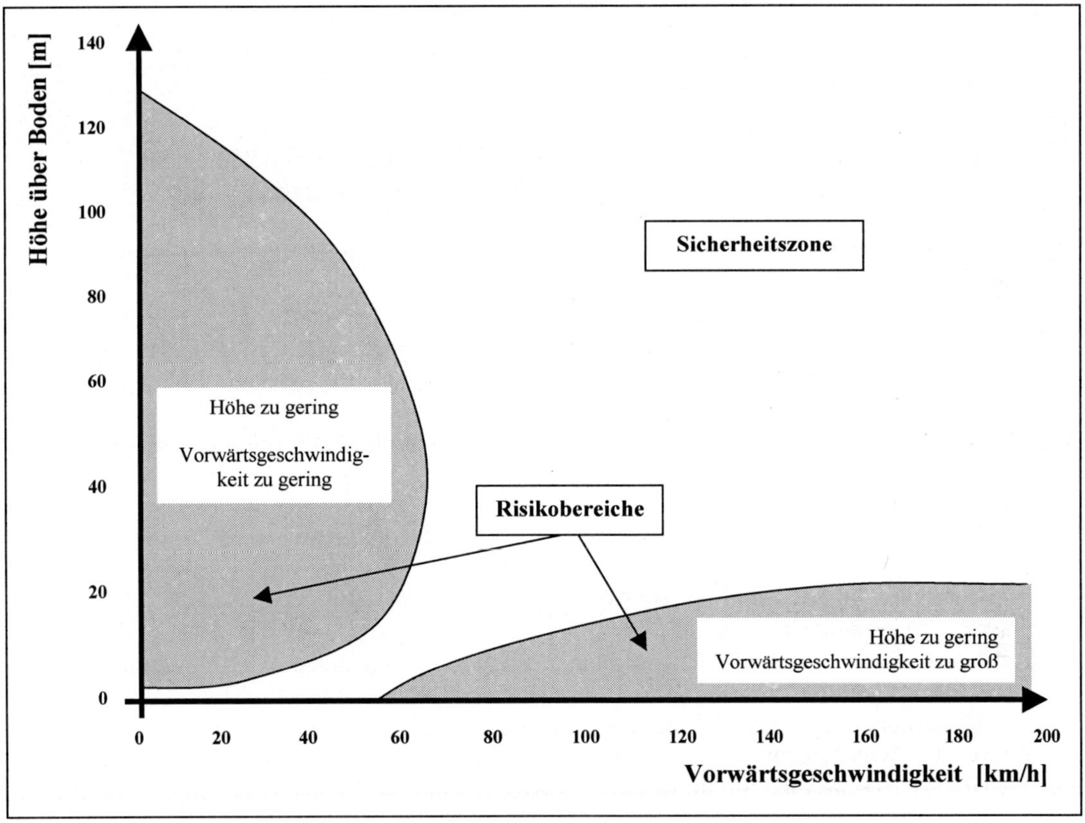

Bild 7.4.1: *„Deadman's Curve" – Beispiel Alouette II*

7.5. Übungen zur Autorotation

1. Welche Energieformen stehen Ihnen während der Autorotation mit Vorwärtsfahrt zur Verfügung?

2. Welche Energieform verbrauchen Sie für eine „weiche“ AR-Landung und welche Energieform nutzen Sie bis zum Abschluss der AR?

3. Wann kann eine AR die einzige Möglichkeit sein, Menschen und Hubschrauber sicher an den Boden zu bringen?

4. Was ist der wesentliche Unterschied zwischen einem angetriebenen und einem Autorotationssinkflug bezüglich der Anströmverhältnisse am Rotor?

5. Zeichnen Sie ein neutrales Blattelement in der senkrechten AR mit allen Bezugsebenen, Geschwindigkeiten, Winkeln und Kräften.

6. Zeichnen Sie ein antreibendes Blattelement in der senkrechten AR mit allen Bezugsebenen, Geschwindigkeiten, Winkeln und Kräften.

7. Zeichnen Sie ein bremsendes Blattelement in der senkrechten AR mit allen Bezugsebenen, Geschwindigkeiten, Winkeln und Kräften.

8. Wie kann im AR-Sinkflug die Rotordrehzahl konstant gehalten werden?

9. Sie bemerken im AR-Sinkflug das Abfallen der Rotordrehzahl.
    - 9.1. Was machen Sie?
    - 9.2. Beschreiben Sie die aerodynamischen Vorgänge anhand der Flügelblatt-Theorie!

10. Sie bemerken im AR-Sinkflug das Ansteigen der Rotordrehzahl.
    - 10.1. Was machen Sie?
    - 10.2. Beschreiben Sie die aerodynamischen Vorgänge anhand der Flügelblatt-Theorie!

11. Beschreiben Sie den stabilisierten AR-Zustand!
    - 11.1. Was passiert, wenn Sie aus diesem Zustand heraus den pitch senken?
    - 11.2. Was passiert, wenn Sie aus diesem Zustand heraus den pitch ziehen?

12. Welche Sinkgeschwindigkeit weist die
    - 12.1. Alouette II
    - 12.2. die EC 135

    bei maximalen Abfluggewicht auf?

13. Was ist die aerodynamische Ursache für das Verschieben der antreibenden und bremsenden Zone bei der AR mit Vorwärtsgeschwindigkeit?

14. Welche Faktoren beeinflussen die Sinkgeschwindigkeit in der AR mit Vorwärtsfahrt?

15. Kennzeichnen Sie im Diagramm - Sinkgeschwindigkeit in der AR - die Stellen für „maximale Reichweite“ und „minimale Sinkrate“!

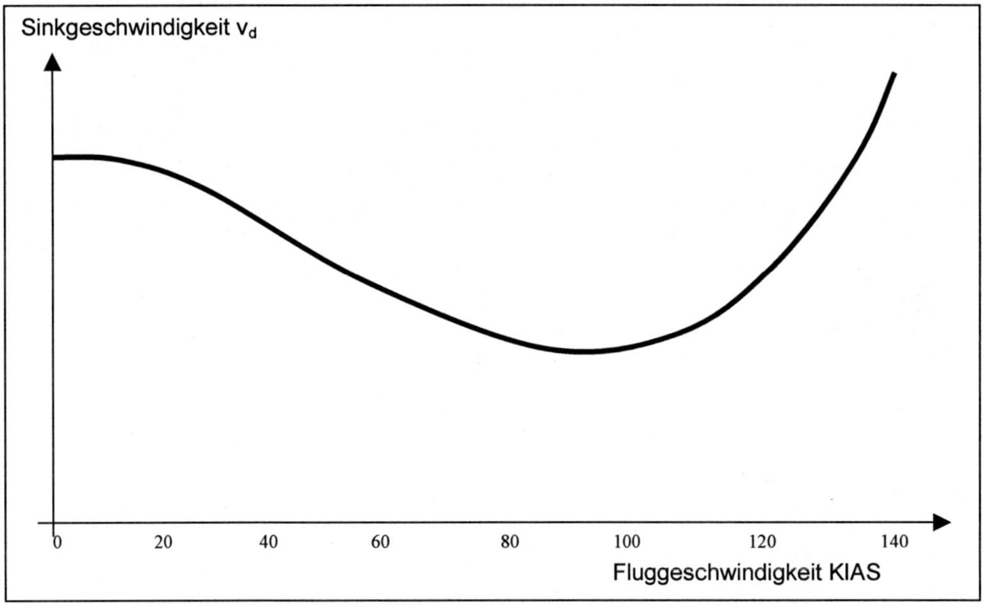

16. Bodennaher Flare bei der AR mit Vorwärtsgeschwindigkeit:
    16.1. Welche drei aerodynamischen Auswirkungen können Sie nach dem Einsteuern des Flares feststellen?
    16.2. Beschreiben Sie kurz die jeweilige Ursache!

17. Deadman's Curve: Welche Bereiche, bezogen auf Vorwärtsgeschwindigkeit und Flughöhe, sollten Sie grundsätzlich meiden.

18. Deadman's Curve: Was kann in der Situation „zu geringe Höhe und zu hohe Vorwärtsgeschwindigkeit“ bei Triebwerkausfall passieren?

19. Deadman's Curve: Was kann in der Situation „zu geringe Höhe und zu geringer Vorwärtsgeschwindigkeit“ bei Triebwerkausfall passieren?

Intentionally left blank!

Kapitel 8

8. *Heckrotorwirkung*

8.1 Heckrotorwirkung - Allgemein

8.1.1 Wirkungsweise Heckrotor - Prinzip

Bekannterweise lebt das Hubschrauberfliegen und –steuern vom Antrieb des Hauptrotors. Die Masse der heutigen Hubschrauber weisen einen Hauptrotor auf, der von einem oder zwei Wellenleistungstriebwerken seinen erforderlichen Antrieb erhält.
Die Triebwerke müssen dabei ständig mit ihrer Kraft gegen die Widerstandskräfte, die die Rotorblätter abbremsen, „ankämpfen“. Das Ergebnis ist auf der einen Seite eine konstante Rotordrehzahl (das ist gut so!) aber auf der anderen Seite auch ein **auf die Hubschrauberzelle wirkendes Drehmoment** (das ist weniger gut!).
Die Widerstandskräfte (Sie erinnern sich an die FBT: F_T!) wirken über den Rotormast als Drehmoment auf das Hauptgetriebe zurück. Die Hubschrauberzelle versucht diesem Moment „auszuweichen“ und beginnt eine **Drehbewegung** in Richtung dieses Momentes und entgegen der Hauptrotordrehrichtung – wenn Sie es nicht verhindern!
Dazu hat der Hubschrauber einen Heckrotor (auch in Form eines Fenestron) erhalten, der wiederum ein **Gegendrehmoment** erzeugen soll, welches die Drehbewegung stoppen bzw. noch besser **kontrollieren** lässt! Dieses Gegendrehmoment setzt sich zusammen aus der vom Heckrotor produzierten Schub**kraft** und dem entsprechenden Abstand (**Hebelarm**) zum Hauptrotormast (Bild 8.1.1).

Die Heckrotorschubkraft wird nach dem gleichen Prinzip wie am Hauptrotor erzeugt: Durch kollektive Vergrößerung der Blatteinstellwinkel (auch am Fenestron) steigt die Auftriebskraft der einzelnen Blätter.

Mit Hilfe der Pedale passen Sie als Pilot die Heckrotorschubkraft an die jeweilige Drehmomentgröße des Hauptrotors an. Diese ist natürlich abhängig von der vom Hauptrotor abverlangten Leistung (in jedem Flugzustand anders).

<u>Beispiel</u> (**linksdrehender** Hauptrotor, SHS EC 135, BO 105, UH-1D, CH-53G, NH 90):
Für einen Steigflug **ziehen Sie am pitch**. Die Einstellwinkel der Blätter werden vergrößert, der Luftwiderstand (inkl. induzierter Widerstand) steigt und die Triebwerke müssen mehr leisten. Damit erhöht sich das Drehmoment auf die Zelle. In der Folge dreht die Zelle entgegen Rotordrehrichtung nach **rechts** weg. Also treten Sie stärker in das **linke Pedal**, um den Heckrotorschub und das ausgleichende Gegendrehmoment zu vergrößern.
Beim pitch-Senken müssen Sie analog beim linksdrehenden Hauptrotor in das rechte Pedal treten.

Rechtsdrehender Hauptrotor (Alouette II, TIGER):
- pitch ziehen → rechtes Pedal zum Ausgleich treten
- pitch senken → linkes Pedal zum Ausgleich treten

Aber ein Grundsatz gilt bei allen Hubschraubern: Wollen Sie mit der Hubschrauberzelle nach links drehen, treten Sie **immer** in das linke Pedal und für eine Rechtsdrehung immer in das rechte Pedal

(Stellen Sie etwas anderes fest, verlassen Sie den Hubschrauber und führen ein ernsthaftes Gespräch mit den Technikern)!

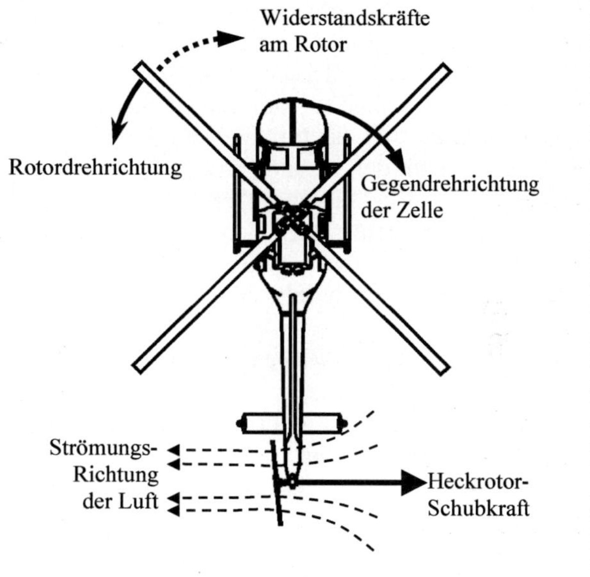

Bild 8.1.1: *Heckrotorwirkung bei linksdrehendem Hauptrotor*

Nach diesen einführenden Worten könnte der Schluss nahe liegen, dass ein Heckrotor nur positive Einstellwinkelveränderung für eine Vergrößerung der Schubkraft braucht. Für eine gewollte Drehung der Zelle entgegen der Hauptrotordrehrichtung kann man ja dem „natürlichen" Bestreben der Zelle nachgeben, den Widerstandskräften auszuweichen, also den Einstellwinkel auf Null reduzieren.

Diese Schlussfolgerung vernachlässigt aber Folgendes:

Bei einer **Autorotation** entfällt nicht nur die „Ausweichdrehbewegung" der Zelle (weil keine Wellenleistung mehr übertragen wird), sondern aufgrund der Haftreibung (zwischen Rotormast und Rotormastführung im Hauptgetriebe) versucht der Hauptrotor die Zelle in seine Drehrichtung mitzudrehen! Daher muss der Heckrotor auch „negativen" Schub oder Abtrieb erzeugen können, um die Mitdrehtendenz der Zelle auszugleichen. Das ist eine Heckrotorschubumkehr und wird mit einem negativen Einstellwinkel an den Rotorblättern erreicht.

Bei der Bo 105 beträgt der minimal mögliche Anstellwinkel bei voll durchgetretenem rechtem Pedal - 8° (um das Mitdrehen zu verhindern) und der maximal mögliche Anstellwinkel bei voll durchgetretenem linken Pedal 18°.

8.1.2 Heckrotorwirkung - Abdrift

Der seitlich gerichtete Heckrotorschub erzeugt nicht nur mit Hilfe des Heckauslegers als Hebelarm ein Gegendrehmoment. Zusätzlich bewirkt diese Kraft eine seitliche **Abdrift** des Hubschraubers in Richtung des Schubvektors.
Diese seitliche Abdrift können Sie z.B. bei der BO 105 beim Abheben vom Boden feststellen: Lassen Sie den stick neutral, ziehen nur am pitch und gleichen mit den Pedalen aus, so werden Sie merken, dass der Hubschrauber beim „Leichtwerden“ nach rechts über den Boden rutscht. Zum Ausgleich führen Sie also den stick leicht nach links (um F_S nach links zu neigen).

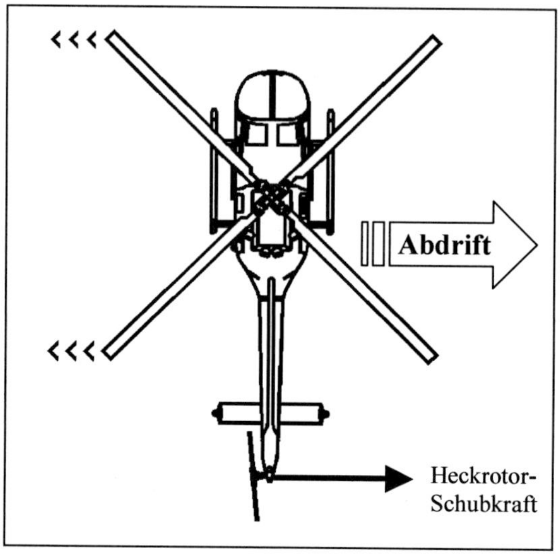

Bild 8.1.2: *Abdrift durch Heckrotorschubkraft*

Die seitliche Abdrift ist natürlich unerwünscht und ihre Auswirkung auf den Hubschrauber ist von folgenden Einflussfaktoren abhängig:

- Einbauhöhe des Heckrotors bezüglich Hubschrauberschwerpunkt und Hauptrotor
- Schlaggelenksabstand am Hauptrotor

Bild 8.1.3 zeigt einen Hubschrauber mit **vollgelenkigem Rotor** (Schlaggelenksabstand > 0) und Heckrotoreinbau zwischen Hauptrotor und Schwerpunkt. Der horizontale Schubanteil gleicht die durch den Heckrotor verursachte Abdrift aus. Der unter dem Hauptrotor angebrachte Heckrotor erzeugt bezüglich des Rotormittelpunktes P ein Rollmoment; **Die Zelle ist nach links geneigt, d.h. der Hubschrauber „hängt“ links tiefer.**
Wäre der Heckrotor auf Höhe des Schwerpunktes angebracht (Vergrößerung des Drehmoments, da Hebelarm größer), so wäre die Zelle noch stärker geneigt und die Blätter würden weniger stark schlagen.

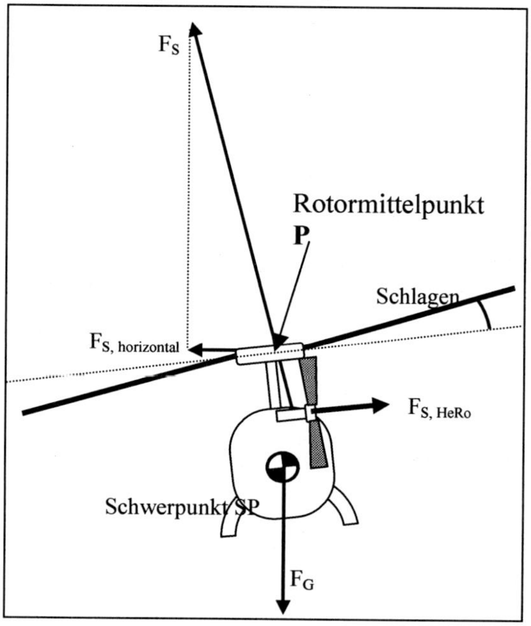

Bild 8.1.3: *Vollgelenkiger Hubschrauber, der durch Abdrift-Ausgleich links hängt*

<u>Bemerkung</u>: Die Abdrift und das „links-tiefer-Hängen“ kann auch positiv genutzt werden. Hanglandungen bei nach links abfallenden Hängen sind einfacher bzw. die Hangneigung darf nach links größer sein (Entsprechendes gilt bei rechtsdrehenden Rotoren für nach rechts abfallende Hänge).

Bild 8.1.4 zeigt eine weitere, inzwischen weit verbreitete „Hänge-" Version eines Hubschraubers: Die Nutzung eines Rotors mit **großen Schlaggelenksabständen** (von P) führt immer zu einer Neigung der Zelle beim Ausgleich der Heckrotorabdrift. Der Grund ist die ungehinderte Übertragung der Auftriebskräfte an den Rotorblättern über das „steife" Rotorsystem auf die Zelle (z.B. an gelenklosen – BO 105 - und lager- und gelenklosen – EC 135 - Rotorsystemen). Die Position des Heckrotors ist dabei fast unerheblich, da dessen Drehmoment kaum die starken Hauptrotorkräfte beeinflusst. Die Höhe des Heckrotors beeinflusst nur den Schlagwinkel der Hauptrotorblätter: Die hohe Anbringung führt zu stärkeren Schlagbewegungen, die tiefe Anbringung erzeugt geringe Schlagbewegungen. Der Hubschrauber wird aber immer hängen, soweit nicht die Taumelscheibe oder der Rotormast mit einer vorgegebenen Links-Neigung eingebaut werden.

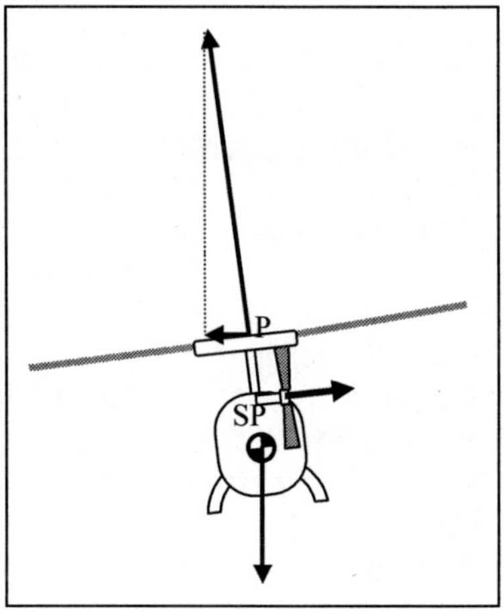

Bild 8.1.4: *Neigung der Zelle durch Ausgleich der Heckrotorabdrift bei großem Schlaggelenksabstand*

Bild 8.1.5 zeigt eine Möglichkeit, die Abdrift auszugleichen, ohne dass der Hubschrauber hängt. Halbstarre Rotorsysteme, d.h. Rotoren mit einem Schlaggelenk im Rotormittelpunkt P, übertragen keine „Neige-" Kräfte von den Blättern über den Rotormast auf die Zelle. Die Zelle bleibt dann horizontal, wenn der Heckrotor auf Höhe des Hauptrotors angebracht wird (Dieses Moment von $F_{S,Heckrotor}$ bezüglich des Hauptrotormittelpunkts P existiert nicht!).

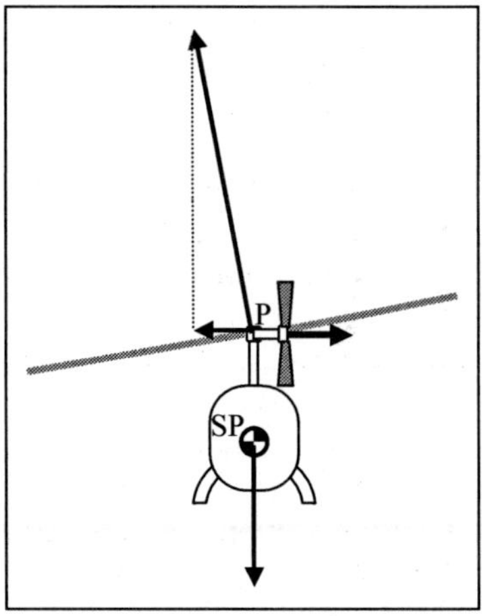

Bild 8.1.5: *Halbstarrer Rotor- Abdriftausgleich **ohne** Neigung der Zelle*

Ist der Heckrotor tiefer angebracht, erzeugt sein Schub ein Dreh- bzw. Rollmoment um P, die Zelle ist wieder geneigt (Bild 8.1.6).

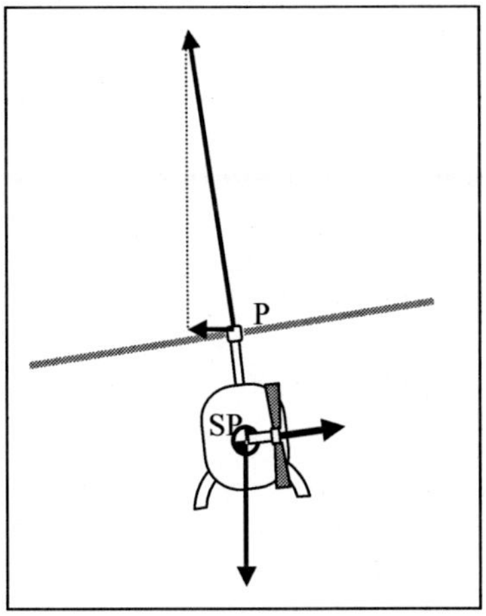

Bild 8.1.6: *Halbstarrer Rotor- Abdriftausgleich **mit** Neigung der Zelle*

*Bemerkung: Im Vorwärtsflug ist das Hängen des Hubschraubers durch **schiebendes Fliegen** auszugleichen. Der Hubschrauber ist dann für den Piloten fühlbar waagerecht, wenn die Kugel des Wendezeigers in der Mitte ist. Jetzt bringt nicht mehr der Hauptrotor die nötige Abdrift-Ausgleichskraft auf, sondern der Hubschrauberrumpf mit seinen (aus dem Luftwiderstand) resultierenden Seitenkräften.*

8.2 Beeinflussung der Heckrotorwirkung

8.2.1. Verlust der Heckrotorwirkung

Bei geringer Vorwärtsfahrt (< 25 KIAS) kann es bei starkem Wind von links oder rechts hinten (Bereich in Bild 8.2.1 gekennzeichnet) zu einem Verlust der Heckrotorwirksamkeit kommen (linksdrehender Rotor!).

Nehmen wir das Beispiel „**Wind von hinten links**". Durch die Anströmung des Heckauslegers von links beginnt das Luftfahrzeug wegen des Winddrucks auf den Heckausleger nach links zu drehen. Was passiert aber direkt am Heckrotor? Der Wind von links ist der Durchströmung der induzierten Geschwindigkeit durch die Heckrotordrehebene entgegengesetzt gerichtet (Bild 8.2.1a). Dadurch wird die senkrechte Durchströmung reduziert und der effektive Anstellwinkel wird vergrößert. Damit ist eine Vergrößerung des Heckrotorschubes verbunden, so daß der Heckrotor ein größeres Gegendrehmoment erzeugt und den Hubschrauber noch weiter nach links drehen läßt (wenn keine Leistungserhöhung vorgenommen wird, bleibt das Drehmoment der Zelle gleich). Die anfängliche **Linksdrehung** des Hubschraubers **verstärkt** sich also:

$$\ldots\ (w/2 - v_{Wind,links}) \downarrow\ \rightarrow\ \alpha_{eff} \uparrow\ \rightarrow\ c_A \uparrow\ \rightarrow\ F_A \uparrow\ \rightarrow\ F_N \uparrow\ \rightarrow\ \Sigma F_N \uparrow\ \rightarrow\ F_{S,HeRo} \uparrow$$

Bei **Wind von rechts** verhält es sich ähnlich (Bild 8.2.1b). Der Wind sorgt zum Einen durch Druck auf den Heckausleger für eine beginnende **Rechtsdrehung** des Hubschraubers und zum Anderen durch die Vergrößerung der senkrechten Durchströmung für ein Absinken der Schubkraft: Die **Rechtsdrehung beschleunigt** sich!

$$\ldots\ (w/2 + v_{Wind,rechts}) \uparrow\ \rightarrow\ \alpha_{eff} \downarrow\ \rightarrow\ c_A \downarrow\ \rightarrow\ F_A \downarrow\ \rightarrow\ F_N \downarrow\ \rightarrow\ \Sigma F_N \downarrow\ \rightarrow\ F_{S,HeRo} \downarrow$$

Als Pilot sollten Sie diese Drehbewegungen gefühlvoll beenden bzw. kontrollieren!

Denn ... aus der **Rechtsdrehung**, die nicht rechtzeitig kontrolliert wird, kann sich ein Strömungszustand am Heckrotor einstellen, der Ihnen als *Wirbelringstadium am Hauptrotor* bekannt ist.

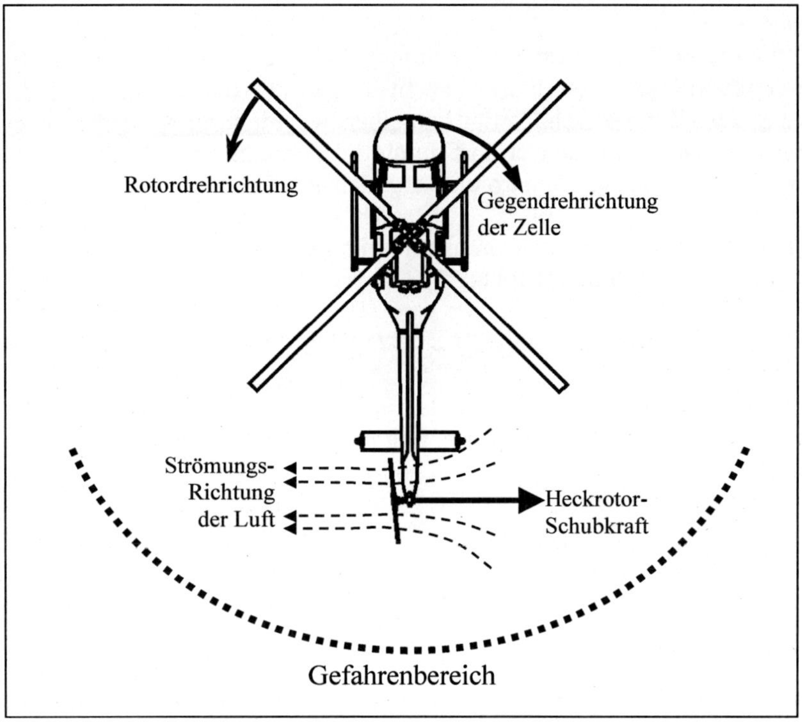

Bild 8.2.1: *Bereich des Windeinflusses von hinten links bis hinten rechts mit der Gefahr der Heckrotorbeeinflussung*

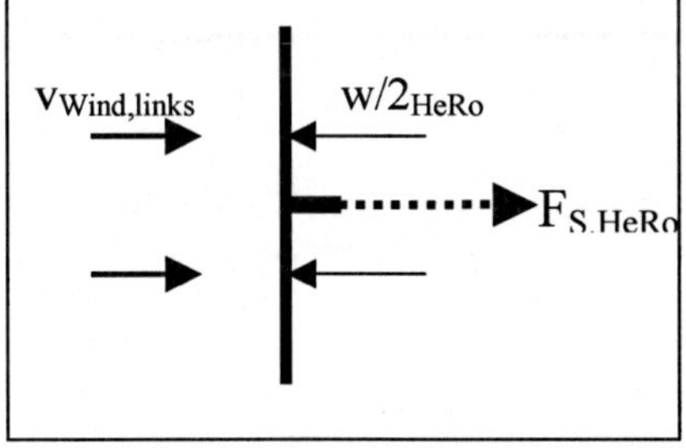

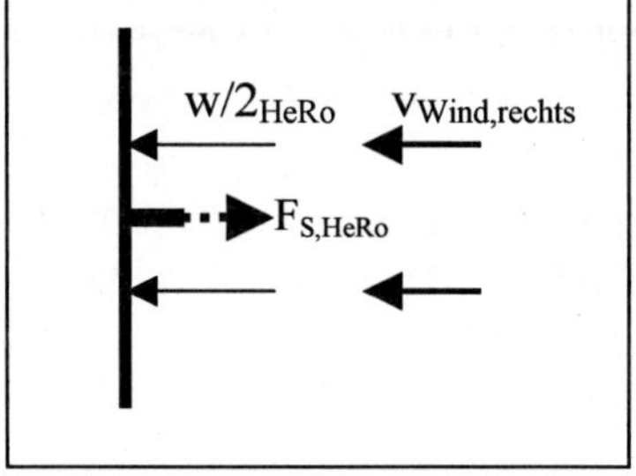

Bild 8.2.1a: *Wind von links* $(w/2-v_{Wind})$ Bild 8.2.1b: *Wind von rechts* $(w/2+v_{Wind})$

8.2.2. Wirbelringstadium am Heckrotor

„Denken“ wir die in 8.2.1 angesprochene Rechtsdrehung weiter: Egal, ob starker **Wind von rechts** oder ein unkoordiniert getretenes **„rechtes Pedal“** die Ursache sind, die resultierende Verringerung des Heckrotorschubs führt zu einer **beschleunigten Rechtsdrehung** der Zelle (Bild 8.2.4). Ergebnis: Der Heckrotor erfährt durch die Drehung eine Anströmung von „unten“, wenn wir ihn mit der Wirkung des Hauptrotors vergleichen (Bild 8.2.3).

Als Folge wird die senkrechte Durchströmung im Rotorinnenbereich verkleinert, so daß die Auftriebskräfte hier zunehmen (Bild 8.2.2):

$$(w/2_{HeRo} - v_{Drehung}) \downarrow \rightarrow F_A \uparrow$$

Im Außenbereich kommt es aber wegen der starken Anströmung von "unten" zu einer verstärkten Rezirkulation. Die senkrechte Durchströmung nimmt zu und die Auftriebskräfte im Außenbereich nehmen so stark ab ....

$$\ldots\ (w/2_{HeRo} + v_{Wirbel}) \uparrow\uparrow \rightarrow F_A \downarrow\downarrow$$

... dass die **Gesamtschub-Bilanz** am Heckrotorblatt eine **Schubverringerung** bedeutet.

Der Hubschrauber wird noch schneller nach rechts drehen und den Effekt verstärken.

→ Der Heckrotor befindet sich im Wirbelringstadium!

Das gleiche Ergebnis kann man im stationären Schwebeflug auch erhalten, wenn der Pilot bei **sehr starkem Seitenwind von links** mit dem rechten Pedal ausgleicht ($F_{S,HeRo} \downarrow$).

Nein!

Wenn Sie jetzt aber zum Beendigen der Rechtsdrehung in das linke Pedal treten, machen Sie die Situation genauso hoffnungslos wie durch pitch-Ziehen im Hauptrotor-Wirbelringstadium! Im Rotorinnenbereich führen Sie Strömungsabriss und im Außenbereich verstärkte Rezirkulation herbei!

Durch **Autorotation** oder **Aufnahme von Vorwärtsfahrt mit Treten des rechten Pedals** (Verringerung des Heckrotorschubs) kann man in der Regel das Wirbelringstadium am Heckrotor beenden.

Ja!

Vorsichtige, gefühlvolle Pedalarbeit bei starkem Seiten- bzw. Rücken-Seitenwind (insbesondere von rechts) verhindert das Auftreten des Wirbelringstadiums am Heckrotor! Still be ahead!

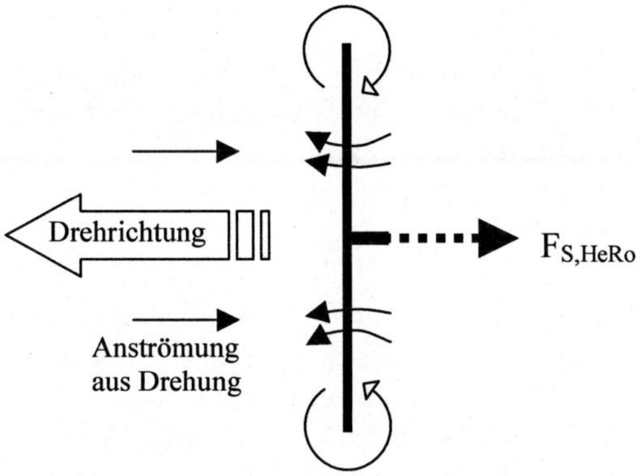

Bild 8.2.2: *Wirbelringstadium am **Heck**rotor*

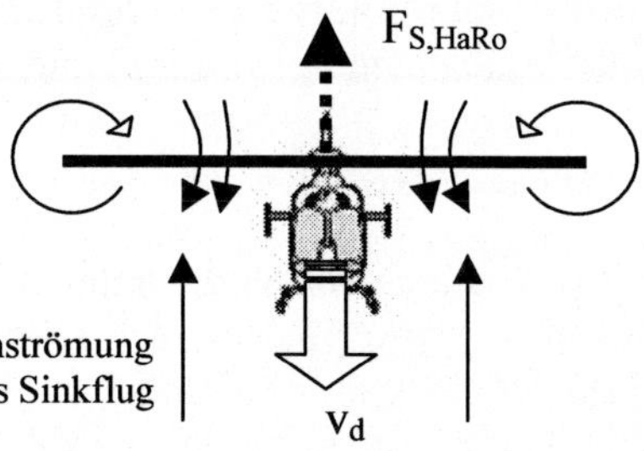

Bild 8.2.3: *Wirbelringstadium am **Haupt**rotor*

innen:	**außen:**
$(w/2 - v_{Drehung})\downarrow, \alpha_{eff}\uparrow\ F_A\uparrow$	$(w/2 + v_{Wirbel})\uparrow\uparrow, \alpha_{eff}\downarrow\downarrow\ F_A\downarrow\downarrow$

Gesamtbilanz Heckrotor: $F_A \downarrow \rightarrow F_{S,HeRo} \downarrow \rightarrow$ *Wirbelringstadium !!!*

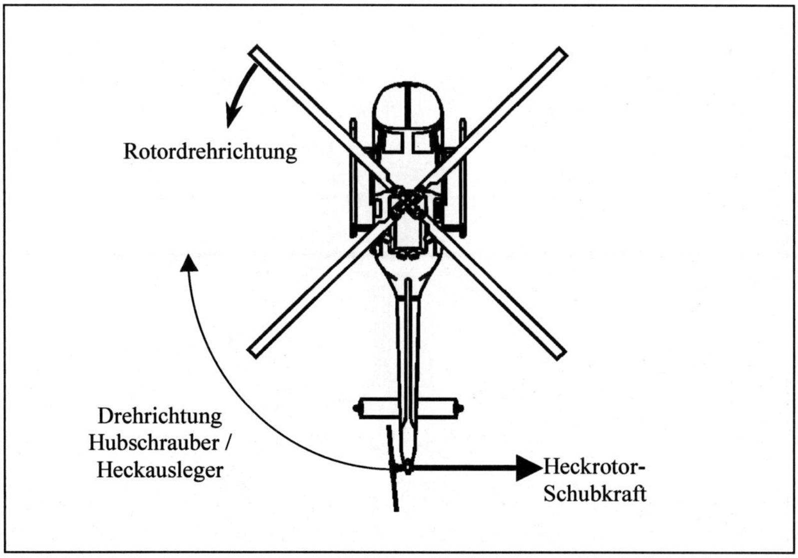

Bild 8.2.4: *Rechtsdrehung als Voraussetzung zum Wirbelringstadium am Heckrotor (bei linksdrehendem Hauptrotor)*

8.2.3. Heckrotorbeeinflussung durch Hauptrotorwirbel

Bei Wind von vorne links kommt der Heckrotor beim Einleiten einer Rechtsdrehung in den Bereich der Hauptrotorwirbel. Der Heckrotor erfährt dadurch eine zusätzliche Anströmung von links (also von „unten" gem. FBT) und der Heckrotorschub nimmt zu:

$$\ldots\ (w/2 - v_{Wirbel,links\text{-}vorne}) \downarrow \ \rightarrow\ \alpha_{eff} \uparrow \ \rightarrow\ F_A \uparrow \ \rightarrow\ F_N \uparrow \ \rightarrow\ F_{S,HeRo} \uparrow$$

Dadurch wird die gewünschte Drehung nach rechts im Bereich des Wirbeleinflusses gebremst und der Pilot muss stärker in das rechte Pedal treten. Der Hubschrauber dreht daraufhin weiter nach rechts und der Heckrotor kommt aus dem Einflussbereich der Hauptrotorwirbel heraus. Jetzt ist die schuberhöhende Anströmung wieder weg, der Heckrotorschub sinkt plötzlich und der Hubschrauber beschleunigt seine Rechtsdrehung (der Pilot hat kurz vorher noch in das rechte Pedal getreten) erheblich.

Ja!

Sie müssen bei Wind von links-vorne darauf gefasst sein, nach der Rechtspedalzugabe zur Aufrechterhaltung der Rechtsdrehung dann sofort Linkspedal zur Vermeidung einer zu hohen, evtl. unkontrollierbaren Rechtsdrehgeschwindigkeit zu geben. Und denken Sie daran, dass dieser plötzliche Wechsel in den Strömungszuständen auch bei anderen Windrichtung vorkommen kann. Still be ahead !!

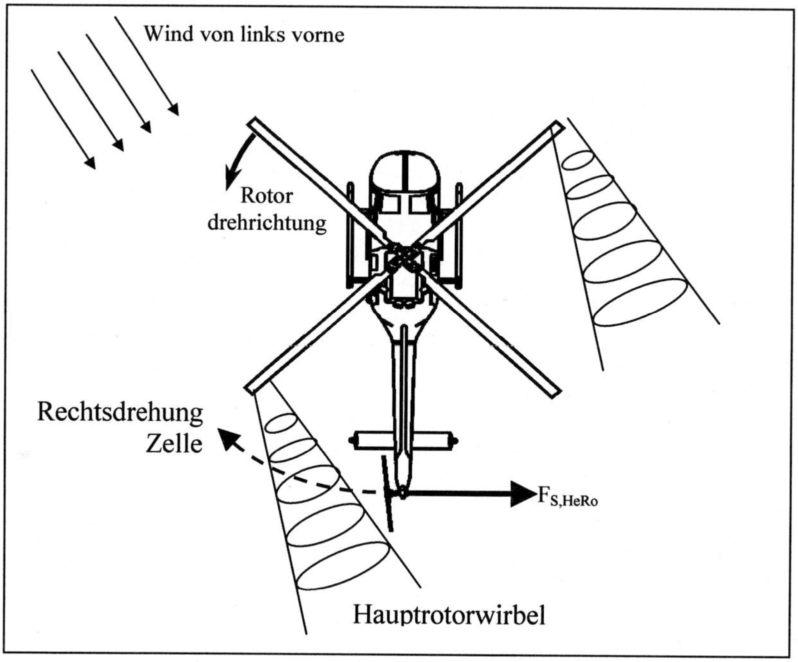

Bild 8.2.5: *Heckrotorbeeinflussung durch Wind von links-vorne*

Intentionally left blank!

8.3. Übungen zur Heckrotorwirkung

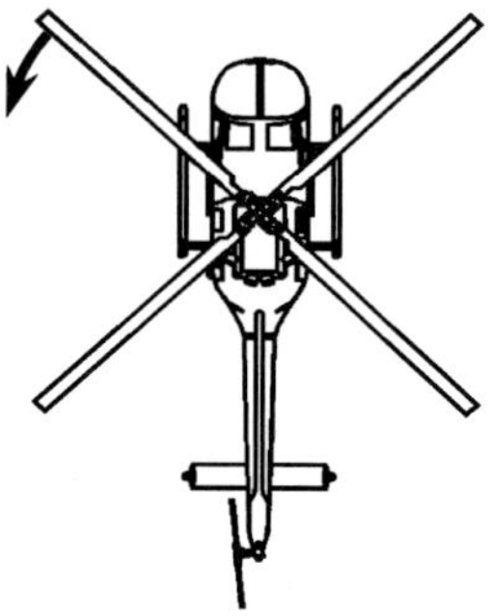

20. Zeichnen Sie in die nebenstehende Grafik
    - 20.1. Drehrichtung der Zelle ohne Drehmomentausgleich
    - 20.2. Wirkungsrichtung der Widerstandskräfte am Rotor
    - 20.3. Richtung Heckrotor-Schubkraft
    - 20.4. Richtung der durch den Heckrotor strömenden Luft

21. Warum muss ein Heckrotor auch negativen Schub produzieren können?

22. Warum hängen viele Hubschrauber mit linksdrehendem Rotorsystem im Schwebeflug links tiefer?

23. Warum nehmen Sie als Pilot beim „Weichmachen“ des Hubschraubers (kurz vor Abheben) den stick nach links?

24. Wann kann das „Links-Hängen“ auch positive Auswirkungen haben?

25. Linksdrehender Rotor:
    Mit welcher Hubschrauber-Reaktion müssen Sie rechnen, wenn
    - 25.1. Wind von links
    - 25.2. Wind von rechts
      auf den Heckausleger trifft?
    - 25.3. Aus welcher Drehrichtung kann sich das Wirbelringstadium am Heckrotor entwickeln?

26. Beschreiben Sie Ursache und aerodynamische Auswirkung des Wirbelringstadiums am Heckrotor.

27. Warum kann eine Rechtsdrehung bei Wind von vorne-links kritisch werden?

ABKÜRZUNGSVERZEICHNIS

Allgemein

ρ	Dichte (rho)
Σ	Summe
Δ	Delta (Unterschied, Differenz)
ϕ	Querneigungswinkel, Banklage (phi)
ϑ, υ	Einstellwinkel (theta)
α_{eff}	effektiver Anstellwinkel
α_i	induzierter Anstellwinkel
α_{krit}	kritischer Anstellwinkel
$<$	kleiner als
$>$	größer als

A

A	Auftriebsfläche
A	Schallgeschwindigkeit
A	Beschleunigung
AR	Autorotation

B

BERP	British Experimental Rotor Program
BSE	Blattspitzenebene

C

c_A	Auftriebsbeiwert
CH	Transporthubschrauber (Carry Helicopter)
Cos	Cosinus
CPL	Commercial Pilot Licence for Helicopter
c_W	Widerstandsbeiwert

D

D	Profildicke
D	Durchmesser
DA	Density Altitude (Dichtehöhe)
DLR	Deutsches Zentrum für Luft- und Raumfahrt
DP	Druckpunkt
D_R	Rotordurchmesser
Dyn	Dynamisch

E

E_{kin}	kinetische Energie (Geschwindigkeitsenergie)
E_{pot}	potentielle Energie (Lageenergie)
E_{rot}	Rotationsenergie

F

F	Kraft (Force)
F	Profilwölbung
F_A	Auftriebskraft
FBT	Flügelblatt-Theorie
FCL	Flight Crew Licence
F_G	Gewichtskraft
F_N	Normalkraft
F_R	resultierende Kraft
F_S	Schubkraft
$F_{S,horizontal}$	horizontaler Schubkraftanteil
$F_{S,vertikal}$	vertikaler Schubkraftanteil
Ft	Feet
F_T	Tangentialkraft
Ft/min	feet per minute
F_V	Vortriebskraft
F_W	Widerstandskraft
F_Z	Zentrifugalkraft

G

G	Erdbeschleunigung
GND	Ground

H

H	Stunde
H	Höhe
HaRo	Hauptrotor
HeRo	Heckrotor
HIGE	Hover in Groundeffect
HLW	Höhenleitwerk
HOGE	Hover out of Groundeffect
hpa	Hektopascal
HS	Hubschrauber

I

ISA	International Standard Atmosphere

J

JAA	Joint Aviation Authority
JAR	Joint Aviation Requirements

K

Kg	Kilogramm
KIAS	Knots indicated Airspeed
Km	Kilometer
koll	Kollektiv

L	
L	Profiltiefe
LBA	Luftfahrtbundesamt
M	
M	Meter
M	Masse
M	Moment
Ma	Mach
M_{brems}	Bremsmoment
N	
N	Newton
N	Drehzahl
N	Lastvielfaches
NACA	National Advisory Commitee for Aeronautics (heute NASA)
NASA	National Aviation and Space Agency
O	
P	
P	Druck
per	Periodisch
period	Periodisch
PPL	Private Pilot Licence for Helicopter
PS	Profilsehne
PV	Phasenverschiebung
Q	
R	
R	Radius
R	Radius
RA	Rückanströmung
Rot	Rotatorisch
RPM	Revolutions per minute
S	
S	Sekunde
SHS	Schulungshubschrauber
Sin	Sinus
SL	Skelettlinie
SLW	Seitenleitwerk
SP	Schwerpunkt
stat	Statisch

T	
T	Zeit
Tan	Tangens
trans	Translatorisch
TW	Triebwerk
U	
U	Umfangsgeschwindigkeit
U/min	Umdrehungen pro Minute = Drehzahl
UdA	Unsymmetrie der Anströmung
UH	Unterstützungshubschrauber (Utility Helicopter)
V	
V	Volumen
V	Geschwindigkeit
$V_{\perp}$	senkrechter Geschwindigkeitsanteil
$v_{Böe}$	Böengeschwindigkeit
v_{BROC}	Velocity with best rate of climb (beste Steiggeschwindigkeit)
v_c	Steiggeschwindigkeit
v_d	Sinkgeschwindigkeit
v_{eff}	effektive Anströmgeschwindigkeit
v_n	Normalgeschwindigkeit (senkrecht zu ...)
v_{NE}	velocity never exceed (nicht zu überschreitende Geschwindigkeit)
v_t	Tangentialgeschwindigkeit (parallel berührend zu ...)
v_{Wirbel}	Wirbelgeschwindigkeit
W	
W	Strahlgeschwindigkeit
W/2	induzierte Geschwindigkeit
X	
x_d	Dickenrücklage
x_f	Wölbungsrücklage
Y	
Z	

JAR - BEZUGSVERZEICHNIS **FÜR JAR-FCL 2 SUBPART J /SECTION 2**

Dieses Verzeichnis gibt Hinweise, welche Inhalte in diesem Lehrbuch behandelt werden und welche Inhalte dem Themenkomplex „Luftfahrzeug-Technik" zuzuordnen sind. Diese Liste kann aber keine Gewähr für die ausreichend tiefe Behandlung einzelner Themen geben, da sich die JAR-FCL 2 nicht detailliert zu den Lernzielen auslässt.

Bezugsnummer	Titel / Inhalt	Kapitel im Buch oder Themenbereich
080 00 00 00	**PRINCIPLES OF FLIGHT**	
081 00 00 00	**PRINCIPLES OF FLIGHT-HELICOPTER**	
081 01 00 00	**SUBSONIC AERODYNAMICS**	
081 01 01 00	Basics, laws and definitions	Luftfahrzeug-Technik
081 01 01 01	Components of aircraft	Luftfahrzeug-Technik
081 01 01 02	Aircraft configuration	Luftfahrzeug-Technik
081 01 01 03	Units of measurement of - length - area - volume - velocity - mass - pressure - temperature - density - force - power - energy	Luftfahrzeug-Technik
081 01 01 04	Terms used to describe aerodynamic phenomena	Kap. 1.3
081 01 01 05	Reference speeds	Kap. 1.3
080 01 01 06	Abbreviations	Kap. 9
081 01 02 00	Derivation of lift	Kap. 1.4
081 01 02 01	Equation of continuity	Luftfahrzeug-Technik
081 01 02 02	Bernoulli's theorem	Kap. 1.4, Luftfahrzeug-Technik
081 01 02 03	Streamline flow	Kap. 1.4, Luftfahrzeug-Technik
081 01 02 04	Angle of attack	Kap. 1.4 + 2
081 01 02 05	Pressure distribution about a wing (transverse and longitudinal)	Kap. 1.4 + 1.6
081 01 02 06	Centre of pressure	Kap. 1.4
081 01 02 07	Wing shape (plan and section) and its effect on lift	Kap. 1.5 + 1.6
081 01 02 08	Lift formula	Kap. 1.6
081 01 02 09	Lift/drag ratio	Kap. 1.6

081 01 03 00	Drag	Kap. 1.5
081 01 03 01	Profile drag - causes - vortices - methods of minimising it	Kap. 1.5
081 01 03 02	Induced drag - causes - vortices - variation with speed - disign factors affecting it	Kap. 1.5 + 1.6
081 01 03 03	Total effect of the combination of profile and induced drag	Kap. 1.5
081 01 04 00	Distribution of forces-balance of couples	Kap. 5
081 01 04 01	Lift/weight and thrust/drag couples	Kap. 5
081 01 04 02	Necessity to achieve balance	Kap. 5
081 01 04 03	Methods of achieving balance	Kap. 5
081 01 05 00	Stability	Kap. 5
081 01 05 01	Aircraft axes and planes of rotation	Luftfahrzeug-Technik
081 01 05 02	Static stability	Kap. 5
081 01 05 03	Dynamic stability	Kap. 5
081 01 05 04	Effects of design features on stability	Kap. 5
081 01 05 05	Inter-action between stability in different planes	Kap. 5
081 01 05 06	Effect of altitude/speed on stability	Kap. 5
081 01 05 07	Roll and yaw dampers	Kap. 5, Luftfahrzeug-Technik
081 01 06 00	Blade-stall	Kap. 1.5, Kap. 5
081 01 06 01	Angle of attack	Kap. 2
081 01 06 02	Boundary layer and reasons for stalling	
081 01 06 03	Variation of lift and drag in the stall	Kap. 1.5 + 1.6
081 01 06 04	Movement of the centre of pressure	Kap. 1.6
081 01 07 00	Transonic effects on blades	Kap. 1.3 + 1.6
081 01 07 01	Shock waves - the reason for their formation at subsonic speed - their effect on the handling and operation of the helicopter	Kap. 5
081 01 08 00	Limitations	
081 01 08 01	Manoeuvring and gust envelope	Kap. 7
081 01 09 00	Performance degradation	Kap. 5

081 01 09 01	Adverse effect on performance due to profile contamination - icing - rain - modification to and condition of the airframe	Kap. 1.6
081 02 00 00	**HELICOPTER AERODYNAMICS**	
081 02 01 00	The helicopter and associated terminology	
081 02 01 01	Comparison with fixed wing and autogyro	Luftfahrzeug-Technik
081 02 01 02	Plane of rotation	Kap. 2
081 02 01 03	Axes of rotation	Kap. 2, Luftfahrzeug-Technik
081 02 01 04	Rotor shaft axis	Kap. 2, Luftfahrzeug-Technik
081 02 01 05	Tip path plane	Kap. 2
081 02 01 06	Rotor disc	Kap. 2
081 02 01 07	Disc loading	
081 02 01 08	Blade loading	
081 02 02 00	The forces diagram associated terminology	Kap. 2, Luftfahrzeug-Technik
081 02 02 01	Pitch angle	Kap. 2, Luftfahrzeug-Technik
081 02 02 02	Rotational airflow	Kap. 2
081 02 02 03	Induced airflow	Kap. 2
081 02 02 04	Relative airflow to the blade	Kap. 2
081 02 02 05	Angle of attack	Kap. 2
081 02 02 06	Lift-blade	Kap. 2
081 02 02 07	Drag-blade	Kap. 2
081 02 02 08	Total reaction-blade	Kap. 2
081 02 02 09	Rotor thrust	Kap. 2
081 02 02 10	Rotor drag	Kap. 2
081 02 02 11	Torque	Kap. 2
081 02 02 12	Weight	Kap. 2
081 02 03 00	Uniformity of rotor thrust along blade span	Kap. 1.6
081 02 03 01	Blade twist	Kap. 1.6
081 02 03 02	Taper	Kap. 1.6
081 02 03 03	Coning angle	Luftfahrzeug-Technik
081 02 03 04	Centrifugal force	Luftfahrzeug-Technik
081 02 03 05	Limits of rotor RPM	
081 02 03 06	Centrifugal turning moments	Luftfahrzeug-Technik
081 02 04 00	Helicopter Controls	Luftfahrzeug-Technik

081 02 04 01	Collective lever - collective pitch changes - relationship with rotor thrust and rotor drag	Luftfahrzeug-Technik
081 02 04 02	Cyclic stick - cyclic pitch changes - rotor disc attitude - rotor thrust tilt	Luftfahrzeug-Technik
081 02 04 03	Yaw pedals - fuselage torque - tail rotor drift - tail rotor roll - fenestron tail - tandem rotors - co axial rotors - notar	Kap. 8, Luftfahrzeug-Technik
081 02 05 00	Rotor blade freedom of movement	Luftfahrzeug-Technik
081 02 05 01	Feathering - the featherings hinge - pitch angle	Kap. 8, Luftfahrzeug-Technik
081 02 05 02	Flapping - the flapping hinge - alleviationof bending stresses - flapping to equality	Luftfahrzeug-Technik
081 02 05 03	Dragging - the drag hinge - drag dampers - leading/lagging - periodic drag changes - blade C of G (conservation of angular momentum) - Hookes joint effect	Luftfahrzeug-Technik
081 02 06 00	Phase lag and advance angle	Kap. 4, Luftfahrzeug-Technik
081 02 06 01	The control orbit	Luftfahrzeug-Technik
081 02 06 02	Pitch operation arm movement	Luftfahrzeug-Technik
081 02 06 03	Rate of pitch change	
081 02 06 04	Rate of blade flapping	
081 02 06 05	Resulting disc attitude	Luftfahrzeug-Technik
081 02 06 06	Phase lag definition	Luftfahrzeug-Technik
081 02 06 07	Advance angle-definition	
081 02 07 00	Vertical flight	Kap. 4 + 5
081 02 07 01	Take off	Kap. 3
081 02 07 02	Vertical climb	Kap. 3
081 02 07 03	Vertical descent	Kap. 3
081 02 07 04	Hover outside ground effect	Kap. 3

081 02 07 05	Ground effect	Kap. 3
081 02 07 06	Factors effecting ground cushion	Kap. 3
081 02 07 08	Dynamic roll-over avoidance of	Kap. 3
081 02 08 00	Forces in balance	Kap. 3
081 02 08 01	At the hover	Kap. 3
081 02 08 02	In forward flight	Kap. 4 + 5
081 02 08 03	Influence of centre of Gravity	Kap. 5
081 02 08 01	Influence of rotor shaft tilt	Kap. 5
081 02 09 00	Translational lift	Kap. 4
081 02 09 01	Effect of horizontal airflow on induced flow	Kap. 4
081 02 09 02	Variation of total flow through the disc with forward flight	Kap. 4
081 02 09 03	The relationship between pitch angle and angle of attack	Kap. 2
081 02 10 00	Power requirements	Kap. 5
081 02 10 01	Rotor profile power	Kap. 5
081 02 10 02	Power absorption-tail rotor and ancillary equipment	Kap. 5, Luftfahrzeug-Technik
081 02 10 03	Rotor profile power variation with forward speed	Kap. 5
081 02 10 04	Induced drag	Kap. 5
081 02 10 05	Parasite drag	Kap. 5
081 02 10 06	Total power required	Kap. 5
081 02 10 07	Power available	Kap. 5
081 02 11 00	Further aerodynamics of forward flight	Kap. 5
081 02 11 01	Transition from and to the hover	Kap. 4
081 02 11 02	Symmetry and asymmetry of rotor thrust	Kap. 4
081 02 11 03	Main rotor flapback	Kap. 5
081 02 11 04	Tail rotor flapback and methods of removal	
081 02 11 05	Factors affecting maximum forward speed - design limits of cyclic stick - airflow reversal - retreating blade stall - symptoms and recovery actions - compressibility - flow separation - shock stall - 'G' stall	Kap. 1.6, Kap. 5
081 02 11 06	Inflow roll	Kap. 4
081 02 12 00	Factors affecting cyclic stick limits	Kap. 6

081 02 12 01	All up mass (AUM)	
081 02 12 02	Density altitude	Kap. 1.3, Kap. 3 + 5
081 02 12 03	Centre of gravity position	Kap. 5
081 02 13 00	The flare-power flight	Kap. 7
081 02 13 01	Thrust reversal	Kap. 7
081 02 13 02	Effect on aircraft attitude	Kap. 7
081 02 13 03	Increase in rotor thrust	Kap. 7
081 02 13 04	Decrease in rotor drag	Kap. 7
081 02 13 05	Increase in rotor RPM	Kap. 7
081 02 13 06	Effect of deceleration	Kap. 7
081 02 14 00	Settling with power (vortex ring)	Kap. 7
081 02 14 01	Tip vortices	Kap. 7
081 02 14 02	Comparision induced flow and external flow	Kap. 7
081 02 14 03	Development	Kap. 7
081 02 14 04	Change in relative airflow along blade span - root stall and turbulence	Kap. 7
081 02 15 00	Blade sailing	
081 02 15 01	Rotor RPM and blade rigidity	
081 02 15 02	Effect of adverse wind	Kap. 4 + 5
081 02 15 03	Minimising the danger	Kap. 5, Kap. 1.6
081 02 16 00	Autorotation-vertical	Kap. 7
081 02 16 01	Rate of descent airflow	Kap. 7
081 02 16 02	Effective airflow	Kap. 7
081 02 16 03	Relative airflow	Kap. 7
081 02 16 04	Inflow and inflow angle	Kap. 7
081 02 16 05	Autorative force	Kap. 7
081 02 16 06	Rotor drag	Kap. 7
081 02 16 07	Effect of mass and altitude	
081 02 16 08	Control of rotor RPM with lever	Kap. 7
081 02 16 09	Rotor RPM stability	Kap. 7
081 02 17 00	Autorotation-forward flight	Kap. 7
081 02 17 01	Factors affecting inflow angle	Kap. 7
081 02 17 02	Effect to forward speed on rate of descent	Kap. 7
081 02 17 03	Asymmetry of autorotative disc area in forward flight	Kap. 7
081 02 17 04	Turning	
081 02 17 05	The flare - rotor RPM increase from movement of autorotative section - increase in rotor thrust - reduction in rate of descent	Kap. 7
081 02 17 06	Range and endurance	Kap. 7

081 02 17 07	Autorotative landing	Kap. 7
081 02 17 08	Height/velocity avoidance graph	Kap. 7
081 02 18 00	Stability	Kap. 5
081 02 18 01	Hover	Kap. 5
081 12 18 02	Forward flight	Kap. 5
081 12 18 03	Rearward flight	Kap. 5
081 02 18 04	Stability aids - stabilisers and effects of centre of gravity - gyro controlled stabiliser system - stabiliser bars - delta hinge effect	Kap. 5
081 02 18 05	Effect of lever application on attitude in translational flight	Kap. 5
081 02 19 00	Control power	Luftfahrzeug-Technik
081 02 19 01	The teetering head	Luftfahrzeug-Technik
081 02 19 02	Fully articulated head	Luftfahrzeug-Technik
081 02 19 03	The rigit rotor	Luftfahrzeug-Technik
081 02 19 04	Effect on stability	Luftfahrzeug-Technik
081 02 19 05	Effect on dynamic/static rollover	Luftfahrzeug-Technik
081 02 20 00	Power requirements-graphs	Kap. 5
081 02 20 01	Power required/power available graph	Kap. 5
081 02 20 02	Maximum rate of climb speed	Kap. 5
081 02 20 03	Operating with limited power	Kap. 5
081 02 20 04	Best angle of climb speed	Kap. 5
081 02 20 05	Maximum speed	Kap. 4 + 5
081 02 20 06	Range and endurance	Kap. 5
081 02 20 07	Overpitch	
081 02 20 08	Overtorque	Luftfahrzeug-Technik
081 02 20 09	Turning	Kap. 6
081 02 20 10	Comparison of piston and turbine engined helicopters - range and endurance - effect of density altitute - effect of aircraft weight	Luftfahrzeug-Technik

QUELLENVERZEICHNIS

Weltner, Klaus — **Physik des Fliegens im Unterricht**, Zeitschrift „Naturwissenschaften im Unterricht", Erhard Friedrich Verlag, Seelze, 1990

Allen, John E. — **Aerodynamik - Eine allgemeine moderne Darstellung**, München, Hanss Reich Verlag, 1970

Dubs, Fritz — **Aerodynamik der reinen Unterschallströmung**, Basel, Birkhäuser Verlag, 1979

Kermode, A. C. — **Aerodynamik und Flugverhalten**, Motorbuch Verlag, Stuttgart, 1992

Wagner, S. — **Hubschraubertechnik I**, Begleitmaterial zu den Vorlesungen, Universität der Bundeswehr München, München, 1987

Prouty, R. W. — **Helicopter Aerodynamics**, Deutsche Übersetzung durch Bundessprachenamt, Rotor & Wing International, PJS Publication, Peoria Ill., 1985

Knobling, K. — **Flugzeug-Aerodynamik**, Aerodynamik und Technik der Hubschrauber, Hochschule der Bundeswehr München, Neubiberg, 1983

Fay, John — **The helicopter and how it flies**, Sir Isaac Pitman & Sons LTD, London, 1967

Thierbach, Dieter — **Ready for take-off**, Forschung für die Luftfahrt, Bundesministerium für Bildung, Wissenschaft, Forschung & Technologie, Referat Öffentlichkeitsarbeit, Bonn, 1996

Seidler, Fritz — **Einführung in die Aerodynamik**, Frank'sche Verlagshandlung Stuttgart, Stuttgart, 1962